"十二五"职业教育国家规划教材

银行会计业务

（第三版）

YINHANG KUAIJI YEWU

新准则 新税率

主　编　戴桂荣　廖艳琳　朱庆仙
副主编　王奕扬　孙敬平

新形态
教材

本书另配：教学课件

中国教育出版传媒集团
高等教育出版社·北京

内容提要

本书是"十二五"职业教育国家规划教材。

本书根据财经类专业就业岗位的需要,以培养高素质技能型人才为根本任务,介绍了银行各项临柜岗位的典型工作任务及所需的会计基本知识和技能。全书以完成银行主要经济业务和会计循环为主线,设计了银行会计组织、存款业务核算、贷款业务核算、支付结算业务核算、往来业务核算、外汇业务核算、代理业务核算、年度决算与财务报告编制八个项目,将知识融入具体的业务操作中。本书整合习题、实训与主要学习内容,学练结合,以促进职业能力的提升。本书另配有教学课件、习题与实训参考答案等教学资源,供教师教学使用。

本书结构简明,条理清晰,项目实用,既可作为高等职业教育财务会计类专业课程教材,又可作为"3+2"专接本、专转本等本科相关课程教学用书。

图书在版编目(CIP)数据

银行会计业务 / 戴桂荣,廖艳琳,朱庆仙主编. —
3版. —北京:高等教育出版社,2024.2
ISBN 978 - 7 - 04 - 061684 - 2

Ⅰ. ①银⋯ Ⅱ. ①戴⋯ ②廖⋯ ③朱⋯ Ⅲ. ①银行会
计 Ⅳ. ①F830.42

中国国家版本馆 CIP 数据核字(2024)第 005577 号

策划编辑	毕颖娟 张文博	**责任编辑**	张文博 蒋 芬	**封面设计**	张文豪	**责任印制**	高忠富

出版发行	高等教育出版社	**网　　址**	http://www.hep.edu.cn
社　　址	北京市西城区德外大街 4 号		http://www.hep.com.cn
邮政编码	100120	**网上订购**	http://www.hepmall.com.cn
印　　刷	上海华教印务有限公司		http://www.hepmall.com
开　　本	787mm×1092mm　1/16		http://www.hepmall.cn
印　　张	18	**版　　次**	2014 年 8 月第 1 版
字　　数	442 千字		2024 年 2 月第 3 版
购书热线	010-58581118	**印　　次**	2024 年 2 月第 1 次印刷
咨询电话	400-810-0598	**定　　价**	42.00 元

第三版前言

本书是"十二五"职业教育国家规划教材。

随着互联网技术的飞速发展,互联网金融迅速地打破了传统商业银行运营在物理等方面的天然屏障,传统的以账户为中心的金融服务已不能满足人们的生活需求。银行业务发生转型,不再局限于网上支付、理财、贷款、保险、基金和转账等传统业务,而是顺势而为,依靠互联网技术和自身资源优势跨界合作,打造互联网银行,利用云计算、大数据平台,在继承传统模式基础上,创新互联网银行模式,大力推行中介电商业务。例如,"善融商务"电商平台、"交博汇",同时许多商业银行推出了"柜面通"业务模式。银行业务模式的创新,带来了会计核算技术和方法的变革。因此,许多新业务、新知识需要在教学中及时体现。

职业教育人才培养模式转型的重要抓手是推行现代学徒制,以学生为主体,按照"学生→学徒→准员工→员工"的培养路径,实行校企合作、工学结合。以学生为中心,以实际职业活动或典型工作任务为载体,实行教、学、训、做、评相融合的职业教学组织模式。专业课程的改革方向是线上实训,线下顶岗,以"互联网+"平台实施线上线下充分融合的职业教育培训模式。

本书贯彻党的二十大精神,落实立德树人根本任务。本书的突破与创新主要表现在以下几个方面:

1. 与时俱进,内容最新。一方面,对各类经济业务和会计科目都按照会计准则的规定进行阐述。另一方面,删除了过去传统的联行往来账务处理的方法,对系统内外的资金汇划往来,按照商业银行目前采用的最新汇划支付系统编写。

2. 体例新颖,形式活泼。每一项目的开始均配有案例导入,对需要核算的知识点至少附有一个实际例题。在内容表现形式上也有所突破,以大量的图片、表格代替抽象的文字段落,更加形象生动。另外,为了拓展学生知识面,引导学生发散思维,还在不同的知识点下配有"你知道吗""想一想"等补充内容。

3. 项目任务,工学结合。内容以工作(或项目)任务和过程问题为核心,相关专业知识和技能围绕解决问题、完成任务编写,打破先理论后实践、先基础后应用的思维定式,用工作任务引入专业知识,用典型银行服务引领工作任务,更适合高等职业教育财会类专业学生使用。

为方便教学,本书另配有教学课件、习题与实训参考答案等教学资源,供教师教学使用。

　　本书由江苏经贸职业技术学院戴桂荣、廖艳琳、朱庆仙任主编,由江苏经贸职业技术学院王奕扬、安徽财贸职业学院孙敬平任副主编。在本书的修订过程中,我们得到了来自金融一线实践者的帮助,中国建设银行常州分行各位业界专家,尤其是该分行金融普惠部的胡毓蓓,为我们提供了非常专业的建议和实践素材,在此表示衷心的感谢!

　　由于编者水平有限,书中不足之处在所难免,敬请读者不吝赐教。

戴桂荣

2024 年 1 月

目　录

资源导航

项目一　银行会计组织

【学习目标】

商业银行会计是对商业银行的各项业务进行全面、系统、连续、综合核算和监督的一种专门会计。本项目的学习,要求学生能达到以下知识目标和能力目标。

知 识 目 标	能 力 目 标	学习重点和难点
(1) 掌握银行会计的对象 (2) 理解银行会计的特点 (3) 熟悉商业银行的组织体制 (4) 掌握银行会计机构的设置 (5) 了解银行会计人员的任职要求和主要会计岗位职责 (6) 掌握银行柜面劳动组织形式 (7) 熟悉银行的会计科目和记账方法 (8) 熟悉银行会计凭证的分类和适用范围 (9) 掌握银行会计账簿分类和各种账簿的登记方法	(1) 能鉴别不同的银行会计要素 (2) 能区分银行会计和企业会计 (3) 能区分不同商业银行组织体制 (4) 能根据银行规模大小选择设置不同的银行会计机构 (5) 能根据内部控制制度要求进行会计人员岗位分工 (6) 能区分不同的柜面劳动组织形式 (7) 能根据发生的业务正确地选择会计科目和记账方法 (8) 能识别不同的会计凭证并会填制常见的会计凭证 (9) 能识别不同的账簿和登记各种账簿	(1) 银行常用会计科目 (2) 单式记账凭证与复式记账凭证 (3) 基本记账凭证与特定记账凭证 (4) 甲种账、乙种账、丙种账、丁种账的适用范围和格式 (5) 科目日结单账务处理程序

【典型工作任务】

序 号	工 作 任 务	具 体 内 容
1	商业银行会计认知	我国金融体系
		商业银行会计对象
		商业银行会计特点
2	商业银行会计职能组织建立	商业银行组织体制建立
		商业银行会计机构设置

1

续表

序号	工作任务	具体内容
3	会计人员分配及劳动组织确定	会计人员分配
		柜面劳动组织确定
4	商业银行会计账务组织建立	设置会计科目
		采用复式记账法
		填制会计凭证
		登记会计账簿
		编制日记表
		核对账务与更正错账
		总结银行账务处理程序

任务一　商业银行会计认知

引例

新网银行资产规模突破千亿元

　　以"互联网＋金融"为代表的"新金融"势力日益壮大。据了解,新网银行于 2016 年底正式开业,注册资本 30 亿元,由新希望集团、小米、红旗连锁等股东发起设立,是原银监会批准成立的全国第七家民营银行,也是四川省首家民营银行。截至 2023 年 6 月末,四川新网银行资产总额突破千亿元大关,达 1 007.1 亿元,成为继前海微众银行、浙江网商银行、江苏苏宁银行、武汉众邦银行之后,第五家资产规模破千亿元的民营银行。上半年,新网银行完成营业收入 23.5 亿元,实现净利润 4.27 亿元,营业收入和净利润均同比增长 40% 以上。

　　问题:什么是互联网银行?互联网银行与传统银行相比有哪些优势?

【知识准备】

一、我国现行金融体系

　　自新中国成立以来,我国金融体制改革不断深化和发展,目前我国金融体系的格局是:由中央银行(即中国人民银行)、政策性银行、商业银行和其他金融机构组成,形成了以商业金融为主体,银行、证券、保险、租赁、信托等业务齐全,多种金融机构分工竞争的金融体系。

　　中央银行是国家的政府银行。从性质上看,它是国家管理金融的机关,在国务院的领导下,制定和实施货币政策,对金融业实施监督管理。中央银行的职责是:依法制定和执行货币政策;发行人民币,管理人民币流通;审批、监管金融机构;监督管理金融市场;发布有关金

1-1
我国金融
体系

融监督管理和业务的命令及规章;持有、管理、经营国家外汇储备和黄金储备;经理国库;维护社会支付、清算系统的正常运行;负责金融业的统计、调查、分析和预测;作为国家的中央银行从事有关国际金融活动等。中央银行仍然具有银行的特征,不能完全等同于一般的国家机关。

政策性银行是指为政府特定的经济政策、产业政策服务的金融机构。它是按照政府产业导向意图发放贷款,从事有关金融业务的机构。在经营活动中,不以营利为目的,更注重社会效益,保持财务上的收支平衡,这是政策性银行的主要特征之一。在经营管理上,政策性银行不与商业银行竞争,实行企业化管理,可享受政府优惠政策补贴,但要坚持自担风险,实行保本经营。中国国家开发银行、中国进出口银行、中国农业发展银行是我的三大政策性银行。

商业银行是从事货币资金商业性买卖的金融法人。它按照市场导向和地域经济的需求,开展工商业存放款、提供缴款和支付的媒介,以及其他各种金融业务服务。我国商业银行在社会主义市场经济中是自主经营、独立核算、自担风险、自负盈亏、自我约束、自我发展的,具有法人地位和权利的金融企业,以利润为经营目标,以流动性、安全性、效益性为经营原则。

此外,我国金融机构体系中还包括保险、证券、信托、租赁等金融公司,这些非银行金融机构也是我国金融体系的重要组成部分。

二、商业银行会计对象

商业银行会计是对商业银行的各项业务进行全面、系统、连续、综合核算和监督的一种专门会计。

商业银行会计的对象,就是指商业银行会计所要核算和监督的内容,一般是指商业银行能以货币表现的经济活动,即商业银行的资金运动。由于商业银行的资金运动描述起来比较抽象、传统,为了便于会计确认、计量、记录和报告,必须对其会计对象进行具体的分类,这就形成了会计要素。按照企业会计准则的规定,商业银行会计要素分为资产、负债、所有者权益、收入、费用、利润六项。

(一) 商业银行资产

资产是指企业过去的交易或者事项形成的、企业拥有或者控制的、预期会给企业带来经济利益的资源。资产具有以下几个方面的特征:❶ 资产预期会给企业带来经济利益;❷ 资产应为企业拥有或者控制的资源;❸ 资产是由过去交易或者事项形成的。

商业银行的资产主要有:❶ 储备资产,指商业银行的库存现金、存放在中央银行的准备金及存放同业的款项等;❷ 贷款资产,指商业银行按照有关规定发放的短期贷款、中长期贷款、抵押贷款等;❸ 证券资产,指商业银行投放在各种有价证券上的资金;❹ 固定资产,指商业银行的房屋、器具、设备和运输工具等固定资产;❺ 其他资产,包括各种暂付款项、应收款项等。

(二) 商业银行负债

负债是指企业过去的交易或者事项形成的、预期会导致经济利益流出企业的现时义务。负债具有以下几个方面的特征:❶ 负债是企业承担的现时义务;❷ 负债预期会导致经济利益流出企业;❸ 负债是由企业过去的交易或事项形成的。

商业银行的负债主要有：❶ 吸取资金，指银行吸收的各项存款，包括企事业单位存款、个人储蓄存款、发行金融债券等；❷ 借入资金，指向中央银行借入、向同业拆借以及向国外商业银行借入的资金；❸ 结算资金，指结算中暂时占用的款项，包括联行存放款项、同业存放款项等；❹ 其他负债，包括各种暂收款项、应付款项等。

（三）商业银行所有者权益

所有者权益，是指企业资产扣除负债后，由所有者享有的剩余权益。所有者权益的来源包括所有者投入的资本、直接计入所有者权益的利得和损失、留存收益等，其会计科目通常由实收资本（或股本）、资本公积（含资本溢价或股本溢价、其他资本公积）、盈余公积和未分配利润构成。商业银行等金融企业在税后利润中提取的一般风险准备，也构成所有者权益。

商业银行的所有者权益主要有：实收资本（或股本）、资本公积、盈余公积、未分配利润、一般风险准备。

（四）商业银行收入

收入，是指企业在日常活动中形成的、会导致所有者权益增加的、与所有者投入资本无关的经济利益的总流入。收入具有以下几个方面的特征：❶ 收入是企业在日常活动中形成的；❷ 收入是与所有者投入资本无关的经济利益的总流入；❸ 收入会导致所有者权益的增加。

商业银行的收入主要有：利息收入、手续费及佣金收入、投资收益、汇兑收益、其他业务收入、公允价值变动收益以及取得的与业务经营无直接联系的营业外收入，如固定资产盘盈、出纳长款收入等。

（五）商业银行费用

费用，是指企业在日常活动中发生的、会导致所有者权益减少的、与向所有者分配利润无关的经济利益的总流出。费用具有以下几个方面的特征：❶ 费用是企业在日常活动中形成的；❷ 费用是与所有者分配利润无关的经济利益的总流出；❸ 费用会导致所有者权益的减少。

商业银行的费用主要有：利息支出、手续费及佣金支出、投资损失、汇兑损失、其他业务成本、业务及管理费、公允价值变动损失、资产减值损失、税金及附加、所得税费用以及发生的与业务经营无直接联系的营业外支出等。

（六）商业银行利润

利润，是指企业在一定会计期间的经营成果。利润包括收入减去费用后的净额、直接计入当期利润的利得和损失等。其中，收入减去费用后的净额反映的是企业日常活动的业绩；直接计入当期利润的利得和损失反映的是企业非日常活动的业绩。直接计入当期利润的利得和损失，是指应当计入当期损益、最终会引起所有者权益发生增减变动的，与所有者投入资本或者向所有者分配利润无关的利得或者损失。企业应当严格区分收入和利得、费用和损失，以更加全面地反映企业的经营业绩。

商业银行的利润主要有：营业利润、利润总额和净利润。

三、商业银行会计特点

商业银行属于金融行业，该行业的性质、社会地位和作用与其他行业有明显区别。商业银行会计同国民经济其他部门的行业会计相比较，有以下一些特点。

（一）会计与业务融合

商业银行会计的突出点是业务处理过程与会计核算过程是同步进行的，这与其他行业有着明显的差别。一般工商企业的业务与会计是相分离的。例如，工业企业每一个生产单位原材料的采购，都由单位配备有经验的业务员去完成，业务员采购完毕，材料验收入库，会计才开始核算。而银行的大量业务（除了一部分如发放贷款业务需要由信贷人员调查、审核处理外），均由会计出纳部门具体办理。会计人员既是会计核算员，又是业务处理员，业务活动的过程就是会计核算的过程，当业务活动结束时，会计核算也已基本完成。

（二）会计核算全面

在其他行业单位中，会计反映和监督的内容一般仅限于本单位的经济活动。而商业银行的经营活动具有广泛的社会性，其各项业务不仅涉及国民经济各部门、各企业、各单位，而且涉及城乡储户居民。通过开户关系，商业银行几乎与社会上所有发生货币收付行为的集体和个人产生密切的联系，银行会计在反映和监督本单位经济活动的同时，还能够反映和监督各部门、各企业和各单位的资金活动情况，并反映居民的存取款、贷还款的情况。因此，商业银行会计核算内容具有明显的社会性。

（三）会计处理及时

会计处理的及时性是商业银行会计比其他专业会计更为突出的要求。虽然所有企业、事业单位都要求账务处理必须遵循及时性原则，但其他行业会计处理的及时程度与严格性，远不能与银行会计相比。商业银行作为社会资金活动的枢纽，其对资金汇划的处理速度直接影响整个社会的资金周转。与其他行业定期记账不同，商业银行必须在实际业务发生时就进行会计核算处理，以确保企业和个人随时用款的需求。另外，银行每天的业务必须当天入账结账，并在当日账务核对无误的基础上，编制当日的会计报表——日记表，这也充分体现了银行会计处理的及时性。

（四）内部管理严密

由于银行会计核算和监督的内容涉及社会各个方面，且银行的业务活动主要是现金在各个企业、单位和个人之间的流动，因此，银行有严密且独特的内部管理机制。例如，采用双线核算、双线核对、账折见面、换人复核等手段，并在每天营业终了轧平当日账务，确保账账、账款、账据、账实、账表、内外账务相符。

除此之外，商业银行会计还有政策性强（会计核算的很多方面是由国家政策决定的，比如存款和贷款的利率都是由国家统一规定的）、准确性高、会计核算方法特殊（表现在会计科目的设置、会计凭证的设计、账簿的使用、报表的编制、账务处理程序等方面）等特征。

引例解析

答：互联网银行把传统银行搬到互联网上，为客户提供互联网金融服务，实现银行的所有业务操作，它是对传统银行的补充。

互联网银行与传统银行相比具有以下优势：

（1）"微众"服务。传统银行主要服务于国企、上市公司等，而小微客户因为资金不足，实力不足，往往不被传统银行青睐。小微客户需要快捷、低成本的金融服务，恰好与

1

互联网银行"微而众"相契合。

（2）成本低。传统银行成本包括开设网点费用、各类通道的维护成本、运营成本。互联网银行所有客户维护、风控、服务都在线上完成，节省网点建设的装修、租金支出和网点服务人员的人工成本。

（3）效率高。传统银行柜台业务模式下，客户需要取号排队等待，还可能面临服务不周、贷款难批等情况，耗时费力。互联网银行不设实体网点、分支机构。客户在线开户，不受时间、地点、空间等约束，可完成一切金融业务交易；通过网络化、程序化交易和计算机快速、自动化等处理，节省烦琐的手续和跑网点的时间。

（4）普惠性。互联网银行服务不再区分 VIP 和普通客户，开户和分析大数据，都按照程序自动完成，对所有客户一视同仁。同时，互联网银行的信息公开透明，资金需求方可自由选择产品。

（5）基于大数据创新授信。互联网银行具有大数据和流量优势，降低了信息不对称。由软件分析大数据、评定用户信用等级、授予贷款金额，免去了上门信用调查、实体担保等过程。

任务二　商业银行会计职能组织建立

引　例

2020 年末全国银行营业网点总数达到 22.67 万个

《2020 年中国银行业服务报告报告》指出，2020 年中国银行业积极落实国家乡村振兴战略，持续深化网点布局调整，加快向金融服务空白县域进驻步伐。截至 2020 年末，中国银行业金融机构网点总数达到 22.67 万个。据不完全统计，银行业金融机构年内改造营业网点 1.28 万个（含装修、迁址等）；设立社区网点 5 580 个，小微网点 2 206 个。银行业金融机构积极探索客户需求，进一步提升智能化设备服务能力及效率，实现复杂业务向自助机具的迁移。在全国布局建设自助银行 15.62 万家；投放自助设备 97.37 万台，其中当年投放创新自主设备 1.52 万台；自助设备交易笔数达 212.54 亿笔，交易总额 43.42 万亿元。

问题：银行如何管理数量众多的网点？各个网点在行政权限及业务服务上是否有区别？

【知识准备】

一、商业银行组织体制建立

商业银行的组织体制主要包括分支银行制、单元银行制、银行控股公司制和连锁银行制四种形式。各类组织体制的特点、优缺点等如表 1-1 所示。

表 1-1　　　　　　　　　　现代商业银行组织体制比较

体制类型	特点	优点	缺点	代表国家
分支银行制：在总行或者总管理处之外广设国内外分支机构的管理体制	在首都或位于经济中心的大城市设立总行,在国内或国外根据业务需要设立不同级别的分支机构,组成银行体系	有利于设备现代化与规模经济,充分有效积聚运用资金,国际竞争力强;有利于银行调剂资金,转移信用,分散风险;总行数量少,便于监管	金融集中度高,容易形成垄断;内部层次多,增加了管理难度	目前世界大多数国家的商业银行都采用这种制度。在我国,按照《中华人民共和国商业银行法》的规定,实行分支银行制
单元银行制：又称为单一银行制或独家银行制,是只能以单个机构从事经营,不准设立分支机构的银行体制	银行业务完全由总行经营,不设任何分支机构,每家银行都必须注册	防止垄断,促进自由竞争;有利于与本地政府协调,服务地方经济发展	不利于分散风险;资金集聚与运用受限,难以取得规模效益,不利于国际竞争	美国
银行控股公司制：又称为持股公司制或集团银行制,是由某一集团成立持股公司,由该公司控制或收购两家以上的若干银行的组织制度	被收购的或控制的银行在法律上仍然是独立的,但它们的经营策略和业务受持股公司的控制	用少量资本可支配大量资金,可增强集团实力,扩大市场份额,提高抵御风险的能力,国际竞争力强	易形成垄断集中,不利于开展竞争和灵活经营;内部协调困难,连带风险大	美国
连锁银行制：指由某个人或某集团拥有若干银行的股权,以取得对这些银行的控制权的一种组织形式	和银行控股公司制相似,但它不需设立持股公司	与银行控股公司制相同	与银行控股公司制相同,并因没有股权公司,扩张受限制	美国

二、设置商业银行会计机构

按照《中华人民共和国会计法》的规定,银行应根据会计核算和管理要求设置会计机构,指定会计机构负责人;不具备单独设置会计机构条件的,应在有关机构中设置负责会计工作的组织,并指定会计主管人员。

银行会计机构是银行直接从事和组织领导会计工作的职能部门,是银行职能机构体系的重要组成部分。

银行会计机构的设置,应当与银行的管理体制、工作需要和业务量大小相适应。一般总行设会计司(部),分行设会计处,地(市)中心支行设会计科,县(市)支行、城市各区支行设会计股(科)。各级银行会计机构又分为两类:一类是不直接对外办理业务的银行会计机构,如总行的会计司(部)、分行的会计处、地(市)中心支行的会计科。它们仅是会计工作的管理机构,其主要职能是组织领导所管辖范围内的会计工作,研究制定

1

有关会计规章制度,监督检查会计制度的执行情况,指导解决下级会计部门存在的问题等。另一类是既负责管理辖内的会计工作,又要承担对外柜面业务的银行会计机构,例如县(市)支行、城市各区支行的会计股(科),它们处在银行会计的第一线,直接办理银行的各项业务。

县(市)支行、城市各区支行以下的营业网点,如分理处、储蓄所,因为业务量较小,一般不单独设置会计机构,而是根据业务的需要,配备会计人员,负责办理日常会计工作。在会计核算上,银行实行"统一核算,分级划报"办法。独立会计核算单位,包括县(市)支行、城市各区支行在内以上的银行机构,单独编制会计报表和办理年度决算;非独立核算单位,即支行以下的分理处、储蓄所,其账项要上划所辖支行,由管辖行采用并账并表方式汇总反映。

引例解析

答:目前我国大中型商业银行实行"一级法人,分级授权经营"的管理体制,即分支银行制。以中国建设银行为例,中国建设银行按行政区划设置分行,总行设在北京。各省、自治区、直辖市及海外设一级分行,各市设二级分行,各县(市区)设支行,支行以下设分理处和储蓄所。

中国建设银行营业网点组织结构关系如图1-1所示。

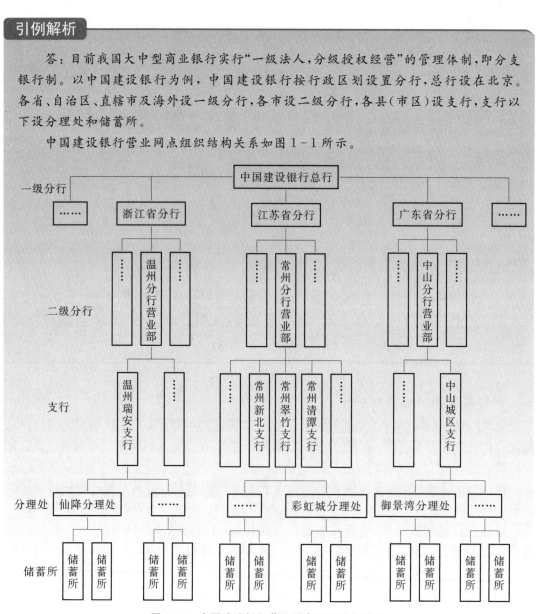

图1-1 中国建设银行营业网点组织结构关系

一、总行

中国建设银行总行设在北京。总行统辖该银行系统内所有业务,包括制定政策和业务规范等。

二、分行

中国建设银行分行有一级分行和二级分行。一级分行包括国内的直辖市或省级分行(如北京市分行、上海市分行、江苏省分行等)及海外分行(如东京分行、纽约分行、法兰克福分行等)。二级分行是市级分行(如江苏的常州分行营业部、无锡分行营业部等)。一般来说,分行所辖业务范围比支行广,权限比支行高。

三、支行

支行主要负责一些项目的审批以及对下级机构业务的检查等。从行政隶属关系上说,一个分行可以管理若干个支行,一个支行可以管辖若干个分理处和储蓄所。

四、分理处

分理处,主要是办理对公业务,即对企事业单位的业务,如存、贷款等,面向的客户群主要是单位。中国建设银行的分理处大多开辟了储蓄专柜,同时办理个人业务。

五、储蓄所

储蓄所主要办理个人储蓄业务,如存、取款,代收水电费等,面向的客户群主要是个人,一些重点业务只能到分理处储蓄专柜或支行指定网点办理。

【工作任务设计 1-1：会计机构设置】

【任务描述】

《中华人民共和国会计法》第 36 条明确规定:"各单位应当根据会计业务的需要,设置会计机构,或者在有关机构中设置会计人员并指定会计主管人员;不具备设置条件的,应当委托经批准设立从事会计代理记账业务的中介机构代理记账。"那么,商业银行各个营业网点在确定是否需设置会计机构时往往要考虑哪些因素?

【操作步骤】

第一步：考虑该营业网点的规模：财务收支数额和会计业务数量。

一个银行的规模,往往决定了这个银行内部职能部门的设置,也决定了会计机构的设置与否。一般来说,规模较大、财务收支数额较大、会计业务较多的银行网点,都应单独设置会计机构,如会计(或财务)处、部、科、股、组等,以便及时组织本单位各项经济活动,开展财务收支的核算,实行有效的会计监督。

第二步：考虑该营业网点经济业务数量和财务收支的繁简。

经济业务多、财务收支烦琐的银行网点,有必要单独设置会计机构,以保证会计工作的效率和会计信息的质量。

第三步：考虑该营业网点对经营管理的要求。

有效的经营管理是以信息具备及时性、准确性、全面性和系统性为前提的。银行在经营管理上的要求越高,对会计信息的需求也相应增加,对会计信息系统的要求也越高,从而决定了该网点设置会计机构的必要性。

任务三　会计人员分配及劳动组织确定

引　例

往年的热门岗位,今年却消失了!

招聘市场中有一句话叫"金九银十"。银行招聘在 2022 年秋季如约而至,多家银行启动 2022 年秋季校园招聘。据不完全统计,仅中国工商银行、中国农业银行、中国银行和中国建设银行四大行的招聘总人数就超过了 7 万人。与此同时,2022 年银行的招聘人员结构也颇有不同。随着数字化转型的深入,银行业对科技岗人才需求持续加大,一些银行招聘技术人员的比例甚至达到了 90% 以上,而传统的"柜员"岗位几乎不见了踪影,银行对柜员这个岗位的需求第一次缺席了。

"还好我及时转型,不然可能要被淘汰了",已经转型为会计的银行人陈女士表示。陈女士是一家国有银行的老柜员,前阵子刚转到会计岗位,"我在柜员这个岗位上已做了近 10 年了,本来以为一直会在窗口上待下去,很长一段时间也没有转岗的想法。"迫使陈女士升级转型的想法来自这几年网点的改革,"这些年,我们网点最明显的变化是,智能机器不断增设,而窗口却在减少,客户来银行网点,除了销卡开卡等少数业务外,大部分业务都是在智能机器上完成的。投资理财、汇款、转账、查询余额、取现,都可以非常轻松地通过机器完成,不需要窗口服务。"按照陈女士的话说,近年随着银行对数字化改革需求的增大,她的危机感也越来越强。"于是,这几年我经常利用休息时间,学习会计和金融学知识,并在去年拿到了多个专业证书。"她说,今年银行内部招聘会上,她几乎是抱着应对高考的认真劲来寻求转岗的机会,"终于还是顺利转岗到会计岗位。"

问题:要想成为银行的会计人员,应具备哪些基本技能呢?

【知识准备】

一、分配会计人员

各商业银行除应当根据会计业务的需要设置会计机构外,还应配备相应的会计人员,并指定会计机构负责人。

对于银行会计人员的分配,应按照岗位责任制落实。银行的会计工作岗位,一般可设财务会计主管、接柜审核、结算业务、明细账核算、同业往来核算、联行往来核算、现金出纳、总分类核算、资金调拨、报表、复核、财务管理、综合分析、检查辅导和财会资料保管等岗位,可以一人一岗、一人多岗、一岗多人。

二、柜面劳动组织确定

商业银行的柜面劳动组织是指柜面人员的分工和组织形式。

(一) 柜面劳动组织形式认知

由于各个银行的业务范围和业务数量不同,工作手段也不同,因此采取的柜面劳动组织形式也各异,通常有以下三种。

1. 营业专柜制

在这种组织形式下,银行按客户的经济性质、所属行业以及相关会计科目设置专柜,通常由 3—5 人分工合作,分别担当记账员和复核员。记账员负责受理和审查会计凭证,登记有关账簿;复核员负责审核记账员办理的业务和账务,并对客户提出的查询作出答复。现金收付业务则由出纳部门统一办理。这种组织形式主要适用于业务量大,并采用手工操作的银行。

2. 综合柜员制

综合柜员制是指柜员在接办业务时,还兼办出纳、记账、复核等多项工作的劳动组织形式。综合柜员制形式由于运用电子计算机完成柜面业务操作和账务处理,减轻了会计人员的劳动强度,提高了工作效率,是一种较先进的劳动组织形式。但是,综合柜员制要求临柜人员有较高的业务素质,银行有完善的复核和监控制度。这种组织形式主要适用于有电算化设备的银行。

3. 柜员与操作员结合制

这种劳动组织形式设置专职柜员接受和审核凭证,然后由电子计算机操作人员处理数据,其实质是手工操作与电子计算机操作有机结合,是介于营业专柜制和综合柜员制之间的一种劳动组织形式。

(二)柜面劳动组织形式选择

目前我国商业银行的柜面劳动组织形式普遍采用综合柜员制。综合柜员制集会计、出纳、储蓄等门市业务于一体,以计算机作为账务操作载体,由柜员单独临柜,独立处理业务再经后台复核确认。每位临柜员均可以办理任何一位顾客的临柜业务,顾客也可以选择任何一个窗口来办理自己的业务。

实行综合柜员制有以下明显的效果:❶ 优化劳动组合,促进员工整体素质的提高;❷ 给客户提供及时、快捷、周到的服务;❸ 提升银行的整体形象和效率。所以实行综合柜员制是商业银行实现集约化经营的必然结果。

但在推行综合柜员制的同时,也要看到由此增加的风险:❶ 技能风险。实施综合柜员制要求柜员一人操作、自担风险,对临柜人员的业务素质提出了更高的要求。因此,必须加强临柜人员的业务培训,以提升其技术能力和服务能力,有效地降低临柜人员业务操作时的失误。❷ 监督风险。由于综合柜员制在操作上实行一人把关,缺少了复核关口,这无形中增加了操作人员的风险隐患。因此,必须在主管监督环节上加大力度,加强对每日现金、重要空白凭证、各类印章、登记簿以及监控录像等物品的检查力度,建立完善的事后监督制度以及稽核审计制度。❸ 技术风险。这主要表现为技术软件、硬件可靠性不强而发生的系统风险。此外,系统的安全性、可靠性不强,使得潜在风险较高。所以,银行在程序的开发设计和应用上应不断完善其安全性、可靠性和适用性。

引例解析

答:按照规定,银行的会计人员必须具备从事会计工作所需的专业能力。对于担任银行会计机构负责人的,应当具备会计师以上的专业技术职务资格或者从事会计工作 3 年以上经历。

1

【📊 工作任务设计 1 - 2：会计人员分配】

【任务描述】

会计岗位的设置，要从本单位的会计业务量和会计人员配备的实际情况出发，按照效益和精简的原则进行。如果你是某个基层行的会计机构负责人，在具体分配会计人员时，会注意哪些问题呢？

【操作步骤】

第一步：确保会计岗位相互制约。

会计岗位人员和出纳岗位人员不得混岗，出纳人员不得办理会计业务，不得兼管稽核、会计档案保管和收入、费用、债权、债务账目的登记工作；记账岗、复核岗不得混岗，记账员不得同时兼复核员；接柜岗、电子汇划岗、清算岗不得混岗；会计岗、事后稽核岗不得混岗；验印人员、复核人员不得使用同一印鉴卡进行印鉴的审核，票据印鉴实行双人审核制度；会计资料保管员不得从事记账操作，反之亦然；记账操作员不得保管使用联行印章和密押；接柜岗、票据清算岗、票据交换岗不得混岗。票据交换员专司票据交换所与本行之间的票据传递之职，不得兼管重要空白凭证及票据专用印章；票据清算人员负责提出票据的审核与整理、提出清单的填制及提入票据的清点复核等，不得顶替票据交换员之职。

第二步：对重要岗位定期轮换。

会计人员的工作岗位必须有计划地进行轮换。记账、重要印章管理、重要单证管理、结算、清算、电子汇划、同城票据交换和财会等重要会计岗位必须定期轮换。工作满一年的应安排换岗，工作满两年的必须强制换岗。岗位轮换有困难的，要实行强制休假制度。

任务四   商业银行会计账务组织建立

引 例

单式记账法还是复式记账法

单式记账法是指对发生的每一项经济业务只在一个账户中加以登记的记账方法。单式记账法不能全面、完整、系统地反映交易或事项的来龙去脉，也不便于检查、核对账户记录的正确性，因此是一种虽然相对简单，但是账目不完整的记账方法。

复式记账法是指对发生的每一项经济业务都要以相等的金额在相互联系的两个或两个以上的账户中进行登记的一种记账方法。采用复式记账法，可以全面地、相互联系地反映各项经济业务的全貌，并可利用会计要素之间的内在联系和试算平衡公式，来检查账户记录的准确性，它是一种比较完善的记账方法，为世界各国所通用。我国的复式记账法曾有借贷记账法、增减记账法和收付记账法三种。目前，我国与世界其他国家普遍采用的复式记账法是借贷记账法。

问题：你知道商业银行会计采用何种记账方法吗？

【知识准备】

一、设置会计科目

会计科目是按照经济内容对会计要素所作的进一步分类。会计科目是银行进行会计核算的基础和纽带,也是设置账户的依据。

(一)划分会计科目

1. 按与会计报表关系分类

商业银行的会计科目按与会计报表的关系分类,可以分为表内科目和表外科目。

表内科目用于核算银行资金的实际增减变动并反映在资产负债表等会计报表上。

表外科目不反映在会计报表以内,主要用于不涉及银行资金增减变化的重要业务事项。对于不表现资金运动的事项,为了保护财产、有价单证和重要空白凭证的安全或积存对管理或业务处理有用的资料,常使用表外科目,如"应收托收款项""代收托收款项""有价单证""重要空白凭证"等。

2. 按资金性质分类

商业银行的表内科目按资金性质可分为资产类科目、负债类科目、资产负债共同类科目、所有者权益类科目、损益类科目五类。

(1)资产类科目。资产类会计科目反映银行被占用的资金以及应收未收的资金。其会计账户增加记借方,减少记贷方,期末余额一般在借方。

(2)负债类科目。负债类会计科目反映银行欠他人的资金以及应付未付的资金。其会计账户增加记贷方,减少记借方,期末余额一般在贷方。

(3)资产负债共同类科目。资产负债共同类会计科目反映银行日常核算中资产负债性质不确定的科目,通常其性质视科目的期末余额方向而定。余额在借方表现为资产,余额在贷方则表现为负债。

(4)所有者权益类科目。所有者权益类会计科目反映银行的投资者对企业净资产的所有权。其会计账户增加记贷方,减少记借方,期末余额一般在贷方。

(5)损益类科目。损益类会计科目反映银行在经营过程中的收入和收益、支出和费用情况。各类收入或收益类科目的增加记贷方,减少记借方;各类支出或费用类科目增加记借方,减少记贷方。损益类账户期末一般无余额。

3. 按反映经济业务内容详略程度分类

商业银行的会计科目按反映经济业务内容的详略程度分类,可以分为总分类科目和明细分类科目。

总分类科目又称一级科目,是对会计要素的具体内容进行总括分类的项目,如"吸收存款"。总分类科目的名称代号及核算内容,由财政部统一规定,具有统一性和严肃性。

明细分类科目又称二级科目,是根据核算与管理的需要对某些会计科目所作的进一步分类。明细分类科目一般可由银行根据业务管理的实际需要自行确定,如"吸收存款——活期存款",在编制报表时应并入相应的总分类科目中。

(二)熟悉会计科目表

财政部 2006 年 10 月 30 日发布的《企业会计准则——应用指南》附录中,与商业银行业务有关的表内科目如表 1-2 所示(部分会计科目名称按之后发布的会计准则作了修改)。

1

表 1-2 商业银行表内科目基本情况

序号	编号	会计科目	序号	编号	会计科目
		一、资产类	35	1606	固定资产清理
1	1001	库存现金	36	1701	无形资产
2	1003	存放中央银行款项	37	1702	累计摊销
3	1011	存放同业	38	1703	无形资产减值准备
4	1031	存出保证金	39	1711	商誉
5	1101	交易性金融资产	40	1801	长期待摊费用
6	1111	买入返售金融资产	41	1811	递延所得税资产
7	1131	应收股利	42	1901	待处理财产损溢
8	1132	应收利息			**二、负债类**
9	1221	其他应收款	43	2002	存入保证金
10	1231	坏账准备	44	2003	拆入资金
11	1301	贴现资产	45	2004	向中央银行借款
12	1302	拆出资金	46		应解汇款❷
13	1303	贷款	47		汇出汇款❷
14		短期贷款❶	48		开出本票❷
15		中长期贷款❶	49	2011	吸收存款
16		抵押贷款❶	50		活期存款❶
17		逾期贷款❶	51		定期存款❶
18		进出口押汇❶	52		活期储蓄存款❶
19	1304	贷款损失准备	53		定期储蓄存款❶
20	1311	代理兑付证券	54	2012	同业存放
21	1321	代理业务资产	55	2021	贴现负债
22	1431	贵金属	56	2211	应付职工薪酬
23	1441	抵债资产	57	2221	应交税费
24	1501	债权投资	58	2231	应付利息
25	1502	债权投资减值准备	59	2232	应付股利
26	1503	其他债权投资	60	2241	其他应付款
27	1504	其他权益工具投资	61	2311	代理买卖证券款
28	1511	长期股权投资	62	2312	代理承销证券款
29	1512	长期股权投资减值准备	63	2313	代理兑付证券款
30	1601	固定资产	64	2314	代理业务负债
31	1602	累计折旧	65	2502	应付债券
32	1603	固定资产减值准备	66	2701	长期应付款
33	1604	在建工程	67	2702	未确认融资费用
34	1605	工程物资	68	2801	预计负债

续　表

序 号	编 号	会 计 科 目	序 号	编 号	会 计 科 目
69	2901	递延所得税负债	86		金融企业往来收入❶
		三、资产负债共同类	87	6021	手续费及佣金收入
70	3001	清算资金往来	88	6051	其他业务收入
71		辖内往来❶	89	6061	汇兑损益
72		同城票据清算❶	90	6111	投资收益
73	3002	货币兑换	91	6115	资产处置损益
74	3101	衍生工具	92	6301	营业外收入
75	3201	套期工具	93	6402	其他业务成本
76	3202	被套期工具	94	6403	税金及附加❸
		四、所有者权益类	95	6411	利息支出
77	4001	实收资本	96		金融企业往来支出❶
78	4002	资本公积	97	6421	手续费及佣金支出
79	4003	其他综合收益	98	6602	业务及管理费
80	4101	盈余公积	99	6701	资产减值损失
81	4102	一般风险准备	100	6702	信用减值损失
82	4103	本年利润	101	6711	营业外支出
83	4104	利润分配	102	6801	所得税费用
84	4201	库存股	103	6901	以前年度损益调整
		五、损益类			
85	6011	利息收入			

说明：

❶ 这些科目是前一科目的明细科目,商业银行可以根据核算和管理的需要,将其上升为一级科目。

❷ 这些科目是《金融企业会计制度》中所规定的,尽管新会计准则没做列示,许多商业银行实务中仍延续使用,编制会计报表时,将其列在其他负债项目。

❸ 该科目按照"营改增"后的会计处理规定作了修改。

二、采用复式记账法

(一) 复式记账法

复式记账法,是指对发生的每项经济业务,都必须以相等的金额同时在两个或两个以上相互联系的账户中进行登记的记账方法。

复式记账法以资产负债平衡原理为依据,以经济业务相互联系的等量关系为记账基础,全面、系统地反映企业经济活动的过程和结果。通过会计记录可以了解每一项经济业务的来龙去脉,并且可以进行试算平衡,以检查账户记录的正确性。

(二) 借贷记账法

根据我国企业会计准则的规定,商业银行的表内科目一律采用复式记账法中的借贷记

1

账法记账。借贷记账法的主要内容有以下几点：

1. 以"借""贷"作为记账符号

借贷记账法以"借""贷"两个字为记账符号,用以指明记入账户金额的方向。"借"和"贷"只是表明记账方向的符号,究竟哪一方记录经济业务数额的增加,哪一方记录经济业务数额的减少,要视账户的性质而定。

2. 以"有借必有贷,借贷必相等"作为记账规则

按照复式记账的原理,借贷记账法下每记入一个或两个以上账户的借方,必须同时记入一个或两个以上账户的贷方,即所谓"有借必有贷",而且记入借方金额必须与记入贷方金额相等,即所谓"借贷必相等"。

3. 以全部账户的借贷双方总额相等作为试算平衡依据

借贷记账法是按照"资产＝负债＋所有者权益"会计等式来登记所有账户的,在一定期间内,各账户借方余额合计等于各账户贷方余额合计,因此可以采用以下试算平衡公式来检查借贷记账法的记录是否正确。

$$全部账户借方发生额合计数＝全部账户贷方发生额合计数$$

$$全部账户借方期末余额合计数＝全部账户贷方期末余额合计数$$

三、填制会计凭证

会计凭证是银行各项业务和财务收支发生的书面证明,是银行办理货币资金收付和记账的依据,也是明确经济责任、核对账务和事后查考的根据。

(一) 会计凭证分类

1. 按会计凭证的填制程序和用途分类

银行的会计凭证按填制程序和用途不同,可划分为原始凭证和记账凭证。

原始凭证,是指在经济业务发生时取得或填制的、用以记录经济业务的发生和完成情况,并作为记账原始依据的会计凭证。银行的原始凭证大多为外来原始凭证,如客户填制的存、取款凭条及各类结算凭证、购置物品的发票等。

原始凭证通常作为记账凭证的附件,附在记账凭证的后面。但是对于某些符合会计凭证要求的原始凭证,也可直接代替记账凭证,如存、贷款客户填制的某类凭证。

记账凭证,是会计人员根据审核无误的原始凭证,对其加以归类、整理而编制的会计凭证。银行内部称之为传票,因为其往往需要在银行几个部门中传递。

2. 按会计凭证的格式分类

银行记账凭证按凭证的格式不同,可划分为基本凭证和特定凭证。

(1) 基本凭证。基本凭证是银行会计部门根据原始凭证及业务事项,自行填制并据以记账的凭证,其通用性强,具有统一的格式。基本凭证具体有 10 种格式：现金收入传票、现金付出传票、转账借方传票、转账贷方传票、特种转账借方传票、特种转账贷方传票、外汇买卖借方传票、外汇买卖贷方传票、表外科目收入传票、表外科目付出传票。

这 10 种基本凭证具体形式如表 1-3 至表1-12 所示。

表 1-3

现金收入传票

中国××银行现金收入传票

（贷）_____
（借）库存现金

年　月　日

| 总字第　号 |
| 字第　号 |

户名或账号	摘　要	金　额										附单据
		千	百	十	万	千	百	十	元	角	分	
												张
合　计												

会计：　　　　出纳：　　　　复核：　　　　记账：　　　　制单：

表 1-4

现金付出传票

中国××银行现金付出传票

（借）_____
（贷）库存现金

年　月　日

| 总字第　号 |
| 字第　号 |

户名或账号	摘　要	金　额										附单据
		千	百	十	万	千	百	十	元	角	分	
												张
合　计												

会计：　　　　出纳：　　　　复核：　　　　记账：　　　　制单：

表 1-5

转账借方传票

中国××银行转账借方传票

年　月　日

科目（借）_____　　　　　　　　　对方科目_____

| 总字第　号 |
| 字第　号 |

户名或账号	摘　要	金　额										附单据
		千	百	十	万	千	百	十	元	角	分	
												张
合　计												

会计：　　　　复核：　　　　记账：　　　　制单：

表 1-6

转账贷方传票

中国××银行转账贷方传票

年　月　日

科目（贷）_____　　　　　　　　　对方科目_____

| 总字第　号 |
| 字第　号 |

户名或账号	摘　要	金　额										附单据
		千	百	十	万	千	百	十	元	角	分	
												张
合　计												

会计：　　　　复核：　　　　记账：　　　　制单：

1

表 1-7 特种转账借方传票

中国××银行特种转账借方传票

年 月 日

| 总字第 号 |
| 字第 号 |

收款单位	全　称		付款单位	全　称	
	账号或地址			账号或地址	
	开户银行	行号		开户银行	行号

金额	人民币（大写）		千	百	十	万	千	百	十	元	角	分

原凭证金额		赔偿金	
原凭证名称		号码	
转账原因			

科目(借) _____
对方科目(贷) _____

银行盖章　　会计　　复核　　记账　　制票

附单据　　张

表 1-8 特种转账贷方传票

中国××银行特种转账贷方传票

年 月 日

| 总字第 号 |
| 字第 号 |

收款单位	全　称		付款单位	全　称	
	账号或地址			账号或地址	
	开户银行	行号		开户银行	行号

金额	人民币（大写）		千	百	十	万	千	百	十	元	角	分

原凭证金额		赔偿金	
原凭证名称		号码	
转账原因			

科目(贷) _____
对方科目(借) _____

银行盖章　　会计　　复核　　记账　　制票

附单据　　张

表 1-9 外汇买卖借方传票

中国××银行外汇买卖借方传票

年 月 日

| 总字第 号 |
| 字第 号 |

借：货币兑换　　　　　　　　　　　　　　对方科目 _____

外汇金额										牌价	人民币金额									
千	百	十	万	千	百	十	元	角	分		千	百	十	万	千	百	十	元	角	分
货币										摘要										

附单据　张

会计：　　　　　　　复核：　　　　　　　记账：　　　　　　　制单：

表 1-10 外汇买卖贷方传票

中国××银行外汇买卖贷方传票

年 月 日

总字第 号

字第 号

贷：货币兑换　　　　　　　　　　　　　　　　对方科目＿＿＿＿＿

外汇金额										牌价	人民币金额										附单据 张
千	百	十	万	千	百	十	元	角	分		千	百	十	万	千	百	十	元	角	分	
货币										摘要											

会计：　　　　　复核：　　　　　记账：　　　　　　　　　　制单：

表 1-11 表外科目收入传票

中国××银行表外科目收入传票

年 月 日

总字第 号

字第 号

表外科目(收入)

户名或账号	摘 要	金 额										附单据 张
		千	百	十	万	千	百	十	元	角	分	
合 计												

会计：　　　　复核：　　　　记账：　　　　保管：　　　　经手：　　　　制单：

表 1-12 表外科目付出传票

中国××银行表外科目付出传票

年 月 日

总字第 号

字第 号

表外科目(付出)

户名或账号	摘 要	金 额										附单据 张
		千	百	十	万	千	百	十	元	角	分	
合 计												

会计：　　　　复核：　　　　记账：　　　　保管：　　　　经手：　　　　制单：

　　上述基本凭证都是由会计人员根据业务需要填制,除特种转账传票有的作为收支款通知发给开户单位外,其余均为银行内部记账凭证,不对外传递。

　　(2)特定凭证。特定凭证是银行根据某项业务的特殊需要而制定的、有专门格式和用途的记账凭证。这类凭证一般由银行统一印制,经客户填写并提交给银行记账,如支票、进账单、现金缴款单等。有的特定凭证则是由银行自行填制,凭以办理业务及记账,例如联行报单、银行汇票等。特定凭证可代替传票凭以入账,兼有原始凭证和记账凭证的双重性。其具体名称和格式将在以后各项目的业务核算中介绍。

1

3. 按凭证的表面形式分类

银行记账凭证按凭证的表面形式分类,可分为单式记账凭证和复式记账凭证。

单式记账凭证,是指按每笔经济业务所涉及的每个会计科目,分别填列在各张凭证上的记账凭证。这种凭证的优点是传递方便,便于分工记账、综合整理及装订保管。

复式记账凭证,是指将一项经济业务所涉及的会计科目全部集中填制在一张凭证上的记账凭证。这种凭证的优点是能集中反映账户的对应关系,便于了解经济业务的全貌。

银行的业务量大,为了便于流水作业及会计凭证的分类汇总,除现金收付传票采用复式记账凭证形式外,其他的基本凭证均采用单式记账凭证形式。

(二) 填制会计凭证

银行会计凭证填制有以下特殊要求。

1. 按不同业务编制传票

(1) 对现金收付业务,只编制对方科目的现金收入传票或现金付出传票,不再编制现金科目的传票。即每笔现金付出业务,只编制一张现金付出传票;每笔现金收入业务,只编制一张现金收入传票。

(2) 对转账业务,要分别填制转账借方传票和转账贷方传票,不得套写。涉及多少个账户,就应填制多少张转账传票。

(3) 对外业务使用对外业务凭证(特种转账凭证),对内部资金和财务费用使用内部凭证(其他基本记账凭证),不能混淆。

2. 按规定填写传票

(1) 现金收付业务,在凭证上只填制现金的对方科目,其原因在于现金科目已在凭证左上方印明。

(2) 转账业务,在凭证中要相互填写对方科目,并按业务序号编列传票号码及分码,便于查考。例如,本月第二笔业务属于两借一贷,则应编制 3 张传票,在各张传票上应分别编列 $2\frac{1}{3}$、$2\frac{2}{3}$、$2\frac{3}{3}$ 的序号,以便需要时整理还原。

(3) 当传票内容填错时,应按规定更正或重填。凡是票据的金额、日期、收款人三项内容,任何一项内容填错,都应重新填制凭证,更正无效。其他内容填错,可按规定更正,不必重填。非票据会计凭证填错,应按会计制度规定办理更正或重填凭证。

3. 按不同业务加盖印鉴或戳记

对现金收入业务,在收妥现金之后,应在现金传票上加盖"现金收讫"戳记;对现金付出业务,在付出现金后,应在凭证上加盖"现金付讫"戳记。对转账业务在转账完毕时应加盖"转讫"戳记。银行对外填制的各种凭证应加盖业务专用章;对联行业务应加盖联行业务专用章;对银行汇票,出票时应按规定加盖汇票专用章;对银行本票,出票时应加盖银行本票专用章。

(三) 审核、传递与保管会计凭证

1. 审核会计凭证

为保证会计凭证的真实、完整并符合要求,银行对会计凭证要进行严格的审核。审核凭证时,应注意以下各点:

(1) 是否为本行受理的凭证,凭证是否合法、有效;

（2）凭证种类是否符合业务要求，凭证的内容、联数及附件是否完整和齐全；

（3）账号、户名是否相符，与客户的基本资料是否一致；

（4）款项来源、用途是否符合规定，支取的款项是否超过存款、贷款余额或拨款限额；

（5）货币符号，大、小写金额是否相符，字迹有无涂改；

（6）利息、收费、赔偿金、本外币折算等金额的计算是否正确；

（7）密押、印鉴是否真实、齐全。

经过审核符合规定要求的凭证就可凭之处理账务，并科学地进行传递。

2. 传递会计凭证

会计凭证的传递，是指会计凭证按照规定程序在银行内部各专柜或所属分支机构之间进行传递流转。会计凭证的传递过程直接关系到会计工作的质量和效率，因此，银行应根据业务的特点，科学、合理、严密、及时、谨慎地组织好凭证的传递，做到"先外后内、先急后缓"。在传递过程中，除特殊情况外，会计凭证一律由银行内部传递，以防流弊。

具体来说，会计凭证的传递应遵循以下规定：

（1）现金收入业务，必须先收款，后记账，以保证账款一致；

（2）现金付出业务，必须先记账，后付款，以防止发生透支；

（3）转账业务，必须先付后收，即先记付款人的账户，再记收款人的账户，以避免银行垫款。

3. 保管会计凭证

每日营业终了，要将会计凭证按科目归类整理。对表内科目，将属同一科目的凭证按现收、现付、转借、转贷顺序整理，再按科目大小排列，装订成册。对表外科目，按收入、付出凭证顺序整理加以装订。会计凭证一般按日期装订，对业务量较小的银行可按数量装订，随日常业务的办理，当凭证积累到一定数量时再装订成册，但是不能随意积压、散放、丢失。

装订好的会计凭证应按保管年限固定地点，及时入库保管，并登记"会计档案登记簿"。日后如需查证和调阅已入库的凭证，必须严格按规定的手续办理，未经批准不得外借和摘录。对超过保管年限的会计凭证，经批准后方可销毁。

四、登记会计账簿

会计账簿是指由许多具有一定格式的账页组成，以会计凭证为依据，全面、连续、系统地记载各项经济业务的簿籍。

银行会计账簿可以分为日记账簿、分类账簿和备查账簿三种。分类账簿又可进一步细分为明细分类账簿和总分类账簿。

（一）登记日记账簿

日记账簿是指按经济业务发生的时间先后顺序，逐日逐笔地记录经济业务的账簿。银行的日记账簿由现金收入日记簿、现金付出日记簿和现金库存簿组成。

现金收入日记簿和现金付出日记簿是记录现金收入、付出情况的账簿，由出纳员根据现金收入传票及现金付出传票逐日逐笔登记，每天营业终了应分别结出合计数并记入现金库存簿。现金收入日记簿的格式如表1-13所示，现金付出日记簿的格式与现金收入日记簿的格式基本相同。

1

表 1-13　　　　　　　　　　　**现金收入日记簿**

柜组名称：甲组　　　　　　　　　　2017 年 5 月 2 日　　　　　　　　第 1 页　共 1 页

凭证号数	币　别	对方科目	账　号	金　额									
				千	百	十	万	千	百	十	元	角	分
现收 1	人民币	吸收存款	12347789				6	7	2	0	0	0	0
现收 2	人民币	吸收存款	12346603			3	5	1	2	0	0	0	0
……													
现收 18	人民币	吸收存款	34219097				6	7	0	0	0	0	0
合　　计				1	5	4	6	3	0	0	0	0	0

复核：李梅　　　　　　　　　　　　　　　　　　　　　　　　　　出纳：王红

现金库存簿由出纳员根据现金收入日记簿和现金付出日记簿的合计数进行登记，并据以计算库存现金的结存额。其格式如表 1-14 所示。

表 1-14　　　　　　　　　　　**现金库存簿(人民币)**

2022 年		本 日 共 收									本 日 共 付										本 日 库 存								
		凭证号数	金　额								凭证号数	金　额									金　额								
月	日		百	十	万	千	百	十	元	角	分		百	十	万	千	百	十	元	角	分	百	十	万	千	百	十	元	角	分
3	1																					1	2	2	1	3	0	0	0	0
	2	1	4	1	4	2	6	0	0	0	0	5	1	5	3	9	0	0	0	0	0	3	8	2	4	9	0	0	0	0
	3	9	3	9	1	7	4	0	0	0	0	12	2	3	1	6	6	0	0	0	0	5	4	2	5	7	0	0	0	0

(二) 登记明细分类账簿

明细分类账簿简称明细账，又称分户账，是指按照明细分类账户进行分类登记的账簿。其通用格式一般有四种：甲种账、乙种账、丙种账、丁种账。

1. 甲种账

甲种账设有借方发生额、贷方发生额和余额三栏，一般适用于不计息或使用余额表计息以及银行内部资金的各科目账户，如损益类账户。甲种账的格式如表 1-15 所示。

表 1-15　　　　　　　　　　　**甲种账**

中国××银行　　　　　账

	本账总页数	
	本户页数	

账号：　　　　户名：　　　　领用凭证记录：　　　　利率：

年		摘　要	凭证号数	对方科目	借　方 (位数)	贷　方 (位数)	借或贷	余　额 (位数)	复核盖章
月	日								

2. 乙种账

乙种账设有借方发生额、贷方发生额、余额和积数四栏,一般适用于在账页上计息的账户,如各类存款账户。其格式如表 1-16 所示。

表 1-16　　　　　　　　　乙 种 账

中国××银行　　　　账

本账总页数	
本户页数	

账号:　　　　　户名:　　　　　领用凭证记录:　　　　　利率:

年		摘　要	凭证号数	对方科目	借　方(位数)	贷　方(位数)	借或贷	余额(位数)	日数	积数(位数)	复核盖章
月	日										

3. 丙种账

丙种账设有借方发生额、贷方发生额和借方余额、贷方余额四栏,一般适用于借、贷双方反映余额的往来账户,如清算资金往来账户。其格式如表 1-17 所示。

表 1-17　　　　　　　　　丙 种 账

中国××银行　　　　账

本账总页数	
本户页数	

账号:　　　　　户名:　　　　　领用凭证记录:　　　　　利率:

年		摘　要	凭证号数	对方科目	发生额		余　额		复核盖章
					借　方(位数)	贷　方(位数)	借　方(位数)	贷　方(位数)	
月	日								

4. 丁种账

丁种账设有借方发生额、贷方发生额、余额和销账四栏,一般适用于逐笔记账、逐笔销账的一次性业务的账户,如短期贷款账户。其格式如表 1-18 所示。

表 1-18　　　　　　　　　丁 种 账

中国××银行　　　　账

本账总页数	
本户页数	

年		账号	户名	摘要	凭证号码	对方科目	借　方(位数)	销　账			贷　方(位数)	借或贷	余　额(位数)	复核盖章
月	日							年	月	日				

(三) 登记总分类账簿

1. 编制科目日结单

科目日结单,是反映每一科目当日传票张数和借、贷方发生额的汇总记账凭证,又称总传票,是轧平当日账务和登记总账的依据。其格式如表 1-19 所示。

表 1-19

科目日结单

科目:吸收存款　　　　　　　　　　　　　　　　　　　　2022 年 5 月 31 日

借　方											贷　方										
传票张数	金　额										传票张数	金　额									
	百	十	万	千	百	十	元	角	分			百	十	万	千	百	十	元	角	分	
现金 10 张		1	9	2	1	4	5	0	0		现金 23 张		8	9	1	3	7	0	0	0	
转账 25 张		9	8	2	1	5	0	0	0		转账 36 张	1	2	1	3	5	0	0	0	0	
合计 35 张	1	1	7	4	2	9	5	0	0		合计 59 张	2	1	0	4	8	7	0	0	0	

　　每天营业结束,应将当天处理的全部传票按科目进行整理,同一科目的传票再分别按现金收入、现金付出、转账借方、转账贷方各自加计合计数和传票张数,填入科目日结单有关栏内。其中,现金科目的科目日结单最后编制,因为现金收入传票和现金付出传票归集在与现金科目相对应科目的科目日结单中。待其他科目的科目日结单编制好后,将其他所有科目日结单的现金借方合计填入现金科目日结单的贷方,将其他所有科目日结单的现金贷方合计填入现金科目日结单的借方。

　　2. 登记总分类账簿

　　总分类账簿简称总账,是各科目的总括记录,其主要作用是统驭分户账,也是编制财务报表的依据。总账按科目设置,有借方发生额、贷方发生额、借方余额、贷方余额四栏。每日根据该科目的科目日结单的借、贷方发生额合计数登记,每日占一行,并结出当天余额。总账内各账户逢 10 日、20 日要结小计,月末要结合计。总分类账的格式如表 1-20 所示。

表 1-20

总分类账

科目代号:_____
科目名称:_____　　　　　　　　　　　　　　　　　　　　　第　　号

年　　　月	借　方	贷　方	
	(位数)	(位数)	
上年年底余额			
本年累计发生额			
上月月底余额			
上月月底累计未计息积数			
日　期	发　生　额		余　额		核对盖章
	借方	贷方	借方	贷方	复核员
	(位数)	(位数)	(位数)	(位数)	
1 ⋮ ⋮					

续　表

日　期	发 生 额		余　额		核对盖章
	借　方	贷　方	借　方	贷　方	复核员
	（位数）	（位数）	（位数）	（位数）	
10 天小计					
⋮					
20 天小计					
⋮					
31					
本月合计					
自年初累计					
本月计息积数					
本月累计未计息积数					

（四）登记备查账簿

备查账簿是为了满足某些业务和工作特殊需要而设置的一种辅助性账簿,具有登记备忘的性质。一些在分户账上不能记载而又需要查考的表外业务,可以用备查账簿进行逐笔登记控制,如发出托收结算凭证登记簿、重要空白凭证登记簿等。备查账簿通常采用收、付方发生额和余额三栏式结构,一般如表 1-21 所示,也可以根据业务特点自行设计。

表 1-21

登记簿(卡)

本账总页数	
本户页数	

户名：　　　　　　单位：

年		摘　　要	收　　入		付　　出		余　　额		复核盖章
月	日		数量	金额（位数）	数量	金额（位数）	数量	金额（位数）	

五、编制日记表

日记表是各基层行、处根据各科目总账按日编制的会计报表。它可以反映出每天的存款、放款及汇兑等业务变动情况,以及资金来源和运用。另外,利用日记表还可以进行试算平衡。因此,日记表还是轧平当日账务的重要工具,其格式如表 1-22 所示。

表 1 - 22

日记表

年　　月　　日　　　　　　　第　页　共　页

科目代号	科目名称	本日发生额		本日余额	
		借　方	贷　方	借　方	贷　方
		（位数）	（位数）	（位数）	（位数）

日记表的编制方法是：❶ 每日营业终了，分币种编制，如果当日某种货币无发生额，可以不编；❷ 根据总账各科目当日发生额和余额，按科目代号顺序抄入日记表中，当日没有发生额的科目，按上日余额填入日记表，不得遗漏；❸ 最后，分别计算出所有科目借方、贷方发生额合计数，两者应平衡。

六、核对账务与更正错账

（一）核对账务

账务核对，是指为防止银行会计核算程序中的各有关部分的差错所进行的核对查实工作。账务核对是保证会计核算正确的重要措施。银行的账务核对包括每日核对和定期核对。

1. 每日核对

（1）总账各科目的发生额要与相同科目所属分户账的发生额合计数核对；

（2）总账各科目的余额要与相同科目所属余额表的余额合计数核对；

（3）现金收入、付出日记簿的总数要与总账现金科目的借方发生额、贷方发生额核对；

（4）现金库存簿的库存数要与总账现金科目的余额和实际现金数额核对。

2. 定期核对

凡未能每日核对的账务，均属于定期核对的内容，主要包括以下几个方面：

（1）各种卡片账，与各科目总账核对；

（2）金银、外币、有价单证、房屋、器具等账实核对；

（3）银行与各单位之间、银行与人民银行以及其他金融机构之间的往来款项核对；

（4）各类贷款的积数、已归还金额、尚未归还金额、利息等账据核对；

（5）总账余额会计报表的核对；

（6）表外科目核算的凭证与备查账簿的核对；

（7）其他有关账务的核对。

（二）更正错账

会计人员发现账簿记录错误时，应采用正确的方法进行更正。

1. 划线更正法

在记账凭证正确的前提下，若发生账簿记录错误，包括文字或数字的错误时，应采用划线更正法予以更正。更正时应在错误的文字或数字正中画条红线，表示注销错账，再将正确的文字或数字填在所划文字或数字的上方，并由记账员在红线左端盖章，以明确责任。需要注意的是,当数字发生错误时,必须将整笔数字全部划去,重新书写,不得只划去错误的数字进行局部更正。

2. 红字更正法

记账以后发现记账凭证中应借、应贷的会计科目有错误时,应采用红字更正法更正。更正时,先用红字金额填制一张与错误记账凭证相同的记账凭证,在其摘要栏内写明"冲销×年×月×日×字×号错账",据以用红字登记入账,冲销原有的错误记录;同时再用蓝字填制一张正确的记账凭证,注明"订正×年×月×日×字×号凭证",据以重新登记入账。

【做中学 1-1】 收到居民存入活期存款 10 000 元,在填制记账凭证时误记入"吸收存款——活期存款"账户,做分录如下:

借:库存现金　　　　　　　　　　　　　　　　　　10 000
　贷:吸收存款——活期存款　　　　　　　　　　　　　　10 000

在记账以后,发现上述错误,应先用红字金额填制一张内容相同的记账凭证,做分录如下:

借:库存现金　　　　　　　　　　　　　　　　　　10 000
　贷:吸收存款——活期存款　　　　　　　　　　　　　　10 000

再用蓝字金额填制一张正确的记账凭证,做分录如下:

借:库存现金　　　　　　　　　　　　　　　　　　10 000
　贷:吸收存款——活期储蓄存款　　　　　　　　　　　　10 000

3. 补充登记法

补充登记法是指用蓝字填制一张补充记账凭证,补足账户中少记金额的方法。记账以后,发现记账凭证和账簿记录中会计科目无错误,但所记金额小于应记金额,应采用补充登记法进行更正。更正时,将少记的金额用蓝字填写一张与原来会计科目相同的记账凭证,在"摘要"栏内注明"补记×字×号凭证少计数"字样,并据以登记入账。

【做中学 1-2】 向某单位发放短期贷款 90 000 元,在填制记账凭证时,误记为 9 000 元,作分录如下:

借:贷款——短期贷款　　　　　　　　　　　　　　9 000
　贷:吸收存款——活期存款　　　　　　　　　　　　　　9 000

在记账以后,发现上述错误时,应用蓝字金额填制一张记账凭证,将少记的金额 81 000 元补上,作分录如下:

借:贷款——短期贷款　　　　　　　　　　　　　　81 000
　贷:吸收存款——活期存款　　　　　　　　　　　　　81 000

1

七、总结银行账务处理程序

账务处理程序也称会计核算组织程序,是指对会计数据的记录、归类、汇总、陈报的步骤和方法。银行根据经营的特点和管理的要求选用了科目日结单账务处理程序。

科目日结单账务处理程序的特点是每日根据记账凭证编制科目日结单,然后再根据科目日结单登记总分类账。其具体操作步骤如下:

（1）根据审查无误的原始凭证编制记账凭证;

（2）根据现金收入传票登记现金收入日记簿,根据现金付出传票登记现金付出日记簿,根据现金收入日记簿和现金付出日记簿的合计数登记现金库存簿;

（3）根据转账传票登记明细分类账;

（4）根据记账凭证编制科目日结单;

（5）根据科目日结单登记总分类账;

（6）根据总分类账编制日记表;

（7）将总分类账簿余额与其所属明细分类账的余额核对相符;

（8）将总分类账簿现金科目余额与现金库存簿的余额核对相符;

（9）根据总分类账簿和明细分类账的记录编制财务报表。

银行的科目日结单账务处理程序如图1-2所示。

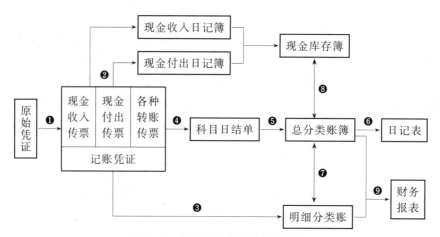

图1-2 科目日结单账务处理程序

引例解析

答:根据我国企业会计准则的规定,商业银行的表内科目一律采用复式记账法中的借贷记账法记账。但是,银行的表外科目大多采用单式记账方法。单式记账法对发生的每一笔经济业务只在一个账户中进行登记,业务发生时记收入,业务注销或冲减时记付出,余额反映未销数额。

如银行收到重要的空白凭证支票50本,则用单式记账法记账如下:

收入:重要空白凭证——支票50本

如开户单位来银行购买空白支票一本,则用单式记账法记账如下:

付出:重要空白凭证——支票1本

1

 【工作任务设计 1 - 3：会计分录编制】

【任务描述】

中国建设银行南京新街口支行 2023 年 5 月份发生以下经济业务：

（1）1 日，收到开户单位 A 公司现金 36 500 元，要求存入其活期存款户；

（2）2 日，A 公司从其活期存款户提取现金 20 000 元；

（3）12 日，A 公司将活期存款 50 000 元转存定期存款；

（4）18 日，A 公司因签发空头支票 10 000 元给中国建设银行南京汉中路支行开户的 B 公司，遭受退票，现按票面金额的 2％ 支付给 B 公司赔偿金 200 元。

请根据借贷记账法的原理，结合账户的性质编制会计分录。

【操作步骤】

第一步：确定账户名称及变动方向。

根据发生的经济业务内容，确定其涉及的引起资金增减变动的账户名称，并确定涉及账户的变动是增加还是减少。

第二步：确定记账方向。

根据经济业务所涉及的账户的增减变动及账户的性质，按照账户的结构，确定应记账户的方向是借方还是贷方。

第三步：确定金额。

确定所涉及的账户应记入的金额，并按照借贷记账法的记账规律，检查借贷方的金额是否相等。

第四步：编制会计分录。

（1）借：库存现金　　　　　　　　　　　　　　　　　　　36 500

　　　贷：吸收存款——活期存款（A 公司）　　　　　　　　36 500

（2）借：吸收存款——活期存款（A 公司）　　　　　　　　20 000

　　　贷：库存现金　　　　　　　　　　　　　　　　　　　20 000

（3）借：吸收存款——活期存款（A 公司）　　　　　　　　50 000

　　　贷：吸收存款——定期存款（A 公司）　　　　　　　　50 000

（4）借：吸收存款——活期存款（A 公司）　　　　　　　　　　200

　　　贷：存放中央银行款项　　　　　　　　　　　　　　　　200

 【工作任务设计 1 - 4：会计凭证填制】

【任务描述】

在实务中，编制会计分录就是填制会计凭证。根据工作任务设计 1 - 3 中经济业务所确定的会计分录选择合适的传票填制。

【操作步骤】

（1）2023 年 5 月 1 日，收到开户单位 A 公司现金 36 500 元，要求存入其活期存款户（表 1 - 23）。

表 1 - 23

中国建设银行现金收入传票

（贷）吸收存款——活期存款
2023 年 5 月 1 日

（借）库存现金

<table>
<tr><td rowspan="2">户名或账号</td><td rowspan="2">摘 要</td><td colspan="9">金 额</td><td rowspan="11">附单据1张</td></tr>
<tr><td>千</td><td>百</td><td>十</td><td>万</td><td>千</td><td>百</td><td>十</td><td>元</td><td>角</td><td>分</td></tr>
<tr><td>A公司</td><td>收到开户单位提交现金</td><td></td><td></td><td></td><td>3</td><td>6</td><td>5</td><td>0</td><td>0</td><td>0</td><td>0</td></tr>
<tr><td></td><td></td><td></td><td></td><td></td><td></td><td></td><td></td><td></td><td></td><td></td><td></td></tr>
<tr><td></td><td></td><td></td><td></td><td></td><td></td><td></td><td></td><td></td><td></td><td></td><td></td></tr>
<tr><td colspan="2">合 计</td><td></td><td>¥</td><td>3</td><td>6</td><td>5</td><td>0</td><td>0</td><td>0</td><td>0</td><td>0</td></tr>
</table>

总字第1号

现收字第1号

会计： 出纳： 复核： 记账： 制单：李梅

（2）2023 年 5 月 2 日，A 公司从其活期存款户提取现金 20 000 元（表 1 - 24）。

表 1 - 24

中国建设银行现金付出传票

（借）吸收存款——活期存款
2023 年 5 月 2 日

（贷）库存现金

总字第2号

现付字第1号

<table>
<tr><td rowspan="2">户名或账号</td><td rowspan="2">摘 要</td><td colspan="10">金 额</td><td rowspan="6">附单据1张</td></tr>
<tr><td>千</td><td>百</td><td>十</td><td>万</td><td>千</td><td>百</td><td>十</td><td>元</td><td>角</td><td>分</td></tr>
<tr><td>A公司</td><td>开户单位提取现金</td><td></td><td></td><td></td><td>2</td><td>0</td><td>0</td><td>0</td><td>0</td><td>0</td><td>0</td></tr>
<tr><td></td><td></td><td></td><td></td><td></td><td></td><td></td><td></td><td></td><td></td><td></td><td></td></tr>
<tr><td></td><td></td><td></td><td></td><td></td><td></td><td></td><td></td><td></td><td></td><td></td><td></td></tr>
<tr><td colspan="2">合 计</td><td></td><td>¥</td><td>2</td><td>0</td><td>0</td><td>0</td><td>0</td><td>0</td><td>0</td><td>0</td></tr>
</table>

会计： 出纳： 复核： 记账： 制单：李梅

（3）2023 年 5 月 12 日，A 公司将活期存款 50 000 元转存定期存款（表 1 - 25 和表 1 - 26）。

表 1 - 25

中国建设银行转账借方传票

2023 年 5 月 12 日

科目（借） 吸收存款——活期存款 对方科目 吸收存款——定期存款

总字第 $3\frac{1}{2}$ 号

转借字第1号

<table>
<tr><td rowspan="2">户名或账号</td><td rowspan="2">摘 要</td><td colspan="10">金 额</td><td rowspan="6">附单据1张</td></tr>
<tr><td>千</td><td>百</td><td>十</td><td>万</td><td>千</td><td>百</td><td>十</td><td>元</td><td>角</td><td>分</td></tr>
<tr><td>A公司</td><td>开户单位将活期存款转存定期</td><td></td><td></td><td></td><td>5</td><td>0</td><td>0</td><td>0</td><td>0</td><td>0</td><td>0</td></tr>
<tr><td></td><td></td><td></td><td></td><td></td><td></td><td></td><td></td><td></td><td></td><td></td><td></td></tr>
<tr><td></td><td></td><td></td><td></td><td></td><td></td><td></td><td></td><td></td><td></td><td></td><td></td></tr>
<tr><td colspan="2">合 计</td><td></td><td>¥</td><td>5</td><td>0</td><td>0</td><td>0</td><td>0</td><td>0</td><td>0</td><td>0</td></tr>
</table>

会计： 复核： 记账： 制单：李梅

表 1－26

中国××银行转账贷方传票

2023 年 5 月 12 日

| 科目（贷）　吸收存款——定期存款 | 对方科目　吸收存款——活期存款 | 总字第 3 $\frac{2}{2}$ 号
转贷字第 1 号 |

户名或账号	摘　要	千	百	十	万	千	百	十	元	角	分
					金		额				
A 公司	开户单位将活期存款转存定期				5	0	0	0	0	0	0
合　计				￥	5	0	0	0	0	0	0

附单据 1 张

会计：　　　复核：　　　记账：　　　制单：李梅

（4）2023 年 5 月 18 日，A 公司因签发空头支票 10 000 元给中国建设银行南京汉中路支行开户的 B 公司，遭受退票，现按票面金额的 2‰ 支付给 B 公司赔偿金 200 元（表 1－27 和表 1－28）。

表 1－27

中国建设银行特种转账借方传票

2023 年 5 月 18 日

总字第 4 $\frac{1}{2}$ 号　特转借字第 1 号

收款单位	全称	B 公司		付款单位	全称	A 公司	
	账号或地址	357864321005			账号或地址	357863217660	
	开户银行	汉中路支行　行号 1750			开户银行	新街口支行　行号 1753	

| 金额 | 人民币 | （大写）贰佰元整 | 千 百 十 万 千 百 十 元 角 分
￥ 2 0 0 0 0 |

| 原凭证金额 | 10 000 元 | 赔偿金 | 200 元 |
| 原凭证名称 | 转账支票 | 号码 | 35120 |

| 转账原因 | 支付空头支票赔偿金　　银行盖章 | 科目（借）　吸收存款
对方科目（贷）　存放中央银行款项
会计　复核　记账　制票 李梅 |

附单据 1 张

表 1－28

中国建设银行特种转账贷方传票

2023 年 5 月 18 日

总字第 4 $\frac{2}{2}$ 号　特转贷字第 1 号

收款单位	全称	B 公司		付款单位	全称	A 公司	
	账号或地址	357864321005			账号或地址	357863217660	
	开户银行	汉中路支行　行号 1750			开户银行	新街口支行　行号 1753	

| 金额 | 人民币 | （大写）贰佰元整 | 千 百 十 万 千 百 十 元 角 分
￥ 2 0 0 0 0 |

| 原凭证金额 | 10 000 元 | 赔偿金 | 200 元 |
| 原凭证名称 | 转账支票 | 号码 | 35120 |

| 转账原因 | 支付空头支票赔偿金　　银行盖章 | 科目（贷）　存放中央银行款项
对方科目（借）　吸收存款
会计　复核　记账　制票 李梅 |

附单据 1 张

1

想一想　银行的账务处理程序与其他类型的企业有何不同？

项 目 小 结

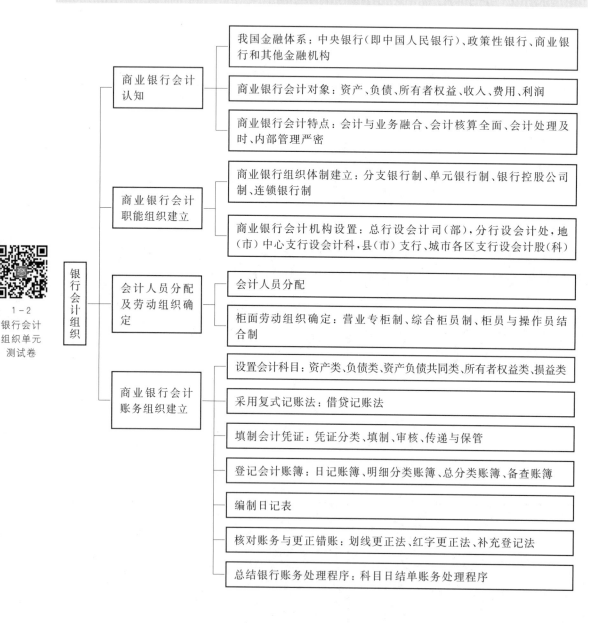

银行会计组织

- **商业银行会计认知**
  - 我国金融体系：中央银行（即中国人民银行）、政策性银行、商业银行和其他金融机构
  - 商业银行会计对象：资产、负债、所有者权益、收入、费用、利润
  - 商业银行会计特点：会计与业务融合、会计核算全面、会计处理及时、内部管理严密

- **商业银行会计职能组织建立**
  - 商业银行组织体制建立：分支银行制、单元银行制、银行控股公司制、连锁银行制
  - 商业银行会计机构设置：总行设会计司（部），分行设会计处，地（市）中心支行设会计科，县（市）支行、城市各区支行设会计股（科）

- **会计人员分配及劳动组织确定**
  - 会计人员分配
  - 柜面劳动组织确定：营业专柜制、综合柜员制、柜员与操作员结合制

- **商业银行会计账务组织建立**
  - 设置会计科目：资产类、负债类、资产负债共同类、所有者权益类、损益类
  - 采用复式记账法：借贷记账法
  - 填制会计凭证：凭证分类、填制、审核、传递与保管
  - 登记会计账簿：日记账簿、明细分类账簿、总分类账簿、备查账簿
  - 编制日记表
  - 核对账务与更正错账：划线更正法、红字更正法、补充登记法
  - 总结银行账务处理程序：科目日结单账务处理程序

思 考 题

1. 试述银行会计的对象和特点。
2. 银行有哪些柜面劳动组织？分述各种组织形式的定义。

3. 记账凭证按凭证的表面形式不同可分为哪两种形式？试述不同形式记账凭证的定义。

4. 记账凭证按凭证的格式不同可分为哪两类？试述各类记账凭证的定义。

5. 基本记账凭证按其性质和用途不同可分为哪几类？试述各类凭证的定义。

6. 什么是科目日结单？它有哪些作用？

7. 试述科目日结单账务处理程序的具体操作步骤。

练 习 题

一、单项选择题

1. 客户以现金存入某商业银行,表明某商业银行(　　　)。

A. 资产和负债同时增加　　　　　　　B. 资产和负债同时减少

C. 资产增加,负债减少　　　　　　　　D. 负债增加,资产减少

2. 客户支取现金时,表明商业银行(　　　)。

A. 资产和负债同时增加　　　　　　　B. 资产和负债同时减少

C. 资产增加,负债减少　　　　　　　　D. 负债增加,资产减少

3. 某商业银行对其客户发放一笔贷款,为客户转存到客户存款户内,表明该商业银行(　　　)。

A. 资产和负债同时增加　　　　　　　B. 资产和负债同时减少

C. 资产增加,负债减少　　　　　　　　D. 负债增加,资产减少

4. 商业银行办理现金收入必须(　　　)。

A. 先收款,后记账　　　　　　　　　　B. 先记账,后付款

C. 先记账,后收款　　　　　　　　　　D. 先付款,后记账

5. 商业银行表内会计科目,按(　　　)可分为资产类、负债类、资产与负债共同类、所有者权益类和损益类五类。

A. 要素的流动性　　　B. 经济业务内容　　　C. 科目的性质　　　D. 业务需要

6. 商业银行办理现金付出必须(　　　)。

A. 先收款,后记账　　　B. 先记账,后付款　　　C. 先记账,后收款　　　D. 先付款,后记账

二、多项选择题

1. 商业银行会计与其他企业单位会计相比,具有许多独特性。主要表现在(　　　　　)。

A. 会计与业务的融合性　　　　　　　B. 核算内容的社会性

C. 会计处理的及时性　　　　　　　　D. 内部管理机制的严密性

2. 反映商业银行财务状况的要素有(　　　　　);反映商业银行经营成果的要素有(　　　　　)。

A. 资产　　　　　　B. 负债　　　　　　C. 所有者权益　　　D. 收入

E. 费用　　　　　　F. 利润

3. 资产是(　　　　　)。

A. 由过去的交易或事项所形成的现实资产

B. 企业拥有或者控制的经济资源

1

　C. 预期会给企业带来未来经济利益的资源

　D. 企业的经济资源

4. 商业银行的资产包括（　　　　　）。

A. 流动资产　　　　　B. 中长期贷款　　　　C. 长期投资　　　　D. 实收资本

5. 下列项目中,属于商业银行流动资产的有（　　　　　）。

A. 业务现金　　　　　　　　　　　　　B. 存放中央银行款项

C. 固定资产　　　　　　　　　　　　　D. 无形资产

6. 商业银行所有者权益包括（　　　　　）。

A. 实收资本　　　　　B. 资本公积　　　　C. 盈余公积　　　　D. 一般风险准备

7. 某商业银行开户的甲单位支付给乙单位一笔货款,表明该商业银行（　　　　　）。

A. 一项负债增加　　　B. 一项负债减少　　　C. 一项资产增加　　　D. 一项资产减少

8. 会计凭证按填制的程序和用途可分为（　　　　　）。

A. 原始凭证　　　　　B. 专用凭证　　　　C. 记账凭证　　　　D. 一般单证

9. 商业银行账簿分别设有（　　　　　）。

A. 总账　　　　　　　B. 明细账　　　　　C. 日记账　　　　　D. 登记簿

10. 下列凭证中,属于基本凭证的有（　　　　　）。

A. 现金收付传票　　　　　　　　　　　B. 转账借贷传票

C. 特种转账借贷传票　　　　　　　　　D. 银行汇票

11. 为了保证银行资金的安全,各类业务凭证的传递顺序必须符合（　　　　　）。

A. 现金收入业务凭证,必须"先收款、后记账"

B. 现金付出业务凭证,必须"先记账、后付款"

C. 转账业务凭证,必须先记付款单位账户,后记收款单位账户

D. 转账业务凭证,必须先记收款单位账户,后记付款单位账户

三、判断题

1. 我国商业银行的会计科目,由财政部和中国人民银行作了原则规定,各商业银行不得进行增加和调整。　　　　　　　　　　　　　　　　　　　　　　　　（　　　）

2. 借贷记账法下,"借""贷"作为记账符号,代表着不同的含义,即"借"表示增加,"贷"表示减少。　　　　　　　　　　　　　　　　　　　　　　　　　　　　　　（　　　）

3. 银行的财务收入是指银行在经营业务中吸收的各项存款。　　　　　　（　　　）

4. 目前,我国各商业银行和中国人民银行均采用复式记账法和复式凭证。　（　　　）

5. 银行使用的现金缴款单和现金收入传票均属于基本凭证。　　　　　　（　　　）

6. 特种转账借方传票和特种转账贷方传票均属于特定凭证。　　　　　　（　　　）

7. 甲种账适宜逐笔记账、逐笔销账的一次性账务。　　　　　　　　　　（　　　）

8. 乙种账设有借方发生额、贷方发生额、余额和积数四栏,适用于在账户上计息的账户。　　　　　　　　　　　　　　　　　　　　　　　　　　　　　　　　　（　　　）

9. 计息余额表根据分户账各户的最后余额抄列,当日没有发生业务的,可以不必抄列。　　　　　　　　　　　　　　　　　　　　　　　　　　　　　　　　　　（　　　）

10. 银行的所有存款账户均属于负债类账户。　　　　　　　　　　　　（　　　）

11. 现金付出业务,必须"先记账,后付款",以防止漏收或错收款项。　　（　　　）

项 目 实 训

科目日结单账务处理实训

一、实训目的

1. 掌握记账凭证的选择与编制；
2. 掌握日记账、明细账、总账的登记；
3. 掌握科目日结单账务处理程序。

二、实训资料

中国建设银行新街口支行的有关资料如下：

1. 5 月 31 日各总账账户余额如表 1-29 所示。

表 1-29　　　　　　　　　总账账户余额表　　　　　　　　　单位：元

资　产	金　额	负债和所有者权益	金　额
库存现金	233 200	吸收存款	1 549 700
存放中央银行款项	267 000	同业存放	231 000
存放同业	213 500	向中央银行借款	73 100
贷款	1 321 000	应交税费	23 000
固定资产	152 100	实收资本	310 000
合计	2 186 800	合计	2 186 800

2. 5 月 31 日有关明细账账户余额如表 1-30 所示。

表 1-30　　　　　　　　有关明细账账户余额表　　　　　　　金额单位：元

总账账户	一级明细	二级明细	账　号	金　额
吸收存款	活期存款	银燕工厂	21134561111	523 000
		三泉商厦	21134561112	265 000
		力丰工厂	21134561113	642 170
	活期储蓄存款	王红	21134561114	52 030
		曹红	21134561115	67 500

3. 5 月 31 日有关总账账户资料如表 1-31 所示。

表 1-31　　　　　　　　　有关总账账户资料　　　　　　　　　单位：元

账　户	上年年底余额	本年累计发生额	
	贷方	借方	贷方
吸收存款	973 000	1 095 400	1 672 100

1

4. 6月1日发生下列经济业务：

(1) 居民王红在账号为21134561114的活期存款户存入现金5 000元，已入库。

(2) 居民曹红将账号为21134561115的活期存款户中的20 000元转存定期，账号为31134561115；

(3) 银燕工厂从其活期存款户提取现金3 000元；

(4) 向中国人民银行解缴回笼现金120 000元；

(5) 力丰工厂因托收承付结算货款98 000元逾期18日，今按每日万分之五计算，支付给在中国建设银行黄浦支行开户的托收方宏远公司赔偿金，力丰工厂和宏远公司的账号分别为21134561113和21134561116；

(6) 发放给力丰工厂短期贷款100 000元，转入其活期存款户；

(7) 银燕工厂以账号为21134561111的活期存款150 000元归还短期贷款；

(8) 三泉商厦在活期存款户存入销货现金60 000元，已入库；

(9) 三泉商厦将账号为21134561112的活期存款80 000元转存定期存款，账号为31134561112；

(10) 居民王红从账号为21134561114的活期存款户提取现金10 000元。

三、实训要求

1. 根据"资料1"开设现金库存簿；根据"资料2"分别用甲种账、乙种账格式开设吸收存款明细账；根据"资料1""资料3"开设总账账户，其中吸收存款账户用教材格式，其他账户用T形格式；

2. 根据"资料4"编制记账凭证；

3. 根据编制的现金收入传票、现金付出传票登记现金收入日记簿、现金付出日记簿，并根据其结果登记现金库存簿；

4. 根据记账凭证登记吸收存款明细账；

5. 根据记账凭证编制科目日结单；

6. 根据科目日结单登记总账；

7. 根据总账的余额编制日记表进行试算平衡；

8. 将现金库存簿、吸收存款明细账的余额与总账账户余额核对。

项目二　存款业务核算

【学习目标】

存款是商业银行的主要负债,也是商业银行吸收信贷资金的主要渠道。本项目的学习,要求学生能达到以下知识目标和能力目标。

知 识 目 标	能 力 目 标	学习重点和难点
(1) 理解存款业务的意义与存款种类 (2) 明确存款账户的种类及存款业务核算的要求 (3) 掌握存款业务的核算方法及利息计算方法 (4) 掌握不同种类存款账户明细账的登记方法	(1) 能根据单位、个人不同的存款要求办理用户存款账户的开立手续和销户手续 (2) 会编制或审核不同存款账户相关业务的借贷方记账凭证 (3) 能按银行结算的规定正确结计各种存款利息	(1) 储蓄存款利息的结计及核算方法 (2) 单位存款利息的结计及核算方法 (3) 分户账的登记方法

【典型工作任务】

序　号	工 作 任 务	具 体 内 容
1	存款业务认知	商业银行存款的种类
		存款业务的管理要求
2	存款账户开立与管理	单位银行结算账户开立
		个人储蓄存款账户开立
3	单位存款业务核算	单位活期存款核算
		单位定期存款核算
4	储蓄存款业务核算	活期储蓄存款核算
		定期储蓄存款核算

任务一　存款业务认知

引 例

　　某单位 2023 年 2 月 1 日在某建设银行存入通知存款(七天)一笔,金额为 90 万元。5 月 10 日企业通知银行要提前支取 50 万元。5 月 17 日,客户到银行办理提取 51 万元,余下的款项继续按通知存款续存。银行经办人员受理了该笔业务,提取款项全部按通知存款利率计付了利息。该行上述做法是否违规?为什么?

　　问题:商业银行柜员每天面对不同的顾客,既有个人存款也有单位存款,存款作为一项投资,顾客有不同的需求。柜员在接办业务的时候,如何让顾客了解所在商业银行存款的种类、性质及其特点,为顾客提供更合适的服务?

【知识准备】

一、商业银行存款的种类

　　存款是银行通过信用方式吸收的社会闲散资金,是银行的主要负债,也是银行吸收信贷资金的主要渠道。

　　从银行角度分析,并不是存款越多越好,必须进行成本收益核算;从社会角度分析,金融企业按照客观经济规律来组织和运用存款,对于增加社会积累、稳定市场物价、促进经济发展、平衡信贷收支、调节货币流通等方面都具有十分重要的意义。但是过多的存款也会引起消费的减少,影响整个国民经济的健康、稳定发展。

　　商业银行吸收的存款可以按不同的标准进行如下分类。

(一) 按资金来源性质分类

　　银行存款按资金来源性质可分为单位存款、个人存款、财政性存款。

　　单位存款,是存款人以机关、团体、部队、企业、事业单位或其他组织的名义在银行开立存款户而存入的款项。

　　个人存款,是存款人以自然人名义在银行存入的款项。

　　财政性存款,主要是各行经办的财政预算内资金存款及集中待交财政的各种款项形成的存款。

(二) 按存款期限分类

　　银行存款按存款期限长短可分为活期存款、定期存款、定活两便存款(含通知存款)。

　　活期存款,是存入时不确定存期,可以随时存取的存款,如企事业单位活期存款、个人结算存款、财政性存款等。

　　定期存款,是存入时规定存期,到期支取的存款,如整存整取、零存整取、整存零取、存本取息等。

　　定活两便存款,是存入时不规定存期,存款人可随时支取,支取时按同档次定期存款利率的一定比率确定存款利息的一种存款,通知存款也属于定活两便存款。

（三）按计息与否分类

银行存款按是否计息可分为计息存款和不计息存款。

计息存款，是银行吸收的按规定支付利息给存款人的存款，也称为一般性存款。

不计息存款，是银行吸收的按规定不支付利息的存款，主要指财政性存款和一些临时性结算存款。

（四）按存取款方式分类

银行存款按存取款方式可分为存折存款、存单存款、转账存款。

存折存款，是以存折作为存、取款和计息工具的存款，如个人结算存款、零存整取存款。

存单存款，是以存单作为存、取款工具的存款，如整存整取存款、定活两便存款、通知存款等。

转账存款，是以支票、银行汇票等结算工具为凭证进行转账存取的存款，也称为支票户存款，如企事业单位的活期存款和个人结算存款等。

（五）按存款货币的记账单位分类

银行存款按其记账单位可分为本币存款和外币（原币）存款。

我国商业银行目前开设了美元、欧元、日元、英镑、加拿大元、瑞士法郎、澳大利亚元等外币存款业务。如以其他可自由兑换的外币存入，则应按存入日的牌价套算成上述货币存入。按规定，存入何种货币就支取该种货币，计付原币利息。

二、存款业务的管理要求

存款业务面对各单位和个人，具有政策性强、业务量大的特征，因此，银行在办理存款业务核算时应符合以下要求。

（一）正确、及时办理存款业务

存款业务是商业银行重要的对外业务服务窗口。存款业务会计核算管理在商业银行会计核算中占据重要地位。银行会计工作人员必须严格按照存款会计操作原则和要求正确、及时地办理存款业务。在办理单位之间的资金收付时，要按照国家有关方针政策和支付结算原则，加强柜面监督，准确、及时地办理款项支付。对个人开立的储蓄账户，也应按银行的规定办理，以保证存款业务核算质量。

（二）维护存款人的合法权益

银行要加强柜面监督，严禁将账户出租、出借或转让给其他单位和个人使用。对于储蓄账户也要加强管理，严防冒领、诈骗、盗窃，以确保储蓄存款的安全。

银行对企业的资金使用进行必要的监督，保证单位或个人对存款的支配权。对单位存款应坚持"谁的钱进谁的账，由谁支配"的原则。除国家有专门法规外，禁止银行代任何单位或个人扣款，禁止银行擅自停止存款人对存款的支取。

（三）不得为存款人垫支款项

银行在办理结算过程中，只提供结算服务，起中介作用，负责将款项从付款单位账户转到收款单位账户，不给任何单位垫支款项。付款单位在办理结算过程中只能用自己的存款余额支付其他单位款项，收款单位也只能在款项经银行办妥收款手续，进入本单位账户后才能支配使用。

引例解析

答：违规。违规之处在于：多提取的1万元应按活期利率计息，余下款项由于低于单位通知存款起存金额（50万元），应予以清户，并按清户日挂牌公告的活期存款利率计息或根据存款人意愿转为其他存款。

想一想

1. 银行存款业务意义何在？存款业务的管理要求是什么？

2. 单位存款有哪几种？各自有什么特点及使用范围？对这些账户如何管理？

任务二 存款账户开立与管理

引 例

中国工商银行S支行2023年6月1日有一客户持营业执照正本原件及复印件、本人身份证及预留银行印鉴，办理开立基本存款账户，经审核符合开立账户条件，由客户填写"中国工商银行开立单位结算账户申请书"，业务主管审核，主管行长审批，操作柜员办理开户。

问题：该支行办理基本存款账户开户手续是否完备？面对单位开户的不同需求，你能为客户正确选择账户种类提供意见吗？存款人申请开立或注销存款账户时，应履行什么手续？银行柜员如何为客户办理开户指导、使用和管理账户？

【知识准备】

一、单位银行结算账户开立

（一）划分单位银行结算账户

单位银行结算账户，是指存款人以单位名称开立的银行结算账户。个体工商户凭营业执照以字号或经营者姓名开立的银行结算账户纳入单位银行结算账户管理。单位银行结算账户按用途分为基本存款账户、一般存款账户、专用存款账户和临时存款账户。

1. 基本存款账户

基本存款账户，是指存款人在银行开立的，用于办理日常经营活动的资金收付及工资、奖金和现金支取的账户。基本存款账户是存款人的主办账户。单位只能在银行开立一个基本存款账户，对于已在其他银行开立基本存款账户的单位客户，开户行不得为其开立基本存款账户。

2. 一般存款账户

一般存款账户，是指存款人在基本存款账户开户银行以外的银行营业机构开立的银行结算账户,主要用于办理存款人借款转存、借款归还和其他结算的资金收付。该账户可以办理现金缴存,但不得办理现金支取。

3. 专用存款账户

专用存款账户,是指存款人按照法律、行政法规和规章,对其特定用途资金进行专项管理和使用而开立的银行结算账户,如财政预算外资金、粮棉油收购资金、基本建设资金、更新改造资金、社会保障资金等账户,可申请开立专用存款账户。专用存款账户专款专用、专项管理,可转账结算和现金收付。

4. 临时存款账户

临时存款账户,是指存款人因设立临时机构、异地临时经营活动或注册验资的需要在规定期限内使用而开立的银行结算账户。有下列情况的,存款人可以申请开立临时存款账户:❶ 设立临时机构;❷ 异地临时经营活动;❸ 注册验资。临时活动结束时注销该账户,其有效期最长不得超过 2 年。

> **做一做**
>
> 如果你是银行会计,面对下列客户你如何为其选择存款账户类型?
>
> 1. 假设某会计学院在中信银行南京分行开设主办账户,银行会计应选择( )。
>
> 2. 江苏省 J 公司六分队在深圳从事某商业大厦的施工(施工期为两年),而在当地银行开设存款账户,银行会计应选择( )。
>
> 3. 某个体工商户向交通银行借款 3 万元,因借款的转存,银行会计应选择( )。

(二)开立单位银行结算账户

单位申请开立单位银行结算账户时,应填制开户申请书一式三联,并连同相关的证明文件一并送交经办行。申请开立基本存款账户的,若为企业法人,应出具企业法人营业执照正本;若为非法人企业,应出具企业营业执照正本或其他规定的材料,送交盖有存款人印章的印鉴卡片。申请开立一般存款账户,除应提供其开立基本存款账户规定的证明文件、基本存款账户开户许可证外,还应出具借款合同和资金结算有关证明。申请开立临时存款账户,存款人应向银行出具市场监管管理机关核发的临时执照或有权部门同意设立外来临时机构的批文。申请开立专用存款账户时,存款人应出具经有权部门批准立项的文件或国家有关文件的规定。

经办行根据单位的账户性质,确定会计科目、编制账号、设置账簿,登记"开销户登记簿"。单位开立基本存款账户、临时存款账户和预算单位开立专用存款账户实行核准制度(单位因注册验资需要开立临时存款账户除外),开户行应将开户申请书及相关证明文件和银行审核意见等开户资料报送中国人民银行当地分支行,经其核准后办理开户手续。单位申请开立一般存款账户、其他专用存款账户和个人银行结算账户,符合条件的,银行应办理开户手续,并于开户之日起 5 个工作日内向中国人民银行当地分支行备案,3 个工作日内书面通知基本存款账户开户银行。

申请开立基本存款账户的流程如图 2-1 所示。

(三)使用和管理单位银行结算账户

单位银行结算账户的使用必须遵守国家的政策、法令,遵守银行信贷、结算和现金管理

2

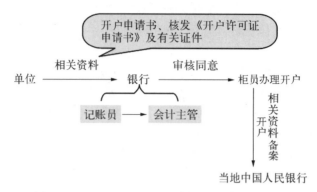

支票户，开户后向单位发售银行统一印制的各种专用凭证
存折户，在第一次存入款项开立账户时，发给单位存折

图 2 - 1　基本存款账户开立流程图

以及《人民币银行结算账户管理办法》等有关规定。

（1）开户实行许可证制度和开户申报制，一个单位只能选择一家银行的一个营业机构开立一个基本存款账户，不允许在多家银行开立基本存款账户，开户实行双向选择。

（2）存款人的账户只能办理存款人本身的业务活动，不允许出租和转让他人。否则，按规定对账户出租、转让发生的金额处以罚款，并没收出租账户的非法所得。

（3）存款人在银行的结算账户内必须保证有足够的资金，不准利用账户套取银行信用和从事非法活动。

（4）银行应经常检查账户的使用情况，及时与存款人进行对账，在"先存后用，存大于支"的原则下为存款人提供安全、快捷的金融服务。

二、个人储蓄存款账户开立

（一）划分储蓄存款

1. 按储蓄存款的存取方式分类

个人储蓄存款按存取方式可以分为活期储蓄存款、定期储蓄存款、定活两便储蓄存款、个人通知储蓄存款、教育储蓄存款。定期储蓄存款包括整存整取、零存整取、整存零取、存本取息等方式。具体如图 2 - 2 所示。

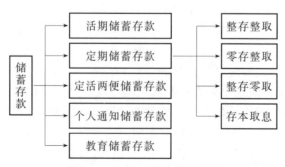

图 2 - 2　个人储蓄存款的种类

（1）活期储蓄存款。活期储蓄存款是储户可以随时存取，存款金额和期限不受限制的一种储蓄存款方式。它具有灵活方便、适应性强、利率低的特点。活期储蓄人民币存款开户

起点金额为 1 元,多存不限,既可单独开立存折,凭折存取;也可同时开立借记卡和存折,凭折或卡存取。有的银行还推出了无折(卡)存款和活期一本通储蓄业务。此类存款每季结息一次,每季末月的 20 日为结息日。

(2) 定期储蓄存款。定期储蓄存款是储户在存款时就约定存款期限,一次或在存期内分次存入本金,到期一次或分期支取本金和利息的一种储蓄存款方式。它的特点是存款时间较长,存期固定,规定了一定的存储起点金额。它适用于居民有预见性使用的资金或长期不用的资金存储。

(3) 定活两便储蓄存款。定活两便储蓄存款是指在存款开户时一次存入本金,不必约定存期,银行根据客户存款的实际存期和规定利息计息,可随时支取的一种储蓄存款方式。定活两便储蓄存款 50 元起存,具有活期储蓄随时可提取的灵活性,又能享有接近于定期存款利率的优惠。其利率的确定办法为存期不足 3 个月的,按支取日挂牌活期利率计算;存期 3 个月以上(含 3 个月),不满半年的,按支取日挂牌定期整存整取 3 个月存款利率打 6 折计算;存期半年以上(含半年)不满 1 年的,按支取日定期整存整取半年期存款利率打 6 折计息;存期 1 年以上(含 1 年),无论存期多长,整个存期一律按支取日定期整存整取 1 年期存款利率打 6 折计息。

(4) 个人通知储蓄存款。个人通知储蓄存款是指在存入款项时不约定存期,支取时事先通知银行,约定支取日期和金额的一种储蓄存款方式。最低起存金额为人民币 5 万元(含)或外币等值 5 000 美元(含),最低支取金额为人民币 5 万元。为了方便,也可在开户时通知取款日期或约定转存存款日期和金额。个人通知存款需一次性存入,可以一次或分次支取,但分次支取后账户余额不能低于最低起存金额,当低于最低起存金额时银行给予清户,转为活期储蓄存款。个人通知储蓄存款按存款人选择的提前通知的期限长短划分为 1 天通知存款和 7 天通知存款两个品种。其中 1 天通知存款需要提前一天向银行发出支取通知,并且存期最少需 2 天;7 天通知存款需要提前 7 天向银行发出支取通知,并且存期最少需 7 天。

(5) 教育储蓄存款。教育储蓄存款是为鼓励城乡居民以储蓄方式,为其子女接受非义务教育积蓄资金,促进教育事业发展而开办的储蓄。存取办法与零存整取储蓄类似。存期分为 1 年、3 年和 6 年 3 种,50 元起存,本金合计最高限额为 2 万元。凭学校提供的正在接受非义务教育的学生身份证明一次支取本金和利息,可以享受利率优惠,并免征储蓄存款利息所得税。教育储蓄的对象为在校小学四年级(含四年级)以上学生。

2. 按存款的介质所具备的功能分类

(1) 活期一折通。该种产品与普通活期储蓄的区别在于可以零金额开户,账户可以在不保留金额的情况下保存账号,另外还可以办理多币种的其他外币活期存款。

(2) 储蓄卡(借记卡)。该种产品依然以普通活期存折为依存,只是多了一种卡的表现方式,由于该卡的取款、消费金额只限定于存折之余额,无法透支,所以也称为借记卡。该产品的优点在于可以在柜台之外的自动取款机(ATM)或商户 POS 终端进行消费,非常便捷。

(3) 一卡通。该种产品的功能与活期一折通相同,但其却不以存折为依存,只保留一张卡,该卡与储蓄卡一样,依然是借记卡。

以上三种为目前最多见的活期储蓄的衍生产品。随着科技的发展,一些银行也推出了有自身特色的新产品,但如果这些产品的账务核算方法与普通活期储蓄相同,我们依然将其视为活期储蓄管理。

（二）储蓄存款账户开立

以个人活期储蓄账户开户为例，其开户流程如图 2-3 所示。

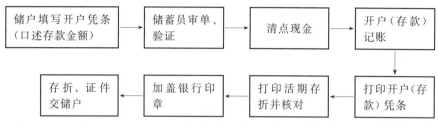

图 2-3   个人活期储蓄存款账户开立流程图

引例解析

答：（1）该支行办理基本存款账户开户手续不完整。客户来银行开户，经支行业务主管、主管行长审批后，操作柜员可办理开户，同时将单位客户的开户申请书、相关证明文件和支行审核意见等开户资料报送中国人民银行当地分支行备案即可。

（2）不同类型账户用途不同，可供单位自行选择，但基本存款户只能是一个。开立和注销账户都需提供申请书，法人身份证原件及复印件等相关材料履行手续。

【工作任务设计 2-1：单位银行结算账户开立】

【任务描述】

某市中国工商银行东城支行于 2022 年 12 月 21 日接受 A 百货公司开户申请，并于当天从原开户行转入存款 1 500 000 元。请按规定为 A 百货公司办理开户手续。

该银行柜员每天面对不同的客户，既有个人存款也有单位存款。面对单位或个人的不同需求，如何为客户正确选择账号种类提供意见？存款人申请开立或注销存款账户时，银行柜员如何为客户办理开户和销户手续？

【操作步骤】

第一步：A 百货公司提交开户申请。

A 百货公司提交开户证明资料，具体包括：❶ 由当地市场监管机关核发的"企业法人执照"或"营业执照"正本；❷ 法人身份证。经开户行审核符合开户条件的，填写"存款账户开户申请书"，交柜员申请开户。

第二步：开户审查。

A 百货公司申请开立人民币活期存款账户时，经办行应按照中国人民银行账户管理办法的有关规定审查以下内容："存款账户开户申请书"一式三联填写是否正确；相关资料是否齐全，手续是否完整；申请开立基本存款账户，申请人是否提交法人代表身份证和中国人民银行当地分支机构核发的开户登记证。

第三步：办理开户。

审查无误后，开户申请人应预留银行印鉴，经办行应在印鉴卡和存款账户开户申

请书上注明账号、币种、开户日期,并作如下处理:

(1) 留存开户申请人(经办人)有效身份证件复印件及有关资料;

(2) 印鉴卡正卡由印鉴初审人员保管使用,两张副卡中一张由印鉴复审人员保管使用,另一张加盖业务公章退开户申请人;

(3) 存款账户开户申请书第一联退开户申请人,第二联经办行留存并据以登记"开户登记簿",第三联交本行业务部门或交中国人民银行备案;

(4) 登记"印鉴卡使用情况登记簿""重要空白凭证登记簿"及"重要空白凭证使用情况登记簿",填制表外科目付出凭证,登记表外科目明细账。记作:

付出:重要空白凭证——印鉴卡在用户

想一想

(1) 某贸易公司单位在中国工商银行 S 支行已开立基本账户,因办理专项资金收付,3 月 10 日在该行申请开立了一般账户,当日从外行转来贷款 30 万元,从账户提取现金。该行从开户到办理支现违反了哪些规定?

(2) 王某买房子急需用钱,找朋友孙某借钱,孙某将一张未到期的定期存单、身份证复印件交给王某。王某持未到期的定期存单一张,金额 3 万元,到某支行办理提前支取。王某将定期存单和孙某的身份证复印件交给经办柜员,办理了提前支取手续。该柜员做法是否正确? 为什么?

任务三　单位存款业务核算

引　例

某单位 2022 年 9 月 25 日从活期存款账户转账存入中国建设银行一笔定期存款 20 万元,期限 1 年,年利率 3.25%,该单位由于急需资金于 2023 年 3 月 25 日提前支取本金 5 万元,当日银行挂牌的活期存款利率为 0.35%,剩余部分该单位于 10 月 9 日来行支取,支取日活期存款利率为 0.35%。试计算银行应支付给该单位的存款利息,并进行相关账务处理。

问题:上述案例涉及哪几种利率? 存款人提前或超过期限支取款项按什么利率支付利息? 作为银行会计,你会顺利经办上述存取款业务吗?

【知识准备】

一、单位活期存款核算

单位活期存款的存取款项,有现金和转账两种形式。现金存入或提取是存款收支的一种形式;转账结算是通过同城或异地的各种结算方式,进行款项收支的一种非现金结算方

2

式。转账结算将在后面的项目中介绍,现在介绍现金存取款的核算方法。

(一)现金的存入与支取

1. 存入现金

缴款单位填写一式二联现金缴款单,连同现金交银行出纳部门。

出纳部门审查凭证无误后,点收现金,登记现金收入日记簿并复核签章,缴款单的回单联退交存款人,第二联送会计部门。

会计部门根据现金缴款单第二联登记单位存款分户账。其会计分录为:

> 借:库存现金
> 　　贷:吸收存款——活期存款(××单位户)

"吸收存款"是负债类账户,用以核算银行吸收企事业单位及个人的存款。银行吸收企事业单位及个人的存款时,记入贷方;企事业单位及个人支用存款时,记入借方;期末余额在贷方,表示银行期末尚存企事业单位及个人的存款。

> **【做中学 2-1】**中国工商银行信安支行收到先声商厦存入的现金92 600元,清点无误,根据缴款单第二联,作如下会计分录:
> 借:库存现金　　　　　　　　　　　　　　　　　　　　92 600
> 　　贷:吸收存款——活期存款(先声商厦)　　　　　　　　92 600

2. 支取现金

取款单位签发现金支票送交会计部门。会计部门审查无误后,将出纳对号单(牌)交给取款单位,以现金支票代现金付出传票,登记单位存款分户账,并结出余额,再将支票通过内部传递交出纳部门。其会计分录为:

> 借:吸收存款——活期存款(××单位户)
> 　　贷:库存现金

出纳部门根据收到的现金支票,叫号收回对号单,支付现金并登记现金付出日记簿。

> **【做中学 2-2】**先声商厦以支票从活期存款中提取现金50 000元,经审查无误后给予支付。作如下会计分录:
> 借:吸收存款——活期存款(先声商厦)　　　　　　　　50 000
> 　　贷:库存现金　　　　　　　　　　　　　　　　　　　50 000

(二)单位活期存款利息计算

1. 计息方法

利息计算的一般公式为:

$$应计利息＝存款额×利率×存期$$

单位活期存款由于存取次数频繁,余额经常发生变动,因而利息一般采用积数计息法。所谓积数是指计算期内存款账户每日余额的逐日累计数,积数计息法是以日积数乘以日利率来计算利率的方法。其计算公式为:

$$应计利息＝日积数×日利率$$

利率的换算关系为:月利率＝年利率÷12;日利率＝月利率÷30＝年利率÷360

2. 计息周期

银行为了减少年末的工作压力,单位活期存款通常按季结息,每季末月 20 日为结息日,计息时间从上季末月 21 日开始,到本季末月 20 日为止。计算出来的利息于次日转账存入活期存款户。如在结息日前销户,银行应于销户时计付利息。

3. 计息形式

单位活期存款的计息形式有余额表计息和明细账页计息两种。

(1)余额表计息。余额表计息是在余额表上计算累计日积数和利息。余额表计息法适合于存款余额变动频繁的单位存款账户的计息。其优点是准确性高;缺点是烦琐,工作量大,尤其是即使在余额不变之日和节假日也要抄列。余额表的格式如表 2－1 所示。

表 2－1

计息余额表

科目名称:吸收存款   2023 年 6 月   月利率6‰ 第 3 页 共 3 页

日期 / 户名 账号 余额	星光商厦 0220101230005322 (位数)	大隆商厦 0220101230008388 (位数)	红梅公司 0220101230009468 (位数)	复核 盖章
上月底止累计应计息积数	24 573 000	36 816 200	45 285 000	
1	153 000	231 000	322 000	
⋮	⋮	⋮	⋮	
10	132 000	256 000	315 000	
10 天小计	1 432 000	2 410 000	3 872 000	
⋮	⋮	⋮	⋮	
20	142 000	274 000	423 000	
20 天小计	3 426 000	5 277 600	9 146 000	
本月合计	3 426 000	5 277 600	9 146 000	
应加积数			32 000	
应减积数		46 000		
本期累计应计息积数	27 999 000	42 047 800	54 463 000	

会计   复核   记账

（2）明细账页计息。明细账页计息即在乙种账上直接计算利息。凡使用乙种明细账的存款分户账,因账页上已设置"日数"和"积数"两栏,因此在登记明细账结出余额后,可以直接计算出积数,填入积数栏。日数的计算是从上一次记账日期算至本次记账日期的前一日止,再以上一次存款余额乘以日数,即算出计息积数。结息日将各明细账户的积数分别相加,计算出本季度累计日数和积数。将累计日数与本季度实际日数相核对,可以防止发生多计或少计日数。再将本季度累计积数乘以日利率,计算出应付利息,其业务程序和核算方法与余额计息表相同,不再重述。

明细账页计息法适合存取款不频繁的单位存款的计息。其优点是简便;缺点是准确性差,容易发生错误,且难以发现和查找,对会计人员素质和能力要求高。

2-1
活期分户
账计息法

> 【做中学2-3】中国工商银行开户单位K电子有限公司2023年6月21日至9月17日账户余额累计数为6 600 000元,9月18日、19日、20日账户余额分别为4 000元、4 000元、5 000元,年利率为0.35%。9月20日为银行计息日。
>
> $$应计利息 = 日积数 \times 日利率$$
> $$= (6\,600\,000 + 4\,000 + 4\,000 + 5\,000) \times (0.35\% \div 360)$$
> $$= 64.29(元)$$
>
> 编制会计分录为:
>
> 借:利息支出——活期存款利息支出　　　　　　　　　　　　64.29
> 　贷:吸收存款——活期存款(K电子有限公司)　　　　　　　64.29

二、单位定期存款核算

单位定期存款是指单位一次性存入款项并约定存期,到期支取本息的存款。单位定期存款起存金额为1万元,多存不限。存期分为3个月、半年、1年三个档次。单位定期存款在支取时只能转账,不能提取现金。并且一般不能提前支取,逾期支取的过期部分,按活期利率计息。定期存单一般不能流通转让。

(一)转账存入

单位在办理定期存款时,应签发转账支票交银行会计部门。会计部门审核无误后,以转账支票代转账借方传票登记单位存款分户账,并填制一式三联的"单位定期存款开户证明书",第一联代转账贷方传票,第二联加盖业务公章后作为存单交给存款单位,第三联作为卡片账留存,并登记单位定期存款开销户登记簿。编制会计分录为:

> 借:吸收存款——活期存款(××单位户)
> 　贷:吸收存款——定期存款(××单位户)

(二)利息核算

单位定期存款的利息计算采取利随本清的办法,即在支取本金时计付利息。

单位定期存款到期支取,按存入日挂牌公告的利率计息,利随本清,遇有利率调整不分段计息。单位定期存款全部提前支取,应按支取日挂牌公告的活期存款利率计付利息。

但是商业银行应按照权责发生制原则,在资产负债表日,对1年(含1年)以上的定期存款计提应付利息,计入当期损益。编制会计分录为:

> 借:利息支出——定期存款利息支出
>   贷:应付利息——定期存款应付利息

(三) 到期支取

存款单位持定期存单到银行办理支取时,银行会计人员抽出该户卡片进行核对,核对无误后,计算出利息,填制利息清单,并在存单上加盖"结清"戳记,销记单位定期存款开销户登记簿。编制会计分录为:

> 借:吸收存款——定期存款(××单位户)
>   应付利息——定期存款应付利息·····················(已计提的利息)
>   利息支出——定期存款利息支出·····················(尚未计提的利息)
>   贷:吸收存款——活期存款(××单位户)

引例解析

答:引例中涉及活期和定期两种利率,该单位提前和超过期限支取款项应将提前和超过部分按支取当日银行挂牌的活期存款利率0.35%计算支付利息。计算处理如下:

2022年9月25日,存入定期存款:

> 借:吸收存款——活期存款(××单位户)   200 000
>   贷:吸收存款——定期存款(××单位户)   200 000

2022年12月31日,计提利息:$200\,000 \times 3.25\% \times 97 \div 360 = 1\,751.39$(元)

> 借:利息支出——定期存款利息支出   1 751.39
>   贷:应付利息——定期存款应付利息   1 751.39

2023年3月25日,提前支取部分存款:
支付利息:$50\,000 \times 0.35\% \times 6 \div 12 = 87.50$(元)

> 借:吸收存款——定期存款(××单位户)   50 000.00
>   利息支出——活期存款利息支出   87.50
>   贷:库存现金   50 087.50

2023年10月9日,逾期支取剩余部分存款:
应付利息:$150\,000 \times 3.25\% + 150\,000 \times 0.35\% \times 14 \div 360 = 4\,895.42$(元)

```
借：吸收存款——定期存款(××单位户)              150 000.00
    应付利息——定期存款应付利息                    1 751.39
    利息支出——定期存款利息支出                    3 144.03
    贷：库存现金                                 154 895.42
```

2

【工作任务设计 2-2：单位活期存款核算】

【任务描述】

中国工商银行东城支行于 2022 年 12 月 21 日按规定已经为 A 百货公司办理了开户手续(见工作任务设计 2-1)。2022—2023 年 A 百货公司于该行的存款户发生下列各项业务：

1. 开户当天从原开户中国工商银行转入存款 1 500 000 元；

2. 2022 年 12 月 23 日，A 百货公司开出现金支票一张提取现金 5 000 元；

3. 2022 年 12 月 26 日，A 百货公司支付本行开户单位 B 公司购货款 180 000 元；

4. 2023 年 1 月 5 日，A 百货公司支付中国建设银行东城支行开户单位购货款 13 000 元；

5. 2023 年 1 月 5 日，A 百货公司收到本行开户单位市第一百货公司转来的结算款 120 000 元；

6. 2023 年 1 月 12 日，A 百货公司存入现金 25 000 元；

7. 2023 年 3 月 8 日，为 A 百货公司发放企业流动资金贷款 150 000 元；

8. 2023 年 3 月 20 日，A 百货公司开出电汇凭证 26 000 元，汇往异地中国工商银行某支行开户单位付采购款；

9. 2023 年 5 月 26 日，A 百货公司申请签开银行汇票 12 000 元；

10. 2023 年 6 月 10 日，为 A 百货公司收入异地中国工商银行某支行开户单位汇款 20 000 元；

11. 2023 年 6 月 21 日，A 百货公司开出支票一张，支付中国农业银行东城支行开户单位购货款 17 000 元；

12. 2023 年 6 月 28 日，A 百货公司销户，转移至中国工商银行西城支行。

要求：对 A 百货公司的上述业务进行会计核算，按规定的结息日结息(注：该种活期存款的年利率为 0.2%)，按规定为 A 百货公司办理销户手续。

【操作步骤】

第一步：编制上述业务的会计分录和与存款账户相关业务的借贷方记账凭证。

```
(1) 借：清算资金往来                              1 500 000
       贷：吸收存款——活期存款(A 百货公司)           1 500 000
```

(2)　借：吸收存款——活期存款(A百货公司)　　　5 000

　　　　贷：库存现金　　　　　　　　　　　　　　　　5 000

(3)　借：吸收存款——活期存款(A百货公司)　　180 000

　　　　贷：吸收存款——活期存款(B公司)　　　　　180 000

(4)　借：吸收存款——活期存款(A百货公司)　　 13 000

　　　　贷：清算资金往来　　　　　　　　　　　　　 13 000

(5)　借：吸收存款——活期存款(第一百货公司)　120 000

　　　　贷：吸收存款——活期存款(A百货公司)　　　120 000

(6)　借：库存现金　　　　　　　　　　　　　　 25 000

　　　　贷：吸收存款——活期存款(A百货公司)　　　 25 000

(7)　借：贷款——短期贷款(A百货公司)　　　　150 000

　　　　贷：吸收存款——活期存款(A百货公司)　　　150 000

(8)　借：吸收存款——活期存款(A百货公司)　　 26 000

　　　　贷：清算资金往来　　　　　　　　　　　　　 26 000

(9)　借：吸收存款——活期存款(A百货公司)　　 12 000

　　　　贷：汇出汇款　　　　　　　　　　　　　　　 12 000

(10)　借：清算资金往来　　　　　　　　　　　　 20 000

　　　　　贷：吸收存款——活期存款(A百货公司)　　 20 000

(11)　借：吸收存款——活期存款(A百货公司)　　 17 000

　　　　　贷：清算资金往来　　　　　　　　　　　　 17 000

第二步：登记 A 百货公司存款账户的明细账，如表 2-2 和表 2-3 所示。

表 2-2

中国工商银行存款明细账

账别：活期存款　　　　　　　　科目号：2210　　　　　　　户名：A百货公司存款户

账户性质：基本存款户　　　　　账号/卡号：2210001001　　利率：0.2%　　第×页

2022年		交易序号	凭证号码	摘要	发生额		余额	日数	积数	记账	复核
月	日				借方	贷方					
12	21		进账单	开户			1 500 000.00	2	3 000 000.00		
12	23	(1)	现金支票	提取现金	5 000.00		1 495 000.00	3	4 485 000.00		
12	26	(2)	转账支票	付购货款	180 000.00		1 315 000.00	6	7 890 000.00		
12	31			结转下年			1 315 000.00	11	15 375 000.00		

开户机构：中国工商银行东城支行。　　　　　　　　　　　　打印：×××

表 2-3　　　　　　　　**中国工商银行存款明细账**

账别：活期存款　　　　　　科目号：2210　　　　　　户名：A百货公司存款户
账户性质：基本存款户　　　　账号/卡号：2210001001　　利率：0.2%　　第×页

2023年		交易序号	凭证号码	摘要	发生额		余 额	日数	积 数	记账	复核
月	日				借方	贷方					
01	01		……	上年结转			1 315 000.00	11	15 375 000.00		
01	01						1 315 000.00	4	5 260 000.00		
01	05	(3)	转账支票	付购货款	13 000.00		1 302 000.00				
01	05	(4)	进账单	收结算款		120 000.00	1 422 000.00	7	9 954 000.00		
01	12	(5)	现金交款单	存入现金		25 000.00	1 447 000.00	55	79 585 000.00		
03	08	(6)	借款凭证	转入贷款		150 000.00	1 597 000.00	12	19 164 000.00		
03	20	(7)	电汇凭证	汇采购款	26 000.00		1 571 000.00	1	1 571 000.00		
03	20							90	130 909 000.00		
03	21		利息凭证	结计利息		727.27	1 571 727.27	66	103 733 999.82		
05	26	(8)	汇票申请书	签开汇票	12 000.00		1 559 727.27	15	23 395 909.05		
06	10	(9)	补充报单	收入货款		20 000.00	1 571 727.27	11	17 376 999.97		
06	20							92	144 506 908.84		
06	21		利息凭证	结计利息		802.82	1 580 530.09				
06	21	(10)	转账支票	付购货款	17 000.00		1 563 530.09	7	10 944 710.63		
06	28		利息凭证	结计利息		60.80	1 563 590.89				
06	28		转账支票	销户移出	1 563 590.89						

开户机构：中国工商银行东城支行。　　　　　　　　　　　　打印：×××

第三步：按规定的结息日结息，并编制结息的分录，将利息登记入账。

(1) 2023 年 3 月 20 日，为 A 百货公司结计第一季度存款利息应为：

$$应计利息 = 结息期总积数 \times 0.2\% \div 360 = 130\ 909\ 000 \times 0.2\% \div 360$$
$$= 727.27(元)$$

借：利息支出——活期存款利息支出　　　　　　　　　727.27
　　贷：吸收存款——活期存款(A百货公司)　　　　　　　727.27

(2) 2023 年 6 月 20 日，为 A 百货公司结计第二季度存款利息应为：

$$应计利息 = 结息期总积数 \times 0.2\% \div 360 = 144\ 506\ 908.84 \times 0.2\% \div 360$$
$$= 802.82(元)$$

借：利息支出——活期存款利息支出　　　　　　　　　802.82
　　贷：吸收存款——活期存款(A百货公司)　　　　　　　802.82

第四步：按规定为 A 百货公司办理销户手续。

A 百货公司申请销户时，应与经办行核对账户余额，并提交销户申请。经办行应审查存款人有无未还清贷款、垫款和应收未收利息，有无未结清的邮电费、手续费，有无应付未付托（委）收款项或其他应收未收款项等，无误后经授权办理销户手续。

（1）结清应付存款利息。

销户前存款利息＝结息期总积数×0.2％÷360＝10 944 710.63×0.2％÷360
　　　　　　　＝60.80（元）

> 借：利息支出——活期存款利息支出　　　　　　　　　60.80
> 　　贷：吸收存款——活期存款（A 百货公司）　　　　　　60.80

以"利息凭证"第一、二联分别作借、贷方记账凭证，第三联加盖业务公章交存款人。

（2）收回并注销未用重要空白凭证、开户许可证等。对存款人交回的重要空白凭证必须当面逐号清点，当面切角或加盖"作废"戳记，并登记"作废重要单证（卡）登记簿"，填制表外科目收入凭证，登记表外科目明细账。

（3）根据存款人填制的支付凭证将存款账户的余额结清并办理销户。编制会计分录如下：

> 借：吸收存款——活期存款（A 百货公司）　　　　　　1 563 590.89
> 　　贷：清算资金往来　　　　　　　　　　　　　　　　1 563 590.89

同时，登记"销户登记簿""印鉴卡使用情况登记簿"，在每联印鉴卡上注明销户日期，连同开户许可证作销户人支付凭证附件，随当日记账凭证装订。

2-2
单位存款
业务的会
计处理

任务四　储蓄存款业务核算

引　例

2017 年 3 月 1 日，储户冯延超到中国工商银行郑州市花园路支行办结一笔个人存款：金额 7 000 元整，存期 1 年，整存整取，自动转存，账号：62605010095＊＊，存单号：豫 C2669064。该客户之后几年中一直没有再去办理转存。2020 年 3 月 1 日，该储户取出这笔钱时，银行计算的利息是 302.76 元，本息合计 7 302.76 元。储户认为利息计算错误，当即提出看看 2017 年 3 月 1 日填写的定期存款单，但银行始终不让看且否认利息计算错误，另外储户也用同期活期利率算过，利息也不对。于是储户将该开户银行告上法院，请求判令赔偿储户损失 2 000 元。

问题：银行柜员经办业务及计算的利息是否有误？如果你是银行柜员今后如何避免此类纠纷发生？

【知识准备】

一、活期储蓄存款核算

活期储蓄存款,是一种不限存期,凭银行卡及存折及预留密码可在银行营业时间内通过柜面或通过银行自助设备随时存取现金的存款。它具有灵活方便、适应性强的特点。人民币活期存款1元起存,多存不限。

(一) 开户与续存

储户第一次来储蓄所存款称为开户。储户填写"活期储蓄存款凭条",连同现金一起交银行。银行经审查无误后,登记"开销户登记簿",开立活期储蓄分户账,登记活期储蓄存折,以存款凭条代现金收入传票,登记现金收入日记簿和活期储蓄分户账。编制会计分录为:

> 借:库存现金
> 　贷:吸收存款——活期储蓄存款(××户)

经复核凭条、存折和分户账无误,复点现金账款相符后,存款凭条加盖"现金收讫"章和名章后留存,存折加盖业务公章和名章后交储户。

储户续存的处理手续与开户时基本相同。

(二) 支取与销户

储户来银行支取存款时,填写"活期储蓄取款凭条",连同存折一起交银行。银行经核对无误后,以取款凭条代现金付出传票,登记存折、分户账和现金付出日记簿。编制会计分录为:

> 借:吸收存款——活期储蓄存款(××户)
> 　贷:库存现金

经复核账、折内容无误后付款,凭条上加盖"现金付讫"章和名章后留存,将现金和存折交储户。

储户支取全部存款不再续存时,称为销户。储户应按存折上的最后余额填写取款凭条。银行除办理一般支取手续外,还应计算利息,填制两联利息清单,一联留存,以取款凭条代现金付出传票记账。编制会计分录为:

> 借:利息支出——活期储蓄存款利息支出
> 　　吸收存款——活期储蓄存款(××户)
> 　　贷:库存现金

经复核无误后,在取款凭条、存折和分户账上加盖"结清"戳记,销记开销户登记簿,将一联利息清单连同现金交储户。

(三) 计算利息

活期储蓄存款按季结息,按结息日的活期储蓄存款利率计息,每季末月20日为结息日。

利息由银行直接转作本金续存。未到结息日销户的,按销户日的活期储蓄利率计息到销户前一日止。

活期储蓄存款利息的计算,普遍采用利息积数查算表,按每次存取款发生额,随时查算出计息积数,结出应付计息积数。结息日根据应付计息积数和规定的活期储蓄利率计算出应付利息。编制会计分录为:

> 借:利息支出——活期储蓄存款利息支出
> 　贷:吸收存款——活期储蓄存款(××户)

二、定期储蓄存款核算

定期储蓄存款,是在存款时约定存款期限,一次或分次存入本金,到期一次或分次支取本息的储蓄存款。定期储蓄存款按存取本息的方式不同,分为整存整取、零存整取、整存零取、存本取息等。

(一) 整存整取

整存整取是指一次存入本金,约定存期,由银行发给储户存单(或存折),到期凭存单一次支取本息的储蓄存款。整存整取没有起存点,存期分 3 个月、6 个月、1 年、2 年、3 年、5 年六个档次,储户可提前支取,但如部分提前支取,以一次为限。

1. 开户存入

储户填写"整存整取定期储蓄存款凭条",连同现金一起交银行。银行经审查无误后,填制整存整取定期储蓄存单,登记开销户登记簿,以存款凭条代现金收入传票,登记现金收入日记簿和定期储蓄分户账。编制会计分录为:

> 借:库存现金
> 　贷:吸收存款——定期储蓄存款——整存整取(××户)

经复核无误后,将存单加盖业务公章交储户。

2. 到期支取

储户持到期的存单来行取款时,银行经核对无误后,计算应付利息,在存单和分户账上加盖支付日期和"结清"戳记,销记开销户登记簿,并填制两联利息清单,一联留存,以存单代现金付出传票,登记现金付出日记簿和定期储蓄分户账。编制会计分录为:

> 借:吸收存款——定期储蓄存款——整存整取(××户)
> 　应付利息——定期储蓄存款应付利息
> 　贷:库存现金

储户要求提前支取存款时,应交验身份证件,银行经审查无误后,在存单和卡片账上加盖"提前支取"戳记,并按规定计付利息,其余手续与到期支取相同。若储户要求部分提前支

2

取时,银行按规定计付提前支取部分的利息,然后将未取部分的本金,按原存入日期、期限、利率和到期日另开新存单,同时注明"由××号存单部分转存"字样,并在开销户登记簿上作相应记载。

3. 核算利息

整存整取储蓄利息的计算与单位定期存款相同。按规定,定期储蓄存款在原定存期内遇利率调整,均不分段计息。过期支取时,过期部分按支取日的活期储蓄利率计付利息;提前支取时,按支取日的活期储蓄利率计付利息。

(二) 零存整取

零存整取是指分次存入本金,到期一次支取本息的储蓄存款。一般5元起存,多存不限,存期分1年、3年、5年三个档次。每月固定存入一次本金,中途如有漏存,以后仍可续存,未存月份,次月补齐。利息按实存次数计算,到期一次支取本息。可以全部提前支取,不能部分提前支取。开户、续存和支取手续与活期储蓄相同,会计分录与整存整取基本相同。

但是对于到期支付的利息,通常采用月积数计息法。即:

$$利息＝累计计息月积数×月利率$$

【做中学2-4】2023年9月20日,中国工商银行长宁支行收到客户方芳交来本人当期的零存整取的定期储蓄存折,该存折每月存入800元,存期1年,年利率为1.25%。结存金额为9 600元,查明细账卡累计月积数为62 400元,经审查无误。计算其应付利息如下:

应付利息＝62 400×1.25%÷12＝65(元)

编制会计分录如下:

借:吸收存款——定期储蓄存款——零存整取(方芳)　　　　　9 600
　　应付利息——定期储蓄存款应付利息　　　　　　　　　　　　 65
　　贷:库存现金　　　　　　　　　　　　　　　　　　　　　　9 665

(三) 整存零取

整存零取,是指一次存入本金,约定存期,分期支取本金,到期一次支取利息的储蓄存款。存期分1年、3年、5年三个档次,由银行发给存单,凭存单分期支取本金,支取期为1个月、3个月、半年一次,由储户自行决定,利息到期时一次支付。

结计利息的方法同零存整取储蓄存款一样,可以采用月积数计息法。其业务储蓄与活期储蓄存款相同。

(四) 存本取息

存本取息,是指一次存入本金,约定存期,分期支取利息,到期一次支取本金的储蓄存款。存期分1年、3年、5年三个档次,一般5 000元起存。银行发给存单,凭存单分次支取利息,可以1个月或几个月取息一次,由储户自行决定。如果储户在取息期内未支取,以后可以随时支取,但不计复利。

存本取息的存取手续与整存整取相同。存本取息时,利息的计算应先按规定利率计算出应付利息总数,然后,根据取息次数计算出平均每次支取的利息数。

其计算公式如下：

$$每次支取利息数＝本金×存期×利率÷取息次数$$

【做中学2-5】某储户2023年8月1日存入3年期存本取息储蓄存款10 000元，年利率为1.6%，储户要求每季度取息1次。每次应付利息的计算如下：

$$每次应付利息＝(10 000×3×1.6\%)÷(4×3)＝40(元)$$

引例解析

答：银行柜员经办业务存在三个错误：

一是利息计算错误。该笔存款属于定期1年到期自动转存业务，应按转存当年定期利率计算支付利息。假设第1年(2017年3月—2018年3月)利率是2.25%，第2年(2018年3月—2019年3月)利率是3.00%，第3年(2019年3月—2020年3月)利率是3.25%，中间遇利率调整不予调整。

3年的利息＝7 000×2.25%＋7 000×(1＋2.25%)×3.00%＋7 000×(1＋2.25%)×(1＋3.00%)×3.25%＝157.50＋7 157.50×3.00%＋7 372.23×3.25%＝611.82(元)

二是服务意识差，态度强硬。客户有账户信息的知情权。

三是银行柜员开户与转存流程也存在漏洞。

若避免此类纠纷发生，一定要严格手续，不可图简单而省略了相关程序，应为日后留下客观凭据。

2-3
居民储蓄
业务的核算

📊【工作任务设计2-3：储蓄存款业务核算】

【任务描述】

中国工商银行南市支行2023年发生下列有关经济业务：

1. 5月30日，收到方东先生送交开户的储蓄存款凭条，填列活期储蓄，金额为9 000元，并收到其交存的现金9 000元。分别审查、点收无误后，现金已入库。

2. 6月15日，收到杜萍女士送交续存的储蓄存款凭条，填列活期存款，金额为12 000元，并收到其交存的现金12 000元。分别审查、点收无误后，现金已入库。

3. 6月20日，收到张德先生送交的储蓄取款凭条，填列活期存款金额为3 000元。审查无误后，交付其现金3 000元。

4. 6月20日，储户杜萍存款积数为9 000 000元，年利率为0.25%。支付应付储户活期储蓄存款利息。

5. 7月30日，张德先生送交销户的储蓄取款凭条，填列活期储蓄，金额为16 152元，积数为484 560元。经审查无误，以现金支付其本金和利息。

6. 8月1日，收到田嘉先生送交开户的储蓄存款凭条，填列整存整取储蓄，存期1年，金额为20 000元，并收到其交存的现金。分别审查、点收无误后，现金已入库。

2

    7. 9月21日,收到杜萍女士交来当日到期的整存整取定期储蓄存单一张,金额18 000元,存期1年,年利率为1.65%。要求支取本息。审查无误后以现金支付其本金和利息。

    8. 9月21日,收到王云女士交来当日到期的零存整取定期储蓄存折,该存折每月存入600元,存期1年,年利率为1.25%,结存金额为7 200元。查明细账卡累计积数为46 800元。审查无误后,以现金支付其本金和利息。

    9. 9月21日,收到张德先生送交的存本取息储蓄的取款凭条和存本付息定期储蓄存单各一张,存单列明金额30 000元,存期3年,3个月付息一次,年利率为1.45%。审查无误后以现金支付其利息。

    10. 12月21日,收到张德先生送交销户的储蓄取款凭条和当日到期的整存零取定期储蓄存单,取款凭条金额为1 500元,存单金额为18 000元,存期1年,每月支取一次,每次支取1 500元。查明明细账卡累计月积数为117 000元,年利率为1.25%。审查无误后,以现金支付其本金和利息。

    要求:请按规定办理上述储户存款、取款及计息业务,并编制会计分录。

【操作步骤】

    第一步:按规定办理上述储户的相关业务,业务操作见【知识准备】。

    第二步:编制上述业务的会计分录。

    第三步:填制与上述业务相关的借贷方记账凭证。

    第四步:登记储户存款账户的明细账和"开户销户登记簿"。

项 目 小 结

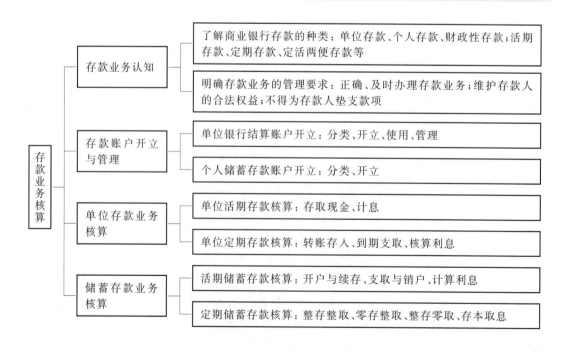

思 考 题

1. 什么是存款？银行为什么要吸收存款？
2. 存款有哪些不同的分类？
3. 存款业务的核算有哪些要求？
4. 单位活期存款账户有哪些种类？分述各种账户的定义。
5. 活期存款怎样结计利息？它有哪两种计息形式？
6. 什么是定期存款？对期限较长的单位定期存款的利息是怎样结计的？
7. 什么是储蓄存款？储蓄存款有哪两种分类方式？分述这两种方式的定义。
8. 试述活期储蓄存款开户和支取的业务程序和核算。
9. 定期储蓄存款有哪些方式？分述各种方式的定义。
10. 零存整取定期储蓄存款到期支付利息采用什么方法？怎样进行计算和核算？

练 习 题

一、单项选择题

1. 存款人可以通过( )办理日常转账结算和现金收付。
A. 基本存款账户　　　　　　　　B. 一般存款账户
C. 临时存款账户　　　　　　　　D. 专用存款账户
2. 单位活期存款按季结息的计息时间为( )。
A. 每月末 20 日　　　　　　　　B. 每季末月 20 日
C. 每季末月 30 日　　　　　　　D. 每年末月 20 日
3. 下列说法中,正确的是( )。
A. 单位定期存款不能提前支取　　B. 单位定期存款可以提前支取
C. 单位定期存款不能部分提前支取　D. 单位定期存款不能过期支取
4. 对利随本清的存款计算存款的存期时,( )。
A. 存入日计息,支取日不计息
B. 存入日、支取日均计息
C. 存入的第二日起息,算至支取日
D. 存入的第二日起息,算至支取的前一日
5. 目前,活期储蓄存款采用( )计算利息。
A. 固定基数法　　B. 日积数法　　C. 利息查算法　　D. 利随本清法
6. 某单位 4 月 30 日存入一笔定期存款,于 10 月 31 日来行支取,存期为( )天。
A. 181　　　　　B. 182　　　　　C. 183　　　　　D. 184
7. 整存整取定期储蓄存款在约定存期内的利息,( )。
A. 按支取日银行挂牌公告的利率计算,遇利率调整不分段计息
B. 按存入日银行挂牌公告的利率计算,遇利率调整不分段计息
C. 遇利率调整时,利率调高则分段计息,调低按原利率

D. 遇利率调整时,不论利率调高调低均应分段计息

8. 办理零存整取储蓄存款,(　　　)。

A. 储户必须存满约定次数

B. 每月必须固定存入一定数额本金

C. 如中途漏存,次月必须补存

D. 如过期支取则以存款余额乘以活期储蓄利率计算利息

9. 教育储蓄每一账户本金合计最高限额为(　　　)万元。

A. 2　　　　　　　　B. 3　　　　　　　　C. 4　　　　　　　　D. 5

10. 定活两便储蓄存款利息(　　　)。

A. 按与实际存期同档的整存整取定期储蓄存入日利率计息

B. 按与实际存期同档的整存整取定期储蓄支取日利率计息

C. 按与实际存期同档的整存整取定期储蓄存入日利率打一定折扣计息

D. 按与实际存期同档的整存整取定期储蓄支取日利率打一定折扣计息

二、多项选择题

1. 单位存款人除了开立基本存款账户以外,还可按规定开立(　　　)。

A. 储蓄存款账户　　　　　　　　　　B. 一般存款账户

C. 专用存款账户　　　　　　　　　　D. 临时存款账户

2. 单位开立的存款账户,(　　　)。

A. 不许出租、出借　　　　　　　　　B. 不许转让

C. 可以转让　　　　　　　　　　　　D. 可以出租、出借

3. 存款业务核算的要求包括(　　　)。

A. 正确使用存款账户　　　　　　　　B. 维护存款人的合法权益

C. 银行不能为存款人垫付款项　　　　D. 办理业务准确、及时

4. 储蓄存款的原则是(　　　)。

A. 保护和鼓励　　　　　　　　　　　B. 存款自愿、取款自由

C. 存款有息　　　　　　　　　　　　D. 为储户保密

5. 乙种账页计息法是指(　　　)。

A. 每次发生业务时,以发生额与实存天数相乘计算每段积数

B. 每次发生业务时,以上一次最后余额与其实存天数相乘计算每段积数

C. 每次发生业务时,以发生额与业务发生日至结息日天数相乘计算每段积数

D. 季末结息日加累计日积数,再计算利息

6. 整存整取定期储蓄存款的存期包括(　　　)年期。

A. 1　　　　　　　　B. 3　　　　　　　　C. 5　　　　　　　　D. 8

7. 整存整取定期储蓄存款尚未到期,如储户急需用款,(　　　)。

A. 可以全部提前支取　　　　　　　　B. 不能提前支取

C. 可以部分提前支取　　　　　　　　D. 只能全部提前支取,不能部分提前支取

8. 零存整取定期储蓄存款计算利息的固定基数法适用于(　　　)。

A. 利率变化频繁　　　B. 逐月全存　　　C. 有漏存　　　　D. 到期支取

9. 整存零取定期储蓄存款到期计息可采用(　　　)。

A. 本金平均数法　　　B. 月积数法　　　　　C. 固定基数法　　　　　D. 积数查算法

10. 储蓄所日终的对账程序包括（　　　　　）。

A. 核对库存现金　　　　　　　　　　　B. 核对活期储蓄存款科目余额

C. 核对开销户数　　　　　　　　　　　D. 核对重要空白凭证及有价单证

三、判断题

1. 单位存款的存入与支取是伴随结算业务发生的，银行应根据有关结算凭证，主动为存款人收账或支付，并可代其他单位扣收款项。（　　　）

2. 单位定期存款提前支取时，应按其实存天数和支取日挂牌公告的活期存款利率计息。（　　　）

3. 商业银行所吸收的各种存款均应按规定支付利息，且在利息入账时代扣 20% 的利息所得税。（　　　）

4. 存款是银行立行之本，吸收存款越多银行效益越好。（　　　）

5. 存折户适用于独立经济核算、财务管理制度比较健全的企事业单位。（　　　）

6. 一个单位只能在银行开立一个基本存款账户。（　　　）

7. 零存整取储蓄存款若要部分提前支取，只允许办理一次。（　　　）

8. 对于存本取息提前取本，应先对已经支取的利息用红字冲回。（　　　）

9. 定活两便三年期的储蓄存款，应根据整存整取定期储蓄三年期利率打 6 折计息。（　　　）

10. 采用并表方式核算的储蓄所自己设有分户账和总账，每日自行进行总分核对。（　　　）

项 目 实 训

实训一　单位活期存款核算实训

一、实训目的

1. 掌握单位活期存款账户的开立手续和销户手续；

2. 掌握单位活期存款明细账的登记方法；

3. 掌握单位活期存款利息的结计及核算。

二、实训资料

某市中国工商银行西城支行于 2022 年 12 月 21 日接受北京华联开户申请，并于当天从原开户行转入存款 750 000 元，2022—2023 年北京华联存款户发生下列各项业务：

1. 2022 年 12 月 23 日，北京华联开出现金支票一张提取现金 2 500 元；

2. 2022 年 12 月 26 日，北京华联支付本行开户单位 B 公司购货款 90 000 元；

3. 2023 年 1 月 5 日，北京华联支付该市中国建设银行东城支行开户单位购货款 65 000 元；

4. 2023 年 1 月 5 日，北京华联收到本行开户单位市第一百货公司转来的结算款

60 000 元；

5. 2023 年 1 月 12 日,北京华联存入现金 12 500 元；

6. 2023 年 3 月 8 日,为北京华联发放企业流动资金贷款 75 000 元；

7. 2023 年 3 月 20 日,北京华联开出电汇凭证 13 000 元,汇往异地中国工商银行某支行开户单位付采购款；

8. 2023 年 5 月 26 日,北京华联申请签开银行本票 6 000 元；

9. 2023 年 6 月 10 日,为北京华联收入异地中国工商银行某支行开户单位汇款 10 000 元；

10. 2023 年 6 月 21 日,北京华联开出支票一张,支付该市中国农业银行开户单位购货款 8 500 元；

11. 2023 年 6 月 28 日,北京华联销户,转移至该市中国工商银行东城支行。

三、实训要求

1. 按规定为北京华联办理开户手续；

2. 编制上述业务的会计分录,编制或审核北京华联存款账户相关业务的借贷方记账凭证；

3. 登记北京华联存款账户的明细账；

4. 按规定的结息日结息,并编制结息的分录,将利息登记入账（注：该种活期存款的年利率为 0.25%）；

5. 按规定为北京华联办理销户手续。

实训二 活期储蓄存款核算实训

一、实训目的

1. 掌握活期储蓄存款明细账的登记方法；

2. 掌握活期储蓄存款利息的结计及核算方法。

二、实训资料

1. 某市中国建设银行东城支行 2022 年 8 月 31 日"活期储蓄存款"所属明细账账户资料如表 2-4 所示。

表 2-4   活期储蓄存款账户明细   单位：元

科目代号	总账账户名称	明细账户名称	账 号	金 额	累计应计息积数
2310	活期储蓄存款	张某户	2310001001	168 654.10	6 580 000.00
		王某户	2310001002	100 389.50	5 790 000.00
		李某户	2310001003	20 046.80	2 340 000.00

2. 2022 年 9 月"活期储蓄存款"所属三个账户发生下列收支业务：

(1) 9 月 5 日,张某提取现金 8 000 元；

(2) 9 月 8 日,王某支取活期储蓄存款 50 000 元,存入 1 年期定期存款；

(3) 9 月 12 日,李某存入现金 40 000 元；

(4) 9 月 14 日,王某存入现金 12 000 元；

(5) 9 月 16 日,李某存入现金 5 000 元;

(6) 9 月 18 日,王某提取现金 15 000 元;

(7) 9 月 18 日,张某存入现金 6 000 元;

(8) 9 月 20 日,张某提取现金 12 000 元。

三、实训要求

1. 编制上述业务的会计分录;

2. 登记上述三个储蓄存款账户的存款明细账;

3. 按规定的结息日结息,编制结息的分录,并编制结息凭证将利息登记入账(注:该种存款的年利率为 0.25%)。

实训三   整存整取定期储蓄存款核算实训

一、实训目的

1. 掌握定期储蓄存款明细账的登记方法;

2. 掌握定期储蓄存款利息的结计及核算方法。

二、实训资料

1. 某市中国建设银行东城支行 2022—2023 年"定期储蓄存款"账户发生下列收支业务:

(1) 2022 年 6 月 5 日,储户张某现金存入 1 年期定期存款 80 000 元;

(2) 2022 年 8 月 10 日,储户王某支取活期储蓄存款 50 000 元,存入 1 年期定期存款;

(3) 2023 年 6 月 20 日,储户王某来行提前支取 2022 年 8 月 10 日存入的 1 年期定期存款 50 000 元,将本息存入活期储蓄存款户;

(4) 2023 年 6 月 25 日,储户张某来行支取 2022 年 6 月 5 日存入的 1 年期定期储蓄存款 80 000 元,将本息存入活期储蓄存款户。

2. 假定 2022 年活期储蓄存款的年利率为 0.25%;2023 年活期储蓄存款的年利率为 0.28%;前述两年中 1 年期定期储蓄存款的年利率为 1.65%。

三、实训要求

1. 办理定期储蓄的开户手续,编制储户开户时的会计分录;

2. 按规定结计定期储蓄存款利息,编制结息及销户时的会计分录;

3. 登记上述两个储蓄存款账户的存款明细账。

项目三 贷款业务核算

【学习目标】

贷款业务是商业银行的主要资产业务之一,是银行运用资金的主要途径,也是商业银行形成盈利的重要渠道。本项目的学习,要求学生能达到以下知识目标和能力目标。

知识目标	能力目标	学习重点和难点
(1) 理解贷款业务的意义与贷款种类 (2) 明确贷款账户的种类及贷款业务核算的要求 (3) 掌握信用贷款、抵押贷款、票据贴现贷款业务的核算方法及利息计算方法 (4) 掌握贷款减值和转销业务的核算	(1) 能区分贷款的种类 (2) 熟悉贷款展期的规定 (3) 会编制不同类别贷款业务的发放、计息和收回的会计分录 (4) 能掌握贷款利息的计算方法 (5) 会计算票据贴现利息及实付贴息额,并能编制办理贴现和到期收回的会计分录 (6) 熟悉贷款减值的相关规定 (7) 会编制贷款减值和转销的会计分录	(1) 信用贷款和担保贷款的核算 (2) 票据贴现的核算 (3) 贷款减值和转销的核算

【典型工作任务】

序号	工作任务	具体内容
1	贷款业务认知	商业银行贷款的种类
		贷款业务的管理要求
2	信用贷款和担保贷款业务核算	贷款确认与计量
		信用贷款核算
		担保贷款核算
3	票据贴现业务核算	票据贴现业务认知
		票据贴现业务核算
4	贷款损失准备核算	贷款损失准备认知
		贷款减值业务核算
		损失贷款转销

任务一　贷款业务认知

引 例

中竹纸业有限责任公司(以下简称中竹纸业)与上海浦东发展银行股份有限公司温州分行,签订了首份股权质押合同,获贷款额1.87亿元。股权质押是指以公司股东股权为标的物而设定的质押行为。相对于其他担保方式,股权质押具有成本较低、手续简便、效率高等特点。同时,股权质押经市场监管部门登记后即具备物权效力,且股权质押期间因被市场监管部门锁定即无法进行转让,可有效降低银行风险。

问题:什么是股权质押贷款? 质押贷款与抵押贷款有什么区别?

【知识准备】

一、商业银行贷款的种类

贷款是指商业银行对借款人提供的按约定的利率和期限偿还本息的货币资金。商业银行作为经营货币和货币资本的特殊企业,贷款是其重要的资金运用形式,也是取得收入的重要来源。贷款业务的核算是商业银行会计核算工作的重要内容。在我国,尽管各银行的中间业务和其他业务的比重正在上升,但贷款业务仍然是商业银行的核心业务。

商业银行从经营管理的需要出发,可以按不同的标准对贷款进行如下划分。

(一) 按贷款用途分类

银行贷款按其用途的不同,可分为流动性贷款和固定资产贷款。

流动性贷款,是为了解决借款人短期内流动资金需要而发放的贷款。

固定资产贷款,是银行为解决企业固定资产投资活动的资金需求而发放的贷款,主要用于固定资产项目的建设、购置、改造及其相应配套设施建设的中长期本外币贷款。

(二) 按偿还期限分类

银行贷款按偿还期限的不同,可分为短期贷款、中期贷款和长期贷款。

按照我国《贷款通则》的规定,短期贷款是指贷款期限在1年以内(含1年)的贷款。短期贷款一般用于借款人生产、经营中的流动资金需要。中期贷款是指贷款期限在1年以上(不含1年)5年以下(含5年)的贷款。长期贷款是指贷款期限在5年(不含5年)以上的贷款。人民币中、长期贷款包括固定资产贷款和专项贷款。

(三) 按贷款风险管理分类

银行贷款按风险管理的不同,可分为正常贷款、关注贷款、次级贷款、可疑贷款和损失贷款。

正常贷款是指借款人能履行合同,没有足够理由怀疑贷款本息不能足额偿还的贷款;关注贷款是指尽管借款人目前有能力偿还本息,但存在一些可能对偿还有不利影响的因素的贷款;次级贷款是指还款能力明显出现问题,其正常营业收入无法足额偿还本息,即使执行担保也可能造成一定损失的贷款;可疑贷款是指还款能力明显出现问题,其正常营业收入无法足额偿还本息,即使执行担保也可能造成较大损失的贷款;损失贷款是指在采取所有可能的措施或一切必要的法律程序后,本息仍然无法收回,或只能收回极少部分的贷款。

贷款按风险管理的分类也称贷款五级分类制,是主要依据借款人的还款能力,即最终偿还贷款本金和利息的实际能力,确定贷款遭受损失的风险程度。其中后三类称为不良贷款。此前的贷款四级分类制度是将贷款划分为正常、逾期、呆滞、损失四类。

五级分类是国际金融业对银行贷款质量的公认的标准。这种方法是建立在动态监测的基础上,通过对借款人现金流量、财务实力、抵押品价值等因素的连续监测和分析,判断贷款的实际损失程度。也就是说,五级分类不再依据贷款期限来判断贷款质量,能更准确地反映不良贷款的真实情况,从而提高银行抵御风险的能力。

(四) 按贷款银行承担的责任分类

银行贷款按贷款银行承担的责任不同,可以分为自营贷款和委托贷款。

自营贷款,是指商业银行自主发放的贷款,贷款本息由商业银行收回,贷款的风险由商业银行承担。自营贷款是商业银行贷款的主要部分。

委托贷款,是指由委托人提供资金,由受托人根据委托人指定的贷款对象、用途、金额、期限和利率代为发放、监督使用并协助委托人收回贷款。在办理委托贷款的过程中,受托人只收取手续费,并且不承担贷款的风险。

(五) 按贷款的保障程度分类

银行贷款按其保障程度不同,可以分为信用贷款、担保贷款和票据贴现贷款。

信用贷款,是指以借款人的信誉发放的贷款。

担保贷款包括保证贷款、抵押贷款、质押贷款。保证贷款,是指按担保法律规定的保证方式以第三人承诺在借款人不能偿还贷款时,按约定承担一般保证责任或者连带责任而发放的贷款。抵押贷款,是指按担保法律规定的抵押方式以借款人或第三人的财产作为抵押物发放的贷款。质押贷款,是指按担保法律规定的质押方式以借款人或第三人的动产或权利作为质物发放的贷款。

票据贴现贷款,指贷款人以信贷资金购买借款人未到期的商业汇票的方式发放的贷款。在汇票到期被拒付时,贷款人可以对背书人、出票人以及汇票的其他债务人行使追索权。

(六) 按贷款的逾期程度分类

银行贷款按贷款资产的逾期程度不同,可以分为非应计贷款和应计贷款。

非应计贷款,是指贷款本金或利息逾期 90 天没有收回的贷款。应计贷款,是指非应计贷款以外的贷款。

二、贷款业务的管理要求

商业银行发放的贷款,应当遵守以下要求。

1. 严格贷款的发放手续

会计部门对借款凭证应根据借款合同内容进行认真的审核,审核其是否符合审贷分离、分级审批制度,是否符合审批权限。审核无误后才能进行放款的转账处理。

2. 监督贷款的使用和收回

银行在发放贷款后,会计部门要监督贷款是否按规定用途使用,防止借款人挪用或套用银行贷款,以减少或防止贷款风险,同时要经常检查和掌握贷款到期时间,及时督促借款人按期偿还贷款。

3. 做好不良贷款的计算和分析工作

银行为增强自我发展能力,对经营的贷款必须严格控制在规定的资产负债比例内,以确保资产的安全性和流动性,因此,会计部门应认真做好各种不良贷款的计算和分析工作,及时向有关领导和部门提供相关数据,以便加强对不良贷款的管理,做好不良贷款的催收工作。

引例解析

答:股权质押贷款,是指借款人以其持有的股份有限公司或有限责任公司的股份作为质押担保,银行据此提供贷款的融资业务。

质押贷款,是指按规定的质押方式以借款人或第三人的动产或权利作为质物发放的贷款。

抵押贷款,是指按规定的抵押方式以借款人或第三人的财产作为抵押物发放的贷款。最简单地说,抵押贷款是指以不转移债务人或第三人提供的财产的占有现状,仅以此作为担保物的贷款形式;而质押贷款是指债务人或第三人将其动产或权利凭证移交借款银行占有,并以此作为贷款担保的贷款形式。可以抵押的除了不动产,还有其他记名物权,即准不动产,如车辆、船舶、航空器等。可以质押的除了动产,还有债券、股票、提单等有价证券。《中华人民共和国民法典》对质押的权利范围作了如下规定:❶ 汇票、支票、本票;❷ 债券、存款单;❸ 仓单、提单;❹ 可以转让的基金份额、股权;❺ 可以转让的注册商标专用权、专利权、著作权等知识产权中的财产权;❻ 现有的以及将有的应收账款;❼ 法律、行政法规规定可以出质的其他财产权利。

3-1
《商业银行委托贷款管理办法》的基本内容

任务二 信用贷款和担保贷款业务核算

引 例

某银行于 2023 年 6 月 15 日向开户单位 J 制药厂发放半年期短期贷款一笔,金额 10 万元,利率 4.48%。2023 年 12 月 15 日到期,J 制药厂暂时无款偿还,便向银行提交了"贷款展期申请书"申请展期,经银行信贷部门研究,同意其展期 1 年。

问题:该笔贷款展期是否存在问题?

【知识准备】

现行会计准则下,设置"贷款"科目核算商业银行按规定发放的各种客户贷款,可按贷款类别、客户,分别以"本金""利息调整""已减值"等科目进行明细核算。

一、贷款确认与计量

(一)了解贷款的初始确认和计量

商业银行按当前市场条件发放的贷款,应按发放贷款的本金和相关交易费用之和作为初始确认金额。发放贷款时,应按贷款的合同本金,借记"贷款——本金"科目;按实际支付的金额,贷记"吸收存款"等科目;存在差额时,按其差额借记或贷记"贷款——利息调整"科目。"贷款"一级科目的金额反映的就是贷款的初始确认金额,该金额也是贷款存续期间第一期的期初摊余成本。

(二) 了解贷款的后续计量

商业银行应当采用实际利率法,按摊余成本对贷款进行后续计量。贷款的后续计量主要涉及三个问题:一是摊余成本的确定;二是贷款利息收入的确认;三是贷款发生减值时,贷款损失准备的计算及会计处理。

1. 确定摊余成本

摊余成本,是指该贷款的初始确认金额经下列调整后的结果:扣除已偿还的本金;加上或减去采用实际利率法将该初始确认金额与到期日金额之间的差额进行摊销形成的累计摊销额;扣除已发生的减值损失。其计算公式为:

$$摊余成本 = 初始确认金额 - 已偿还的本金 \pm 采用实际利率法将初始确认金额与到期$$
$$日金额之间的差额进行摊销形成的累计摊销额 - 贷款已发生的减值损失$$

在确定实际利率时,应当在考虑贷款合同条款(包括提前还款权等)的基础上预计未来现金流量,但不应考虑未来信用损失。贷款合同各方之间支付或收取的、属于实际利率组成部分的各项收费、交易费用等,应当在确定实际利率时予以考虑。贷款的未来现金流量或存续期间无法可靠预计时,应当采用贷款在整个合同期内的合同现金流量。

2. 确认利息收入

贷款持有期间所确认的利息收入应当根据实际利率计算。实际利率应在取得贷款时确定,并在贷款预期存续期间或适用的更短期间内保持不变。实际利率与合同利率差别较小的,也可按合同利率计算利息收入。其计算公式如下:

$$每期期末的应收利息 = 贷款合同本金 \times 合同利率$$
$$某期应确认的利息收入 = 该期贷款的期初摊余成本 \times 实际利率$$
$$某期利息调整的摊销额 = 该期确认的利息收入 - 同期应收利息$$

资产负债表日应按确定的应收未收利息,借记"应收利息"科目;按计算确定的利息收入,贷记"利息收入"科目;按其差额(利息调整的摊销额),借或贷记"贷款——利息调整"科目。收到利息时,借记"吸收存款"等科目,贷记"应收利息"科目。

3. 贷款损失准备的计算与会计处理

相关内容在后面任务中进行阐述。

二、信用贷款核算

信用贷款,是凭借借款人的信用而发放的贷款。借款人无须提供抵押品或第三方担保,完全凭借单位的信誉而取得贷款。因此,凡是信誉高、经营好、经济实力强,没有无故违约、逾期还贷问题,并在银行开立结算账户的独立核算单位,均可从银行取得信用贷款。

信用贷款采用逐笔核贷方式发放。逐笔核贷是借款单位根据借款合同逐笔填写借据,经银行信贷部门逐笔审核,一次发放,约定期限,一次或分次归还的一种贷款方式。发放时,贷款应一次转入借款单位的结算存款户后才能使用,不能在贷款中直接支付;收回时,由借款单位开具支票,从基本存款账户中归还或由银行从基本存款账户中直接扣收。贷款利息一般由银行按季代收，个别为利随本清。

（一）发放信用贷款

借款人申请贷款时，首先向银行信贷部门提交贷款申请书，经银行信贷部门审核批准后，双方商定贷款的额度、期限、用途、利率等，并签订借款合同或协议。借款合同一经签订，即具有法律效力，银行和借款人必须共同履行。

借款单位填写一式五联借款凭证，送交信贷部门。第一联借据，由会计部门留存；第二联代转账借方传票；第三联代转账贷方传票；第四联回单，退还客户；第五联由信贷部门留存备查。借款凭证的格式如图 3-1 所示。

借 款 凭 证

单位编号　　　　　　　　　　日期　　年　　月　　日　　　银行编号

借款人	名　称		收款人	名　　称	
	放款户账号			往来账号	
	开户银行			开户银行	

借款期限（最后还款日）		借款计划指标										
借款申请金额	人民币（大写）		亿	千	百	十	万	千	百	十	元	角	分
借款原因及用途		银行核定金额	亿	千	百	十	万	千	百	十	元	角	分

期限	计划还款日期	√	计划还款金额	银行审批
1				负责人　　信贷部门主管　　信贷员
2				
3				
4				

兹根据你行贷款办法规定，申请办理上述借款，请核定贷给 此致 　　中国××银行 　　　（借款单位预留往来户印鉴）	会计分录： 　（借）　　　　　　　　　　　户 　　　　　　　　　对方科目：（贷） 会计　　　复核　　　记账

（此联由银行代放款账户借方凭证）

图 3-1　借款凭证

信贷部门审查借款凭证，加注贷款编号、贷款种类、贷款期限、贷款利率等项目，加盖"贷款审查发放专用章"后送会计部门。

会计部门认真审核借款凭证的各项要素填写是否正确、规范，大小写金额是否一致，印鉴是否相符，有无信贷部门审批意见，无误后办理转账。其会计分录为：

> 借：贷款——短期（或中长期）贷款（××单位户）
> 　贷：吸收存款——活期存款（××单位户）

3

"贷款"是资产类科目,用以核算银行发放的各种贷款。发放时,记入借方;收回或转出时,记入贷方;期末余额在借方,表示尚未收回的贷款数额。

> 【做中学 3-1】2022 年 5 月 7 日开户单位联华商场(账号:2010004)向中国工商银行中山支行申请信用贷款 200 000 元,期限为 6 个月,月利率为 3.80‰,2022 年 11 月 7 日归还,经审核同意,予以办理。编制会计分录为:
>
> 借:贷款——短期贷款(联华商场)　　　　　　　　　　　200 000
> 　贷:吸收存款——活期存款(联华商场)　　　　　　　　　　200 000

3

(二) 信用贷款利息核算

1. 利随本清

利随本清,也称逐笔结息,是银行按借款合同约定的期限,于贷款归还时收取利息的一种计息方法。利随本清计息方法对于贷款天数的计算,采用对年按 360 天,对月按 30 天,不满月的零头天数按实际天数计算,算头不算尾。贷款利息的计算采用以下公式:

$$贷款利息 = 贷款本金 \times 时间 \times 利率$$

为了正确反映银行的经营成果,利随本清计息法下应按季预计利息入账,其会计分录为:

> 借:应收利息——短期(或中长期)贷款应收利息
> 　贷:利息收入——短期(或中长期)贷款利息收入

> 【做中学 3-2】中国工商银行中山支行于 2023 年 4 月 8 日向国美商场发放信用贷款一笔,金额为 30 万元,期限为 6 个月,月利率为 3.80‰,如该笔贷款于同年 10 月 8 日归还,采用利随本清的计息方法,计算银行的应收利息。
>
> 到期利息 = 300 000 × 6 × 3.80‰ = 6 840(元)
> 编制会计分录为:
> 借:应收利息——短期贷款应收利息　　　　　　　　　　6 840
> 　贷:利息收入——短期贷款利息收入　　　　　　　　　　6 840

2. 定期结息

定期结息是实行按季(或月)结息的一种计息方法。每季度末月 20 日(或每月 20 日)为结息日,一般采用余额表计息或明细账页计息的做法。贷款利息的计算采用以下公式:

$$贷款利息 = 累计日积数 \times 日利率$$

结息日银行计算各借款单位的利息,编制贷款利息清单一式三联。利息直接从借款单位存款账户中扣收后,一联作支款通知,另两联分别代转账借方传票和转账贷方传票办理转

账,编制会计分录如下:

> 借:吸收存款——活期存款(××单位户)
> 　贷:利息收入——短期(或中长期)贷款利息收入

如借款单位账户资金不足,不足部分列入应收利息。其会计分录为:

> 借:应收利息——短期(或中长期)贷款应收利息
> 　贷:利息收入——短期(或中长期)贷款利息收入

3

【做中学 3-3】中国工商银行中山支行 2023 年 8 月 1 日发放一笔贷款给华联工厂,金额为 100 000 元,期限为半年,月利率为 4‰,定期结息。到期日,该企业活期户头有足额资金。编制会计分录。

2023 年 8 月 1 日,发放贷款:

> 借:贷款——短期贷款(华联工厂)　　　　　　　100 000
> 　贷:吸收存款——活期存款(华联工厂)　　　　　　100 000

2023 年 9 月 21 日,结算利息:

$51 \times 100\ 000 \times 4‰ \div 30 = 680$(元)

> 借:吸收存款——活期存款(华联工厂)　　　　　　680
> 　贷:利息收入——短期贷款利息收入　　　　　　　680

2023 年 12 月 21 日,结算利息:

$91 \times 100\ 000 \times 4‰ \div 30 = 1\ 213.33$(元)

> 借:吸收存款——活期存款(华联工厂)　　　　　　1 213.33
> 　贷:利息收入——短期贷款利息收入　　　　　　　1 213.33

2024 年 2 月 1 日,收回贷款本金及剩余利息:

> 借:吸收存款——活期存款(华联工厂)　　　　　　100 560
> 　贷:贷款——短期贷款(华联工厂)　　　　　　　　100 000
> 　　利息收入——短期贷款利息收入　　　　　　　　560(42 天)

(三) 信用贷款收回

银行会计部门应经常查看借款借据的到期情况,及时与信贷部门联系,在贷款到期前 3 天,由信贷部门通知借款人筹措还款资金,以备按时还款。

借款单位在贷款到期日或提前以其存款户资金主动归还贷款时,签发转账支票并填写一式四联的还款凭证,交给会计部门。若借款人事先与开户银行商定,也可由银行主动填制四联特种转账传票办理贷款收回手续。还款凭证格式如图 3-2 所示。

3

还款凭证

年　月　日　　　原借款凭证银行编号：

借款单位	名　称		付款单位	名　称	
	往来户账号			往来账号	
	开户银行			开户银行	

计划还款日期	年　月　日	还款次序	第　次还款

偿还金额	人民币（大写）	亿 千 百 十 万 千 百 十 元 角 分

还款内容	

此联由银行代存款账户付出凭证

由借款单位存款户内转还上述借款 （盖借款单位预留存款户印章） （银行主动转还时免盖）	会计分录：借 对方科目：（贷） 会计　　　复核　　　记账

图 3-2　还款凭证

会计部门收到还款凭证，与原专夹保管的借据核对相符无误后，以还款凭证第一联、第二联作转账借贷方传票办理转账，第三联交信贷部门，第四联加盖转讫章退回借款人。编制会计分录如下：

> 借：吸收存款——活期存款（××单位户）
> 　贷：贷款——短期（或中长期）贷款（××单位户）
> 　　　应收利息——短期（或中长期）贷款应收利息………（已计提的利息）
> 　　　利息收入——短期（或中长期）贷款利息收入………（尚未计提的利息）

> 【做中学 3-4】接【做中学 3-1】，6 个月后，联华商场归还贷款。
> 利息＝200 000×3.80‰×6＝4 560（元）
> 编制会计分录为：
> 借：吸收存款——活期存款（联华商场）　　　　　　204 560
> 　贷：贷款——短期贷款（联华商场）　　　　　　　200 000
> 　　　应收利息——短期贷款应收利息　　　　　　　4 560

（四）贷款展期办理

借款单位不能按期归还贷款的，短期贷款必须在到期日之前，中长期贷款必须在到期日1 个月前向银行申请贷款延期，提交一式三联"贷款展期申请书"，说明展期原因，经信贷部门审批。如属担保贷款展期，还应有保证人、抵押人、质押人出具同意的书面证明。每笔贷款只允许展期一次，展期期限如下：短期贷款展期不得超过原贷款期限，中、长期贷款展期不得超过原贷款期限的一半，最长不得超过 3 年。展期时不进行账务处理，展期后按未到期的正常贷款处理。

(五)核算逾期贷款

逾期贷款是指借款人超过借款合同规定的期限未能偿还的贷款。包括三种：❶ 未办理展期的超过借据规定的偿还期限的贷款；❷ 超过贷款展期未能偿还的贷款；❸ 借据上规定有分期偿还的贷款未按分期的期限偿还的贷款。

当贷款逾期时,借款单位存款账户无力归还贷款时,银行会计部门应于贷款到期日营业终了,根据原借据,由会计部门填制一式两联特种转账借方传票,将贷款转入"逾期贷款"账户。其会计分录为：

> 借：贷款——逾期贷款(××单位户)
> 　　贷：贷款——短期(或中长期)贷款(××单位户)

此外,贷款逾期但未超过 90 天的,银行要计收罚息。罚息利率在借款合同载明的贷款利率水平上加收 30%～50%。对不能按时支付的利息,按罚息利率计收复利。发放的贷款到期(含展期)90 天后尚未收回的,其应计利息停止计入当期利息收入,纳入表外核算;已计提的贷款应收利息,在贷款到期 90 天仍未收回的,或在应收利息逾期 90 天后仍未收回的,冲减原已计入损益的利息收入,转作表外核算。

> 【做中学 3-5】城中商场有一笔 1 年期的信用贷款 90 000 元已到期,但无款归还,予以转账。
>
> 借：贷款——逾期贷款(城中商场)　　　　　　　90 000
> 　　贷：贷款——短期贷款(城中商场)　　　　　　90 000

三、担保贷款核算

(一)保证贷款核算

保证贷款,是指按担保法律规定的保证方式以第三人承诺在借款人不能偿还贷款时,按约定承担一般保证责任或者连带责任而发放的贷款。

借款人申请保证贷款时,须填写保证贷款申请书,按照担保法律和《贷款通则》有关规定签订保证合同或出具函,加盖保证人公章及法人名章或出具授权书,注明担保事项,由银行信贷部门和有权审批人审查、审批并经法律公证后,由信贷部门密封交会计部门保管。会计按单位及财产类设置明细账户,纳入表外科目核算。

保证贷款出贷后,银行和保证人应共同监督借款人按合同规定使用贷款和按期偿还贷款,贷款到期后,如果借款人按时还本付息,借款合同和担保合同随即解除。如果借款人无力偿还贷款本息,银行可通知保证人代付。保证贷款发放和收回的核算与信用贷款基本相同。

(二)抵押贷款核算

抵押贷款,是按照担保法律规定的抵押方式以借款人或第三人的财产作为抵押物而发放的贷款。债务人不履行债务时,债权人有权依照担保法的规定依法处置抵押物,所得款项优先收回贷款本息,或以抵押物折价冲抵。

1. 受理申请

抵押贷款由借款人向商业银行提出申请,提交"抵押贷款申请书",并向银行提供以下资料:借款人的法人资格证明;抵押物清单及符合法律规定的所有权证明;需要审查的其他资料。

商业银行收到借款申请后要对贷款人的资格、贷款目的和抵押物进行审查。按照《中华人民共和国民法典》的规定,借款人申请抵押贷款时可以充当抵押物的必须是借款人有权处分的财产,包括❶ 建筑物和其他土地附着物;❷ 建设用地使用权;❸ 海域使用权;❹ 生产设备、原材料、未成品、产品;❺ 正在建造的建筑物、船舶、航空器;❻ 交通运输工具;❼ 法律、行政法规未禁止抵押的其他财产。

审批同意后,签订抵押借款合同,并将有关抵押品或抵押产权证明移交银行。动产抵押中体积小而金额高的抵押物一般由银行保管;不动产的抵押由银行和借款人双方封存后由借款人保管;对于保管技术性强的抵押物也可以委托第三方保管。办理抵押贷款的各种费用由借款人承担。银行收到抵押物后要给借款人抵押物收据,签发"抵押品保管证",出纳部门登记有关登记簿,会计部门通过"待处理抵押品"表外科目登记反映。

2. 发放抵押贷款

抵押贷款一般按照抵押物价值的 $50\%\sim70\%$ 发放。

$$贷款额度=抵押物作价金额\times抵押率$$

发放前,借款人应填制一式五联的借款凭证,由信贷部门审批后交会计部门凭以发放贷款。编制会计分录如下:

> 借:贷款——抵押贷款(××单位户)
>   贷:吸收存款——活期存款(××单位户)

同时,对抵押物进行表外登记:

$$收入:待处理抵押品——××单位户$$

> **【做中学 3-6】** 2023 年 7 月 1 日,开户单位华联商厦向中国工商银行中山支行申请办理抵押贷款 300 000 元,银行审核后予以办理。编制会计分录如下:
>
> 借:贷款——抵押贷款(华联商厦)   300 000
>   贷:吸收存款——活期存款(华联商厦)   300 000

3. 收回抵押贷款

抵押贷款到期,如果按期收回本息,会计处理与信用贷款到期收回的处理基本相同。编制会计分录如下:

> 借:吸收存款——活期存款(××单位户)
>   贷:贷款——抵押贷款(××单位户)
>   应收利息——抵押贷款应收利息

同时,退还抵押物,并对抵押物进行表外登记为:

付出：待处理抵押品——××单位户

4. 处置抵押物

抵押贷款到期归还,一般不得展期。如果借款单位不能按期归还,银行应将其贷款转入"逾期贷款"账户,并按规定计收罚息,同时向借款人发送"处理抵押品通知单"。如果抵押贷款逾期超过规定的期限,借款单位仍无法偿还贷款,经催收无效,银行有权依法处置抵押品。处置所得扣除抵押物的保管费用后归还贷款本息。

(1)取得抵债资产。银行取得抵债资产时,按实际抵债部分的贷款本金和已确认的表内利息作为抵债资产入账价值。银行为取得抵债资产支付的抵债资产欠缴的税费、垫付的诉讼费用和取得抵债资产支付的相关税费计入抵债资产价值。银行按抵债资产入账价值依次冲减贷款本金和应收利息。编制会计分录如下:

> 借：抵债资产
> 　贷：贷款——逾期贷款(××借款人户)
> 　　　应收利息——抵押贷款应收利息(表内利息)

(2)拍卖抵押品。包括以下三种情况。

❶ 拍卖所得净收入大于抵押贷款本息。将变现所得价款扣除抵债资产在保管、处置过程中发生的各项支出,加上抵债资产在保管、处置过程中的收入后,将实际超出债权本息的部分退给借款人。

抵债金额超过贷款本金和表内利息的部分,在未实际收回现金时,暂不确认为利息收入,待抵债资产处置变现后,再将实际可冲抵的表外利息确认为利息收入。编制会计分录如下:

> 借：库存现金(或存放中央银行款项)
> 　贷：抵债资产
> 　　　利息收入——抵押贷款利息收入(表外利息)
> 　　　吸收存款——活期存款(××借款人户)

❷ 拍卖所得净收入小于抵押贷款本息,但高于抵押贷款本金。除法律法规规定债权与债务关系已完全终结的情况外,抵债金额不足冲减债权本息的部分,应继续向债务人、担保人追偿,追偿未果的,按规定进行核销和冲减。对于无法收回的利息,冲销坏账准备。编制会计分录如下:

> 借：库存现金(或存放中央银行款项)
> 　　坏账准备
> 　贷：抵债资产

❸ 拍卖所得净收入小于抵押贷款本金。对于无法收回的利息,冲销坏账准备。对于无法收回的本金,冲销贷款损失准备。编制会计分录如下:

借：库存现金（或存放中央银行款项）
　　坏账准备
　　贷款损失准备
　　贷：抵债资产

【做中学 3-7】 龙湖公司抵押贷款 12 万元，逾期一个月仍无法偿还，银行按规定处理其抵押品得价款 18 万元。抵押贷款利息 8 000 元，其中银行已经计提利息 7 200 元。

首先将抵押品转为抵债资产入账，会计分录为：

借：抵债资产　　　　　　　　　　　　　　　　　　　127 200
　　贷：贷款——逾期贷款（龙湖公司）　　　　　　　　120 000
　　　　应收利息——抵押贷款应收利息　　　　　　　　　7 200

其次，拍卖变现，多余款退给借款人，会计分录为：

借：存放中央银行款项　　　　　　　　　　　　　　　180 000
　　贷：抵债资产　　　　　　　　　　　　　　　　　　127 200
　　　　利息收入——抵押贷款利息收入　　　　　　　　　　800
　　　　吸收存款——活期存款（龙湖公司）　　　　　　　52 000

（3）转为自用。抵债资产因客观原因需要转为自用的，应当履行规定的程序后，将其转入银行自己的资产账内进行管理。编制会计分录如下：

借：固定资产
　　贷：抵债资产

同时，销记表外科目和抵押品登记簿：付出：待处理抵押品——××单位户

【做中学 3-8】 2023 年 7 月 4 日，中国工商银行中山支行的开户单位紫金汽车厂有一笔抵押贷款（以楼房作为抵押物）到期未还，本金 500 000 元，应收利息 20 000 元，转入抵债资产。7 月 10 日，将借款人汽车厂抵押的该楼房转为自用，会计处理如下：

7 月 4 日　借：抵债资产　　　　　　　　　　　　　　520 000
　　　　　　　贷：贷款——逾期贷款（紫金汽车厂）　　　500 000
　　　　　　　　　应收利息——抵押贷款应收利息　　　　20 000
7 月 10 日　借：固定资产　　　　　　　　　　　　　　520 000
　　　　　　　贷：抵债资产　　　　　　　　　　　　　　520 000

（三）质押贷款核算

质押贷款，是指以借款人或者第三者的动产或权利作为质物而发放的贷款。质押贷

款的关系人为借款人、出质人和质权人，出质人可以是借款人、借款人以外的第三人，质权人是发放贷款的商业银行。质物可以是出质人的动产，如车辆、船舶、商品、货物、机器设备等，也可以是出质人的权利，如汇票、支票、本票、债券、存单、仓单、提单；依法可以转让的股份、股票；依法可以转让的商标专用权、专利权、著作权中的财产权；依法可以质押的其他权利。

不论办理质押贷款的是单位还是个人，银行均应严格按照贷款操作程序办理。对质押贷款的质物应履行调查程序，严防使用虚假或已办理挂失的存单质押，同时应妥善保管质物。

质押贷款的发放和收回与抵押贷款基本相同，贷款到期不能收回时银行可以以所得质物的价款来偿还贷款本息及其他相关费用。

引例解析

答：该笔贷款展期存在问题。首先，申请贷款展期的时间不符合规定，短期贷款必须在到期日之前向银行申请贷款展期。其次，展期的期限不能为1年，因为短期贷款展期不得超过原贷款期限，所以，展期期限最多为半年。

【工作任务设计 3-1：信用贷款发放】

【任务描述】

中国工商银行中山支行于2022年4月15日向新兴电脑公司发放贷款一笔，金额为20万元，期限为2年。设贷款年利率为5.6%，银行按季收息。假设该公司的还本付息情况如下：❶2022年4月15日发放贷款。❷该公司2023年12月20日以前一直按期支付利息。银行于2023年12月20日计收当季利息。

试根据上述业务计算并编制会计分录。

【操作步骤】

第一步：分析发放的贷款种类，属于无担保贷款，即信用贷款。

第二步：编制2022年4月15日发放贷款时的会计分录。

借：贷款——中长期贷款（新兴电脑公司）　　　　　200 000
　　贷：吸收存款——活期存款（新兴电脑公司）　　　　200 000

第三步：按季计算利息。

应收利息＝200 000×91×5.6%÷360＝2 831.11（元）

第四步：编制2023年12月21日计收当季利息时会计分录。

借：吸收存款——活期存款（新兴电脑公司）　　　　2 831.11
　　贷：利息收入——中长期贷款利息收入　　　　　　2 831.11

【工作任务设计 3－2：贷款利息收入核算】

【任务描述】

2023 年 1 月 1 日,银行向其开户单位 A 公司发放 3 年期一次还本付息的贷款 20 万元,年利率为 6%（单利）,一次性收取手续费 7 300 元。试作出贷款发放、每年利息收入的确定、3 年后收回本息时的会计分录。$(PV/FV,7\%,3)＝0.816\ 4$

【操作步骤】

第一步：确定初始确认金额和实际利率。

初始确认金额：$200\ 000－7\ 300＝192\ 700$（元）

$192\ 700\times(1＋i)^3＝200\ 000\times(1＋3\times6\%)$

实际利率：$i\approx7\%$

第二步：编制发放贷款的会计分录。

借：贷款——本金	200 000
贷：吸收存款——活期存款（A 公司）	192 700
贷款——利息调整	7 300

第三步：计算第一年利息收入并编制会计分录。

利息收入＝第一年摊余成本×实际利率 ＝$192\ 700\times7\%＝13\ 489$（元）

应收利息＝合同本金×合同利率＝$200\ 000\times6\%＝12\ 000$（元）

借：贷款——利息调整	1 489
应收利息	12 000
贷：利息收入	13 489

第四步：计算第二年利息收入并编制会计分录。

利息收入＝第二年摊余成本×实际利率＝$(192\ 700＋13\ 489)\times7\%＝14\ 433$（元）

应收利息＝合同本金×合同利率＝$200\ 000\times6\%＝12\ 000$（元）

借：贷款——利息调整	2 433
应收利息	12 000
贷：利息收入	14 433

第五步：计算第三年利息收入并编制会计分录。

利息收入＝应收利息＋倒轧的利息调整＝$12\ 000＋(7\ 300－1\ 489－2\ 433)＝15\ 378$（元）

应收利息＝合同本金×合同利率＝$200\ 000\times6\%＝12\ 000$（元）

借：贷款——利息调整	3 378
应收利息	12 000
贷：利息收入	15 378

第六步：编制 3 年后收回本息的会计分录。

借：吸收存款——活期存款(A 公司)	236 000
贷：贷款——本金	200 000
应收利息	36 000

想一想

什么是表内利息？什么是表外利息？为什么发放的贷款到期(含展期)90 天后尚未收回的,其应计利息要停止计入当期利息收入,纳入表外核算？

3

任务三　票据贴现业务核算

3－2
银行承兑
汇票贴现的
注意事项

　　2023 年 2 月 10 日,中国工商银行江宁支行收到万达公司交来贴现凭证和银行承兑汇票各一份,银行承兑汇票由该行竹山支行开户的龙虎工厂签发,金额为 120 000 元,到期日为 4 月 15 日,月贴现率为 3‰,经审核无误后,予以贴现。

　　问题：什么是贴现？如何计算贴现期？贴现日如何进行会计处理？

【知识准备】

一、票据贴现业务认知

　　票据贴现,是指商业汇票的持票人为获得资金向银行贴付一定的利息转让未到期的商业汇票的行为。它是票据转让行为,也是商业银行发放贷款的一种方式,是商业信用与银行信用相结合的融资手段。

　　贴现贷款与一般贷款都是商业银行的资产业务,是借款人的融资方式,商业银行都要计收利息,但两者也存在明显的区别,具体如表 3－1 所示。

表 3－1　　　　　　　　　　　贴现贷款与一般贷款的区别

区　　别	贴 现 贷 款	一 般 贷 款
资金投放的对象不同	持票人或债权人	借款人或债务人
体现的信用关系不同	银行与持票人、出票人、承兑人及背书人之间的信用关系	银行与借款人、担保人之间的信用关系
计息的时间不同	放款时扣收利息	到期或定期计收利息
资金的流动性不同	通过转贴现和再贴现收回	到期才能收回

二、票据贴现业务核算

(一) 办理票据贴现

持票人向开户银行申请贴现时,应填制一式五联的贴现凭证。持票人在第一联上加盖预留印鉴后,连同未到期的商业汇票送交银行。

银行信贷部门审查持票人、贴现凭证和贴现票据等内容是否符合贴现条件后,在"银行审批"栏签注"同意"字样,并加盖印章后送交会计部门。

会计部门收到商业汇票和贴现凭证后要审核汇票是否真实、内容填写是否完整,此外,还应审查贴现凭证与汇票是否相符。审核无误后计算贴现利息和贴现金额。

$$贴现利息 = 汇票票面金额 \times 贴现天数 \times 贴现日利率$$
$$实付贴现额 = 汇票票面金额 - 贴现利息$$

其中,贴现天数从贴现之日起算至汇票到期日止,算头不算尾。

计算完毕后,将结果填入贴现凭证中的贴现利息和实付贴现金额栏内,以贴现凭证的第一联、第二联和第三联作为转账借方和贷方传票办理转账。编制会计分录如下:

借:贴现资产——××汇票户(面值)
　　贷:吸收存款——活期存款(××单位户)(或存放中央银行款项)
　　　　贴现资产——××汇票户(利息调整)

转账后,第四联加盖银行业务公章后连同有关单证退还贴现申请人,第五联及汇票按照到期日顺序专夹保管。

"贴现资产"科目为资产类科目,用于核算银行办理商业票据的贴现、转贴现等业务所融出的资金。办理贴现时,借记本科目(面值);按实际支付的金额,贷记"存放中央银行款项""吸收存款"等科目;按其差额,贷记本科目(利息调整)。收回贴现款时,记入该科目(面值)贷方;余额在借方,反映银行办理贴现、转贴现等业务所融出的资金。该科目可按贴现类别和贴现申请人进行明细核算。

【做中学 3-9】中国工商银行东山支行 9 月 30 日收到竹山公司交来贴现凭证和银行承兑汇票各一份,银行承兑汇票由在同城中国工商银行新街口支行开户的光大公司签发并由其开户行承兑,金额为 90 000 元,到期日为 11 月 30 日,月贴现率为 4.5‰。编制办理贴现时的会计分录。

贴现利息 = 90 000 × 61 × 4.5‰ ÷ 30 = 823.50(元)

实付贴现额 = 90 000 − 823.5 = 89 176.50(元)

借:贴现资产——银行承兑汇票(面值)　　　　　　90 000.00
　　贷:吸收存款——活期存款(竹山公司)　　　　　89 176.50
　　　　贴现资产——银行承兑汇票(利息调整)　　　　823.50

（二）确定贴现利息收入

资产负债表日,应按实际利率计算确定贴现利息收入,如果实际利率与合同约定的名义利率差距不大的,也可以采用合同约定的名义利率计算确定利息收入。对于确认的贴现利息收入,应编制会计分录如下:

> 借:贴现资产——××汇票户(利息调整)
> 　贷:利息收入——票据贴现利息收入

> 【做中学 3-10】接上例,10 月 31 日,将本月实现的利息收入入账,编制会计分录。
> 当期确认利息收入 = 90 000 × 31 × 4.5‰ ÷ 30 = 418.50(元)
>
> 借:贴现资产——银行承兑汇票(利息调整)　　　　　418.50
> 　贷:利息收入——票据贴现利息收入　　　　　　　　　　418.50

（三）收回到期票据贴现款

商业汇票到期,贴现银行作为收款人在汇票背面"背书"栏加盖结算专用章并由授权的经办人员签名或盖章,注明"委托收款"字样,于汇票到期前匡算邮程,提前填制托收凭证一式五联,留下第一、二联,据以登记"发出委托收款凭证登记簿",将第三、四、五联托收凭证及汇票交付款人开户银行或承兑银行。将第五联贴现凭证作为第二联托收凭证的附件存放。贴现银行收到划回的票款后,以第二联托收凭证代传票,以第五联贴现凭证作附件办理转账,并销记"发出委托收款凭证登记簿"。编制会计分录如下:

> 借:清算资金往来
> 　(或存放中央银行款项)
> 　贷:贴现资产——××汇票户(面值)

如果贴现银行收到付款人开户银行退回的委托收款凭证、商业汇票和未付票款通知书,可向贴现申请人追索票据。届时,应填制两联特种转账借方传票,在"转账原因"栏内注明"未收到某日汇票款,贴现款已从你账户收取"字样。其中一联加盖转讫章,作为支款通知随同汇票和未付票款通知书一并交给贴现申请人。根据另一联特种转账借方传票,编制会计分录如下:

> 借:吸收存款——活期存款(贴现申请人户)
> 　贷:贴现资产——××汇票户(面值)

如果贴现票据到期,贴现申请人账户无款支付或不足支付票款,则不足部分作逾期贷款处理。

【做中学 3-11】接【做中学 3-9】,中国工商银行东山支行 11 月 30 日收到同城中国工商银行新街口支行划来的竹山公司的银行承兑汇票的票款 90 000 元。编制会计分录如下:

借:存放中央银行款项   90 000
　　贷:贴现资产——银行承兑汇票(面值)   90 000

引例解析

答:贴现是商业汇票的持票人为获得资金向银行贴付一定的利息转让未到期的商业汇票的行为。贴现期从贴现之日起算至汇票到期日止,算头不算尾。

本例中,贴现日为 2 月 10 日,到期日为 4 月 15 日,计算贴现期应为:19+31+14=64(天)。

贴现日会计处理:120 000×3‰×64÷30=768(元)

借:贴现资产——银行承兑汇票(面值)   120 000
　　贷:吸收存款——活期存款(万达公司)   119 232
　　　　贴现资产——银行承兑汇票(利息调整)   768

【工作任务设计 3-3:银行承兑汇票贴现】

【任务描述】

中国工商银行东山支行 6 月 15 日接受开户单位新元公司申请,办理银行承兑汇票贴现一笔,汇票金额为 100 万元,出票日 5 月 27 日,到期日 9 月 30 日,贴现率 6.97%。要求:

(1)计算贴现利息及实付贴现额;

(2)贴现行贴现时的账务处理;

(3)贴现行收回贴现款的账务处理。

【操作步骤】

第一步:计算贴现期。

按照"算头不算尾"计算实际天数,贴现日 6 月 15 日,到期日 9 月 30 日,6 月份 16 天,7 月、8 月各 31 天,9 月份 29 天,所以贴现期=16+31+31+29=107(天)。

第二步:计算贴现利息及实付贴现额。

贴现利息=1 000 000×6.97%×107÷360=20 716(元)

实付金额:1 000 000-20 716=979 284(元)

第三步:编制贴现行贴现时的会计分录。

借:贴现资产——银行承兑汇票(面值)   1 000 000
　　贷:吸收存款——活期存款(新元公司)   979 284
　　　　贴现资产——银行承兑汇票(利息调整)   20 716

第四步：编制贴现行收回贴现款的会计分录。

借：清算资金往来　　　　　　　　　　　　　　　　1 000 000
　　贷：贴现资产——银行承兑汇票（面值）　　　　　　　1 000 000
借：贴现资产——银行承兑汇票（利息调整）　　　　　　20 716
　　贷：利息收入——票据贴现利息收入　　　　　　　　　20 716

想一想

银行承兑汇票和商业承兑汇票的贴现风险哪个更小？为什么？

3

任务四　贷款损失准备核算

引　例

民生银行：计提资产减值损失同比增50%

2021年3月30日，民生银行发布了2020年度业绩报告。备受市场关注的是，民生银行集团（包括民生银行及其附属公司）实现归属于母公司股东的净利润343.09亿元，同比下降36.25%。关于利润同比下降，民生银行称，主要是因为加快问题资产处置节奏，加大拨备计提力度，其中贷款拨备计提同比增长26.52%，贷款拨备消耗同比增长31.77%。

报告显示，2020年，民生银行集团实现拨备前利润1 313亿元，比上年增加36亿元，增幅2.81%；全年计提资产减值损失946亿元，同比增加316亿元，增幅50%；全年处置不良贷款消耗拨备671亿元。

报告显示，民生银行对公不良余额增长主要集中在三个行业：交通运输、仓储和邮政业，批发和零售业，采矿业。

2020年民生银行集团实现营业收入1 849.51亿元，同比增长2.5%；平均总资产收益率和加权平均净资产收益率分别为0.51%、6.81%；不良贷款率1.82%，比上年末上升0.26个百分点；拨备覆盖率和贷款拨备率分别为139.38%、2.53%。

零售不良方面，2020年该行零售不良余额增长主要集中在信用卡上。受多方面影响，2020年末该行信用卡透支不良余额151.8亿元，较年初上升41.23亿元。民生银行方面称，随着国内经济逐步回暖，预计信用卡不良贷款也将趋稳。剔除信用卡业务外，该行零售不良贷款较上年仅增加12亿元，不良率1.42%，较年初下降0.14个百分点。

年报显示，2020年末民生银行逾期90天以上贷款517.5亿元，占比1.35%，比上年年末下降0.02个百分点；逾期90天以上贷款与不良贷款比例为73.88%，比上年年末下降 14.12 个百分点,为近 3 年最高水平。

民生银行方面称,在此基础上,该行内部实行了对逾期 60 天以上贷款原则上降为不良的更严格要求,2020 年末逾期 60 天以上贷款与不良贷款比例较上年末显著下降。

问题:什么是资产减值损失? 它涉及哪些资产?

【知识准备】

一、认知贷款损失准备

为了提高商业银行抵御和防范风险的能力,正确核算其经营损益,商业银行应当按照谨慎性原则的要求,在资产负债表日,根据借款人的还款能力、还款意愿、贷款本息的偿还情况、抵押品的市价、担保人的支持力度和银行内部信贷管理等因素,分析各项贷款的风险程度和回收的可能性,以判断其是否发生减值。如有客观证据表明其发生了减值,应对其计提贷款损失准备。银行计算的当期应计提的贷款损失准备,为期末该贷款的账面价值与其预计未来可收回金额的现值的差额。

(一) 明确贷款损失确认的原则

根据《企业会计准则第 22 号——金融工具确认和计量》的规定,商业银行的贷款应以预期信用损失为基础确认贷款损失准备。预期信用损失,是指以发生违约的风险为权重的贷款信用损失的加权平均值。信用损失,是指企业按照原实际利率折现的、根据合同应收的所有合同现金流量与预期收取的所有现金流量之间的差额,即全部现金短缺的现值。

(二) 贷款损失准备计提的方法

对于源生时未发生信用减值的贷款,可以根据贷款发生信用减值的过程分为三个阶段,不同阶段的贷款减值确认与计量方法不同。

第一阶段:对初始确认后信用风险无显著增加或在资产负债表日信用风险较低的贷款,按照未来 12 个月内预期信用损失确认损失准备,并根据资产账面余额乘以实际利率计算利息收入。

第二阶段:对初始确认后信用风险显著增加但尚无客观减值证据的贷款,按照整个存续期预期信用损失确认损失准备,但仍根据资产账面余额乘以实际利率计算利息收入。

第三阶段:对初始确认后信用风险显著增加且在资产负债表日存在客观减值证据的贷款,按照整个存续期预期信用损失,并根据资产摊余成本乘经信用调整的实际利率计算利息收入。

预期信用损失＝该金融资产账面价值－按实际利率折现的估计未来现值流量的现值

二、贷款减值业务核算

(一) 发生贷款减值

商业银行应当在资产负债表日对贷款的账面价值进行检查,有客观证据表明该贷款发生减值的,应当将该贷款的账面价值(摊余成本)减记至预计未来现金流量现值,减记的金额确认为信用减值损失,计提贷款损失准备。编制会计分录如下:

> 借：信用减值损失——贷款损失准备金户
> 　　贷：贷款损失准备——××户

同时，要将"贷款——本金、利息调整"科目的余额转入"贷款——已减值"科目，借记"贷款——已减值"科目，贷记"贷款——本金"科目，借记或贷记"贷款——利息调整"科目。

> 借：贷款——已减值
> 　　贷：贷款——本金
> 借或贷：贷款——利息调整

"贷款损失准备"为资产类科目，也是"贷款"科目的备抵科目，核算商业银行贷款的减值准备。银行计提贷款损失准备时，记入贷方；经批准转销贷款损失准备时，记入借方；期末贷方余额，反映企业已计提但尚未转销的贷款损失准备。企业（保险）的保户质押贷款计提的减值准备，也在本科目核算。企业（典当）的质押贷款、抵押贷款计提的减值准备，也在本科目核算。企业委托银行或其他金融机构向其他单位贷出的款项计提的减值准备，可将本科目改为"委托贷款损失准备"科目。本科目可按计提贷款损失准备的资产类别进行明细核算。

（二）计提减值贷款利息

贷款发生减值后，资产负债表日应按贷款的摊余成本和实际利率计算确定的利息收入，借记"贷款损失准备"科目，贷记"利息收入"科目，同时将按合同本金和合同利率计算确定的应收未收利息金额进行表外登记。编制会计分录如下：

> 借：贷款损失准备
> 　　贷：利息收入

同时进行表外登记：
收入：应收未收利息——××户

（三）恢复贷款价值

对贷款确认减值损失后，如有客观证据表明该贷款价值已恢复，且客观上与确认该损失后发生的事项有关，原确认的减值损失应当予以转回，计入当期损益。但是，该转回后的账面价值不应当超过假定不计提减值准备情况下该贷款在转回日的摊余成本。

（四）收回减值贷款

收回减值贷款时，应按实际收到的金额，借记"吸收存款"科目；按相关贷款损失准备余额，借记"贷款损失准备"科目；按相关贷款余额，贷记"贷款——已减值"科目；按其差额，借记或贷记"信用减值损失"科目。同时，转销登记簿中的应收未收利息：
付出：应收未收利息——××户

3-3
贷款损失
准备计提
及转销

三、损失贷款转销

对于确实无法收回的贷款，按管理权限报经批准后作为呆账予以转销，借记"贷款损失准备"科目,贷记"贷款——已减值"科目。按管理权限报经批准后转销表外应收未收利息,减少表外"应收未收利息"科目金额。已确认并转销的贷款以后又收回的,按原转销的已减值贷款余额,借记"贷款——已减值"科目,贷记"贷款损失准备"科目。按实际收到的金额,借记"吸收存款"科目;按原转销的已减值贷款余额,贷记"贷款——已减值"科目;按其差额,贷记"信用减值损失"科目。

引例解析

　　答:资产减值损失是指企业在资产负债表日,经过对资产的测试,判断资产的可收回金额低于其账面价值而计提资产减值损失准备所确认的相应损失。企业在对资产进行减值测试并计算确定资产的可收回金额后,如果资产的可收回金额低于账面价值,应当将资产的账面价值减记至可收回金额,减记的金额确认为资产减值损失,计入当期损益,同时计提相应的资产减值准备。资产减值中涉及的都是减值无法转回的长期性资产,这些资产都会涉及一个可收回金额的问题:公允价值扣除处置费用和未来现金流量现值两者中的较高者。

　　想一想
　　银行为什么要计提贷款损失准备? 除了贷款损失准备,银行还会计提哪些减值准备?

项 目 小 结

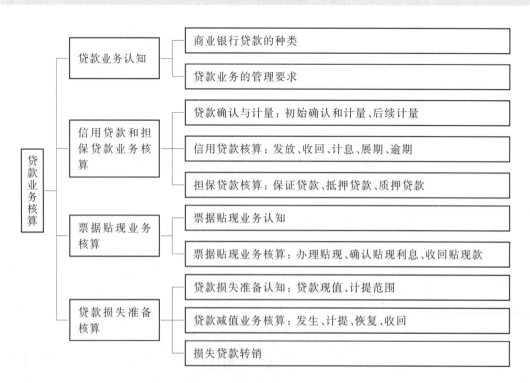

思 考 题

1. 贷款按风险程度可分为哪几种？
2. 贷款业务核算的基本要求有哪些？
3. 贷款展期有哪些规定？
4. 贷款计息有哪些规定？
5. 贷款计息的方法有哪些？计息天数如何确定？
6. 票据贴现与贷款有何区别？
7. 如何计算贴现利息？
8. 什么是贷款损失准备？计提贷款损失准备的资产包括哪些？

练 习 题

一、单项选择题

1. （ ）贷款风险最大。
   A. 抵押　　　　　　B. 质押　　　　　　C. 信用　　　　　　D. 贴现
2. 一般贷款损失准备年末余额不低于年末贷款余额的（ ）。
   A. 1%　　　　　　 B. 2%　　　　　　 C. 5%　　　　　　 D. 10%
3. （ ）的损失准备计提比例为100%。
   A. 关注贷款　　　　B. 次级贷款　　　　C. 可疑贷款　　　　D. 损失贷款
4. 核销呆账贷款时，核销的是（ ）。
   A. 贷款本金　　　　　　　　　　　　　B. 应收利息
   C. 利息收入　　　　　　　　　　　　　D. 本金和应收利息
5. 抵押贷款逾期（ ），银行可将待处理抵押物转为抵债资产。
   A. 1个月　　　　　 B. 3个月　　　　　 C. 6个月　　　　　 D. 1年
6. 银行、处理抵债资产取得的处置收入大于抵债资产账面价值，差额计入（ ）。
   A. 现金　　　　　　B. 营业外支出　　　C. 活期存款　　　　D. 营业外收入

二、多项选择题

1. 贷款按贷款资产的流动性可分为（ ）。
   A. 短期贷款　　　　B. 正常贷款　　　　C. 中长期贷款　　　D. 可疑贷款
2. 贷款按照风险程度可分为（ ）。
   A. 正常贷款　　　　B. 关注贷款　　　　C. 次级贷款　　　　D. 信用贷款
3. 贷款按照是否计息分为（ ）。
   A. 信用贷款　　　　B. 应计贷款　　　　C. 抵押贷款　　　　D. 非应计贷款
4. 贷款利息计算按结息期不同，分为（ ）。
   A. 定期结息　　　　B. 延期结息　　　　C. 本随利清　　　　D. 利随本清
5. 贷款损失准备包括（ ）。

A. 一般准备　　　　B. 专项准备　　　　C. 特种准备　　　　D. 委托贷款准备

6. 担保贷款包括(　　　　)。

A. 保证贷款　　　　B. 抵押贷款　　　　C. 质押贷款　　　　D. 委托贷款

7. 下列(　　　　)可以作为抵押物。

A. 房产　　　　　　B. 被查封的贷款　　C. 设备　　　　　　D. 耕地

8. 商业汇票贴现,持票人应具备的条件有(　　　　)。

A. 在银行开立账户

B. 与出票人之间具有真实的商品交易关系

C. 提供增值税专用发票和商品发运单据的复印件

D. 没有被背书

9. 贴现利息与(　　　　)有关。

A. 持有人　　　　　B. 贴现天数　　　　C. 贴现率　　　　　D. 汇票金额

10. 贴现与一般贷款的共同点为(　　　　)。

A. 都是资产业务　　B. 融资依据相同　　C. 都要计息　　　　D. 贷款期限相同

三、判断题

1. 贷款是银行的负债业务。　　　　　　　　　　　　　　　　　　　(　　)

2. 关注贷款和可疑贷款均是不良贷款。　　　　　　　　　　　　　　(　　)

3. 委托贷款的风险由银行承担。　　　　　　　　　　　　　　　　　(　　)

4. 逾期 90 天的贷款利息应计入当期收益。　　　　　　　　　　　　(　　)

5. 贷款可连续多次展期。　　　　　　　　　　　　　　　　　　　　(　　)

6. 贷款损失准备科目属于资产类科目,贷方表示增加。　　　　　　　(　　)

7. "待处理抵债资产"科目属于负债类科目。　　　　　　　　　　　　(　　)

8. 银行贷款定期结息一般每季度结息一次。　　　　　　　　　　　　(　　)

9. 银行贷款以利随本清法计息应在每季预提利息计入利息收入。　　　(　　)

10. 贴现的银行承兑汇票到期一定能收回票款。　　　　　　　　　　　(　　)

项 目 实 训

实训一　练习信用贷款业务的核算

一、实训目的

1. 掌握信用贷款明细账的登记方法;

2. 掌握信用贷款利息的结计及核算方法。

二、实训资料

甲金融机构 2023 年 7 月份发生下列贷款业务:

(1) 2 日,开户单位新兴百货申请流动资金贷款 200 000 元,经信贷部门审查同意发放,转入该公司存款账户;

（2）6日，开户单位红星乳品厂的3年期贷款500 000元到期，该单位账户款项不足，转入逾期贷款账户；

（3）7日，开户单位塑料厂归还2月7日借入的短期贷款50 000元，月利率为5.5‰，贷款本息一并归还；

（4）18日，开户单位服装厂一笔5年期信用贷款450 000元逾期90天未还，转非应计贷款，同时转销应收利息65 000元；

（5）20日，向借款人制药厂收取信用贷款利息34 000元；

（6）21日，借款人油漆厂一笔短期贷款350 000元到期无款归还，予以转账；

（7）23日，借款人王刚以现金支付信用贷款本金50 000元，利息2 300元；

（8）25日，借款人红星乳品厂归还逾期贷款500 000元，假设前3年的利息均已结清，按7.5%的逾期贷款年利率计收利息；

（9）28日，借款人李鸿申请短期贷款20 000元，审查后予以转账办理。

三、实训要求

1. 编制上述业务的会计分录；
2. 按规定结计贷款利息，编制结息及偿还贷款时的会计分录；
3. 登记上述信用贷款账户的明细账。

实训二　练习抵押贷款业务的核算

一、实训目的

1. 掌握抵押贷款明细账的登记方法；
2. 掌握抵押贷款利息的结计及核算方法。

二、实训资料

乙金融机构2023年7月份发生下列贷款业务：

（1）1日，开户单位塑料厂申请办理抵押贷款300 000元，审核后办理；

（2）2日，计提借款人蓝天贸易公司抵押贷款利息15 000元；

（3）4日，借款人汽车厂一笔抵押贷款（以楼房做抵押）到期未还，本金500 000元，应收利息20 000元，转入逾期贷款账户；

（4）5日，处理借款人新兴百货逾期抵押贷款，本息合计740 000元，处置收入800 000元；

（5）8日，收回借款人红星乳品厂以他行转账支票归还的质押贷款150 000元，利息8 500元；

（6）10日，将借款人汽车厂抵押的一座楼房作价入账；

（7）15日，借款人服装厂抵押贷款逾期未还，本金980 000元，利息45 000元，银行、处理抵押的设备一套，得款1 000 000元；

（8）22日，借款人通信公司抵押贷款到期以存款归还，本金200 000元，应收利息15 000元。

三、实训要求

1. 编制上述业务的会计分录；

2. 编制按规定结转逾期抵押贷款、处置抵押资产时的会计分录；

3. 登记抵押贷款表外会计科目。

实训三　练习票据贴现贷款业务的核算

一、实训目的

1. 掌握票据贴现贷款明细账的登记方法；

2. 掌握票据贴现贷款贴现利息及实付贴现额的计算及核算方法。

二、实训资料

丙金融机构 2023 年 7 月份发生下列贷款业务：

(1) 10 日，开户单位通信公司持银行承兑汇票申请办理贴现，汇票金额为 350 000 元，汇票到期日为 11 月 4 日，经信贷部门审查后予以办理(月贴现率为 0.6%)；

(2) 15 日，收到承兑行同城中国建设银行划回的银行承兑汇票贴现票款 85 000 元；

(3) 16 日，给开户单位油漆厂贴现的商业承兑汇票 150 000 元未能按期收回票款，向贴现申请人收取票款，该单位存款账户只有 100 000 元；

(4) 21 日，收到异地中国工商银行划回的商业汇票贴现款 60 000 元；

(5) 22 日，收到异地中国建设银行划回的商业汇票贴现款 75 000 元；

(6) 29 日，收到中国工商银行北京分行退回的委托收款凭证和商业承兑汇票、付款人未付款项通知书，金额为 190 000 元的汇票款尚未收回，从申请人蓝天贸易公司账户内扣回。

三、实训要求

1. 按规定计算贴现贷款贴现利息及实付贴现额；

2. 编制上述业务的会计分录；

3. 登记上述票据贴现贷款明细账。

实训四　练习提取贷款损失准备和核销贷款呆账业务的核算

一、实训目的

1. 掌握贷款损失准备的提取方法；

2. 掌握贷款损失准备的提取和转销贷款呆账的核算方法。

二、实训资料

甲金融机构年初"贷款损失准备"科目余额为 980 000 元；3 月份报经批准核销服装厂的呆账贷款 750 000 元；第一季度末该金融机构应提贷款损失准备的各项贷款余额为 8 700 万元；5 月份又收回原已核销的呆账贷款 200 000 元；第二季度末该金融机构应提贷款损失准备的各项贷款余额为 7 600 万元。该金融机构按贷款余额的 1% 计提贷款损失准备。

三、实训要求

根据上述资料，计算每季度甲金融机构应计提的贷款损失准备金的数额并编制相关分录。

项目四 支付结算业务核算

4

【学习目标】

支付结算业务是商业银行中间结算业务的主要部分之一,也是银行会计的一项基础工作。本项目主要介绍了银行的各种支付结算方式,包括四票(支票、银行本票、银行汇票、商业汇票)、一卡(信用卡)、三方式(汇兑、委托收款、托收承付)。本项目的学习,要求学生能达到以下知识目标和能力目标。

知 识 目 标	能 力 目 标	学习重点和难点
(1) 掌握各种支付结算工具的概念和基本规定 (2) 掌握各种支付结算业务的核算	(1) 能区分不同的支付结算工具 (2) 能熟练进行各种支付结算业务的核算	(1) 每种支付结算方式的具体规定 (2) 各种支付结算方式的处理程序与核算手续

【典型工作任务】

序 号	工 作 任 务	具 体 内 容
1	支付结算业务认知	支付结算的意义
		支付结算的原则
		支付结算业务分类
2	支票业务核算	支票业务的主要规定
		出售支票
		受理客户递交的支票
		提入支票或进账单
		挂失支票
3	银行本票业务核算	银行本票业务的主要规定
		签发银行本票
		受理客户递交的银行本票
		提入银行本票

序　号	工 作 任 务	具 体 内 容
4	银行汇票业务核算	银行汇票业务的主要规定
		签发银行汇票
		受理客户递交的银行汇票
		结清银行汇票
5	商业汇票业务核算	商业汇票业务的主要规定
		银行承兑汇票核算
		商业承兑汇票核算
6	信用卡业务核算	信用卡业务的主要规定
		发卡开户
		持卡消费业务核算
		持卡取现业务核算
7	汇兑业务核算	汇兑业务的主要规定
		汇出款项
		汇入款项
		办理退汇
8	委托收款和托收承付业务核算	委托收款业务核算
		托收承付业务核算

任务一　支付结算业务认知

引　例

　　随着信息技术在金融领域应用规模的不断增长，为适应电子商务和信息社会时代的发展要求，支付工具电子化趋势明显，银行卡普及率和创新能力不断提高，互联网支付、移动支付发展迅猛。中国人民银行顺势而为，不断推动非现金支付工具应用现代技术成果的进程，逐步建立了以票据和银行卡为主体，互联网支付、移动支付等电子支付为补充的支付工具体系。2020年，全国银行共办理非现金支付业务3 547.21亿笔，金额4 013.01万亿元，同比分别增长7.16%和6.18%。

　　银行卡方面，交易量小幅增长。2020年，全国共发生银行卡交易3 454.26亿笔，金额888.00万亿元，同比分别增长7.28%和0.18%，日均9.44亿笔，金额2.43万亿元。其中，存现54.36亿笔，金额41.30万亿元，同比分别下降23.28%和21.90%；取现83.12亿笔，金额39.67万亿元，同比分别下降26.99%和23.20%；转账业务1 540.72亿笔，金额690.37万亿元，同比分别增长6.46%和3.86%；消费业务1 776.05亿笔，同比增长 11.85%，金额 116.66 万亿元，同比下降 0.42%。全年银行卡渗透率为 49.18%，较上年上升 0.15 个百分点。银行卡卡均消费金额 1.30 万元，同比下降 6.38%；银行卡笔均消费金额为 656.85 元，同比下降 10.97%。

票据方面，票据业务量总体保持下降趋势。2020 年，全国共发生票据业务 1.49 亿笔，金额 123.78 万亿元，同比分别下降 21.33% 和 7.49%。其中，支票业务 1.26 亿笔，金额 103.28 万亿元，同比分别下降 24.96% 和 9.98%；实际结算商业汇票业务 2 285.27 万笔，金额 19.93 万亿元，同比分别增长 8.47% 和 9.19%；银行汇票业务 18.26 万笔，金额 1 511.59 亿元，同比分别下降 21.64% 和 14.10%；银行本票业务 36.65 万笔，金额 4 178.90 亿元，同比分别下降 46.71% 和 34.90%。

贷记转账等其他结算业务方面，贷记转账等其他结算业务保持稳定增长。2020 年，全国银行业金融机构共发生贷记转账、直接借记、托收承付、国内信用证等其他业务 91.46 亿笔，金额 3 001.22 万亿元，同比分别增长 3.46% 和 8.77%。其中，贷记转账业务 87.56 亿笔，金额 2 952.85 万亿元。

电子支付方面，移动支付业务量保持增长态势。2020 年，银行共处理电子支付业务 2 352.25 亿笔，金额 2 711.81 万亿元。其中，网上支付业务 879.31 亿笔，金额 2 174.54 万亿元，同比分别增长 12.46% 和 1.86%；移动支付业务 1 232.20 亿笔，金额 432.16 万亿元，同比分别增长 21.48% 和 24.50%；电话支付业务 2.34 亿笔，金额 12.73 万亿元，同比分别增长 33.06% 和 31.69%。

问题：我国目前主要的支付结算方式有哪些？

【知识准备】

支付结算又称转账结算，是指单位、个人在社会经济活动中使用合法有效的票据或有关的结算工具进行货币给付及资金清算的行为。支付结算业务是银行的中间业务，主要收入来源是手续费收入。

一、支付结算的意义

（一）减少货币发行，稳定货币流通

实行支付结算，用银行信用收付代替现金流通，使各单位之间的经济往来，只有结算起点以下的和符合现金开支范围内的业务才使用现金，缩小了现金流通的范围和数量，使大量现金脱离流通领域，从而为国家有计划地组织和调节货币流通量、防止和抑制通货膨胀创造了条件。

（二）加速物资和资金周转

支付结算是通过银行集中清算资金实现的，银行通过使用各种结算凭证、票据在银行账户上将资金直接从付款单位（或个人）划转给收款单位（或个人），不论款项大小、繁简，也不论距离远近，只要是在结算起点以上的，均能通过银行机构及时办理，手续简单，省去了使用现金结算时的款项运送、清点、保管等手续，方便快捷，从而缩短清算时间，加速物资和资金的周转。

（三）扩大银行资金来源

实行支付结算，有利于聚集闲散资金，扩大银行信贷资金来源。由于实行支付结算，各

4

单位暂时未用的资金都存在其银行账户上,这些资金就成为银行信贷资金的重要来源之一。另外,实行支付结算,各单位在办理结算过程中,资金存在着空间差和时间差,银行可以利用其充实自身的经营实力。例如,付款单位已经付出,但凭证尚在传递,因而收款单位尚未入账,这样形成的在途资金,也是银行信贷资金的来源。

(四) 保证资金安全

实行支付结算,可以避免由于实行现金结算而发生的现金运输、保管过程中丢失、被抢、被窃等不测损失;并且由于通过银行转账结算,不论款项大小、时间长短,都有据可查,一旦发生意外情况也便于追索,从而保证结算资金的安全。

二、支付结算的原则

(一) 恪守信用,履约付款

支付结算是建立在信用之上的货币收付行为。收付双方在经济往来过程中,在相互信任的基础上,根据双方的资信情况自行协商约期付款。一旦交易双方达成了协议,那么交易的一方就应当根据事先的约定行事,及时提供货物或劳务,而另一方则应按约定的时间、方式支付款项。

(二) 谁的钱进谁的账、由谁支配

银行作为资金结算的中介机构,在办理结算时必须遵循存款人的委托,按其意志,保证将所收款项支付给其指定的收款人;对存款人的资金,除国家法律法规另有规定外,必须由其自主支配,银行无权在未经存款人授权或委托的情况下,擅自动用存款人在银行账户里的资金。这一原则主要在于维护存款人对存款资金的所有权或控制权,保证其对资金的自主支配。

(三) 银行不垫款

银行作为办理支付结算的中介机构,负责根据结算当事人的要求办理结算当事人之间的资金转移,即按照付款人的委托将资金支付给付款人指定的收款人,或者按照收款人的委托将归属收款人所有的资金转账收入到收款人的账户,银行不能在结算过程中为其垫付资金。在支付结算业务处理过程中,必须坚持"先收后付,收妥抵用"。客户委托银行代为支付的款项的金额,必须在其存款余额范围内,不得透支;客户委托银行代为收取的款项,在款项尚未收妥入账前,不得使用。这一原则的目的在于保护银行资金的安全运用。

三、支付结算业务分类

(一) 按支付结算使用的结算工具划分

按支付结算使用的工具不同,支付结算可分为票据结算、银行卡结算、电子结算、其他方式结算等。票据结算主要是以支票、本票、汇票作为支付媒介,其中汇票包括银行汇票和商业汇票。银行卡结算,是以银行卡为支付结算工具的支付结算方式,电子结算主要以电话银行、网上支付和移动支付(手机支付)为支付手段。其他结算方式主要是指汇兑、托收承付和委托收款。支付结算的结算工具分类如图 4-1 所示。

(二) 按支付结算使用的范围划分

按支付结算使用的范围不同,支付结算可分为同城结算、异地结算、同城异地通用结算三种。同城结算方式,是指仅在同一票据交换地区使用的结算方式,主要是指银行本票。异地结算方式,是指可以在不同票据交换地区使用的结算方式,包括汇兑、托收承付。同城异

地通用结算有银行汇票、商业汇票、委托收款、信用卡。

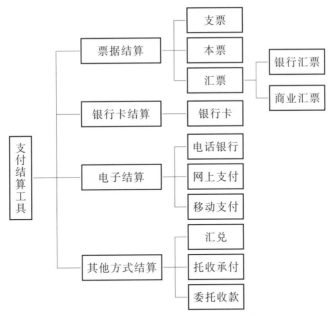

图 4-1　支付结算的结算工具分类

引例解析

答：我国常用的支付结算工具为"三票一卡三方式"，即汇票、本票、支票、银行卡，汇兑、托收承付和委托收款。在支付结算工具中，支票、汇兑、银行卡居核心地位，其收费是构成支付结算业务收入的主要来源。

随着信息技术的发展，网上支付、移动支付、电话支付等新兴电子支付方式也发展迅猛，不断创造和满足社会公众日益多样化的支付需求。

想一想　银行支付结算业务意义何在？

任务二　支票业务核算

引例

招商银行"移动支票"让支票"飞起来"

在日常的结算过程中，小微企业使用纸质支票情况比较普遍，但普通的纸质支票在交易中存在着多种风险。由于资金回收不及时，原本的付款或投资计划经常被打乱，无形中给企业增加了资金成本。针对这种情况，招商银行在银行业内率先推出"移动支票"产品，不仅从功能上全面替代纸质支票，而且完全打破了空间界限，通过网上企业银行发出支付指令，手机银行或其它电子设备移动终端都可完成付款，完全实现移动支付模式。

问题：使用支票有何好处？相对于纸质支票，招商银行的移动支票有何优势？

【知识准备】

一、支票业务的主要规定

支票，是指出票人签发的委托办理支票存款业务的银行在见票时无条件支付确定的金额给收款人或者持票人的票据。

用支票办理结算方便、灵活，同城和异地均可以使用。

过去，由于受到业务和技术条件的制约，我国支票基本只在同一城市范围内使用，不能适应区域经济发展和人们日益增长的多样化支付需要。因此，中国人民银行根据我国支票使用情况及发展趋势，借鉴国际支票截留的先进经验，决定建设影像交换系统，支撑支票全国通用。2007 年 7 月 8 日，中国人民银行正式对外宣布，全国支票影像交换系统建成运行，实现了支票在全国范围的互通使用，企事业单位和个人持任何一家银行的支票均可在境内所有地区办理支付。

根据中国人民银行的规定，支票全国通用后出票人签发的支票凭证不变，支票的提示付款期限仍为 10 天；异地使用支票款项最快可在 2 至 3 小时之内到账，一般在银行受理支票之日起 3 个工作日内均可到账。为防范支付风险，异地使用支票的单笔金额上限为 50 万元，同时在票面右下方必须记载 12 位的银行机构代码，而同城支票只有 6 位。这就要求企事业单位要将现有的未使用的支票到银行加盖机构代码，之后才能到外地实行异地付款，因此收款人在接受异地支票付款时，不仅要注意审查票面要素的合规性和完整性，还要确认支票金额未超过规定上限，并在支票上加盖有 12 位银行机构代码戳记。对于超过规定限额的支付，收、付款人可约定采用其他支付方式。办理支票业务，银行向客户的收费暂按现行标准不变。

支票的主要规定有以下几条。

(1) 支票有现金支票、转账支票和普通支票三种。现金支票上印有“现金”字样，只能用于支取现金，其式样如图 4－2 所示。转账支票上印有“转账”字样，只能用于转账，其式样如图 4－3 所示。普通支票上未印有“现金”“转账”字样，既可用于支取现金，也可以用于转账。

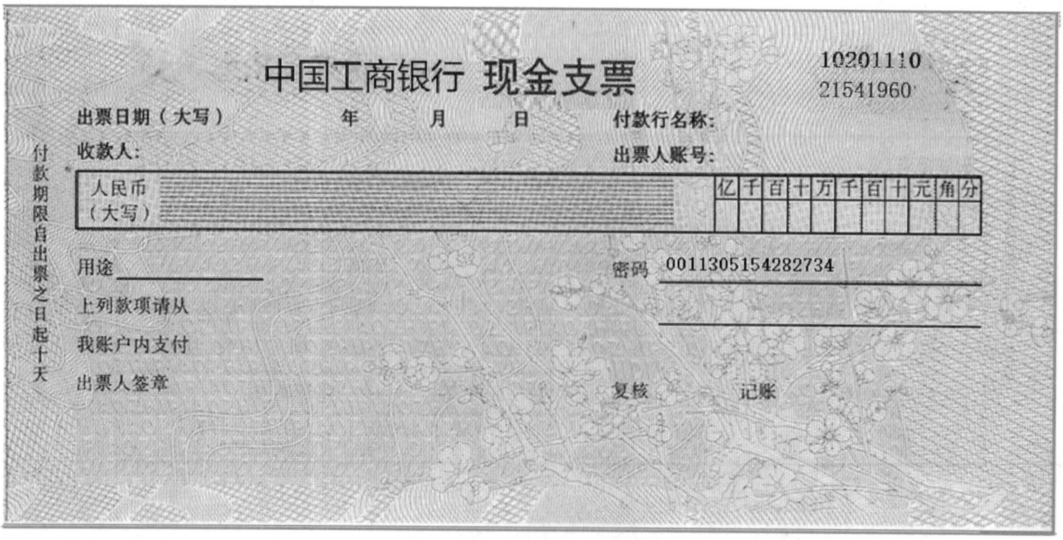
中国工商银行 现金支票
10201110
21541960
出票日期（大写） 年 月 日 付款行名称：
收款人： 出票人账号：
付款期限自出票之日起十天
人民币（大写）

亿	千	百	十	万	千	百	十	元	角	分

用途 密码 0011305154282734
上列款项请从
我账户内支付
出票人签章 复核 记账

图 4－2 现金支票

但如果普通支票左上角画两条平行线,则只能用于转账,不得支取现金。普通支票的式样如图 4-4 所示。

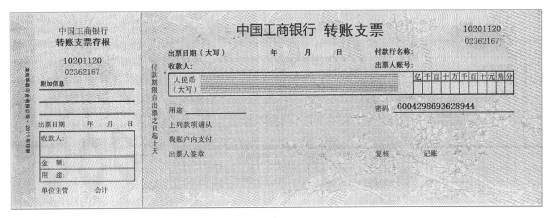

图 4-3 转账支票

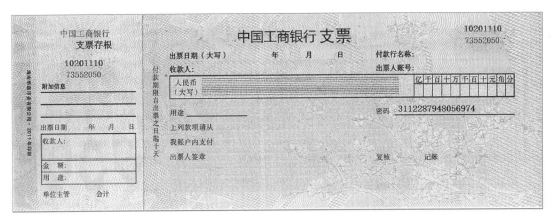

图 4-4 普通支票

(2) 支票的出票人,为在经中国人民银行批准办理支票存款业务的银行、城市信用合作社和农村信用合作社中开立支票存款账户的企业、其他组织或者个人。

(3) 签发支票必须记载下列事项:表明"支票"的字样、无条件支付的委托、确定的金额、付款人名称、出票日期、出票人签章。未记载上述规定事项之一的支票无效。支票的付款人为支票上记载的出票人开户行。

(4) 支票的金额、收款人名称,可以由出票人授权补记,未补记前不得背书转让和提示付款。

(5) 签发支票应用碳素墨水或墨汁填写,或使用支票打印机打印。

(6) 出票人签发空头支票、签章与预留银行签章不符或支付密码错误的支票,银行应予以退票,并按票面金额处以 5% 但不低于 1 000 元的罚款,持票人有权要求出票人赔偿支票金额 2% 的赔偿金。对屡次发生以上错误的出票人,银行应停止其签发支票。

(7) 支票的提示付款期为自出票日起 10 日,超过提示付款期限的,持票人开户行不予受理。

(8) 支票可以背书转让。但出票人在支票上记载不得转让字样和用于支取现金的支票不得转让。

现金支票结算业务的核算已在项目二中做了介绍,以下只对转账支票的核算手续予以介绍。

二、出售支票

客户在向其开户银行购买支票时,应填写一式三联的重要空白凭证领用单,并在第二联上加盖预留银行签章。银行核对填写正确、签章相符后,向客户收取支票工本费和手续费。编制会计分录如下:

> 借:吸收存款——活期存款(领购人户)
> 　　贷:手续费及佣金收入

"手续费及佣金收入"是收入类科目,用以核算商业银行办理代理业务、受托贷款以及投资业务等取得的手续费及佣金。确认手续费及佣金收入时记入贷方,结转手续费及佣金收入时记入借方,年末结转后无余额。

领用单第一联加盖转讫章或现金收讫章及经办人名章,交领购人。同时,银行必须登记重要空白凭证登记簿,注明领用日期、存款人名称、支票起讫号码以备核查。

银行出售支票,原则上每次每个账户只能购买一本,业务量大的可适当放宽。出售的支票应加盖本行行名和存款人账号,单位销户时应将未用完的空白支票填列两联清单,注明支票种类、起止号码,连同空白支票一并交回银行,支票切角作废,清单一联由银行盖章后退交客户,一联作清户凭证附件。

三、受理客户递交的支票

(一)受理收款人递交的支票

1. 收款人与出票人在同一银行机构开户

收款人开户银行收到收款人送交的支票和三联进账单,应按有关规定认真审查:支票内容是否正确、完整,支票的付款期是否有效,印鉴是否相符,大小写金额是否一致,背书是否符合规定等。进账单的格式如表4-1所示。

表4-1　　　　　**中国××银行进账单(贷方凭证)**

年　月　日　　　　　　　　　　　　　第2号

出票人	全称		收款人	全称											此联由收款人开户银行作贷方凭证
	账号			账号											
	开户银行			开户银行											
金额	人民币 (大写)		亿	千	百	十	万	千	百	十	元	角	分		
票据种类		票据张数		会计　　复核　　记账　　制票											
票据号码															
备注:															

审查无误后,在进账单第一联、第三联加盖转讫章,作收账通知交给收款人,将留下的支票作为转账借方传票入账,进账单第二联作为转账贷方传票入账。编制会计分录如下:

借:吸收存款——活期存款(出票人户)
　贷:吸收存款——活期存款(收款人户)

【做中学4-1】中国建设银行南京A支行收到A公司交来的转账支票和进账单,金额为50 000元。支票为在本行开户的南京艾迪科技公司所签发。编制会计分录如下:

借:吸收存款——活期存款(南京艾迪科技公司)　　　50 000
　贷:吸收存款——活期存款(A公司)　　　　　　　　　　50 000

2. 收款人与出票人不在同一银行机构开户

收款人开户银行收到收款人送交的支票和三联进账单,应按有关规定认真审查无误后,将进账单第一联加盖业务公章作为受理回单交给收款人,第二联进账单专夹保管,支票按照票据交换的规定及时提出交换。

(1)提出的支票未发生退票。如果提出的支票超过了规定的时间未退回,第三联进账单加盖转讫章退给收款人,另编转账借方传票,并将第二联进账单作转账贷方传票入账。编制会计分录如下:

借:存放中央银行款项
　贷:吸收存款——活期存款(收款人户)

"存放中央银行款项"是资产类科目,用以核算商业银行存放于中国人民银行的各种款项。增加在中央银行的存款,记入借方;减少在中央银行的存款,记入贷方;期末余额在借方,反映商业银行存放在中央银行的各种款项。

【做中学4-2】中国建设银行南京A支行收到A公司交来的转账支票和进账单,金额10 000元。支票为在中国建设银行南京B支行开户的B公司签发的。向中国建设银行南京B支行提出支票,在规定的时间未被退回。A支行编制会计分录如下:

借:存放中央银行款项　　　　　　　　　10 000
　贷:吸收存款——活期存款(A公司)　　　　　10 000

(2)提出的支票发生退票。如果在规定的时间内,收到出票人开户行电话、传真或网络形式的退票通知,则应编制特种转账贷方传票,将款项记入"其他应付款"科目。编制会计分录如下：

> 借：存放中央银行款项
>   贷：其他应付款——托收票据退票户

待下次交换，收到出票人开户行退回的支票，再编制特种转账借方传票冲销"其他应付款"科目。编制会计分录如下：

> 借：其他应付款——托收票据退票户
>   贷：存放中央银行款项

转账后，收款人开户银行在第二联进账单上注明退票原因并盖章，连同支票一起退还收款人。

（二）受理出票人递交的支票

1. 收款人与出票人在同一银行机构开户

出票人开户银行收到出票人送交的支票和三联进账单，应按上述有关规定认真审查，审查无误后，进账单第一联加盖转讫章，作为回单交给出票人，第三联进账单加盖转讫章，作收账通知交给收款人。编制会计分录如下：

> 借：吸收存款——活期存款（出票人户）
>   贷：吸收存款——活期存款（收款人户）

2. 收款人与出票人不在同一银行机构开户

出票人开户银行收到出票人送交的支票和三联进账单，要求将款项主动划转非本行收款人。银行按规定认真审查无误后，进账单第一联加盖转讫章，作为回单交给出票人，第二联进账单加盖业务公章，连同第三联进账单按照票据交换的规定及时提出交换，留下的支票作为转账借方传票入账。编制会计分录如下：

> 借：吸收存款——活期存款（出票人户）
>   贷：存放中央银行款项

【做中学 4-3】 中国建设银行南京 A 支行收到在本行开户的隆居公司签发的转账支票和进账单，金额 35 000 元，要求将款项划转在中国建设银行南京 C 支行开户的华宝通信有限公司。A 支行编制会计分录如下：

> 借：吸收存款——活期存款（隆居公司）   35 000
>   贷：存放中央银行款项   35 000

四、提入支票或进账单

（一）提入支票

1. 提入的支票无误

出票人开户行收到从他行交换提入的支票，经审查无误不予退票的，支票作转账借方传票，办理转账。编制会计分录如下：

> 借：吸收存款——活期存款（出票人户）
>   贷：存放中央银行款项

【做中学 4-4】中国建设银行南京 A 支行从中国建设银行南京 B 支行交换提入 A 公司签发的转账支票一张，金额 42 000 元，审核无误。编制会计分录如下：

> 借：吸收存款——活期存款（A 公司）   42 000
>   贷：存放中央银行款项   42 000

2. 提入的支票须退票

出票人开户行收到从他行交换提入的支票，经审查，属于退票范围的，则编制特种转账借方传票，登记"其他应收款"科目。编制会计分录如下：

> 借：其他应收款——托收票据退票户
>   贷：存放中央银行款项

待下次交换，将支票退回原提出行，再编制特种转账贷方传票冲销"其他应收款"科目。编制会计分录如下：

> 借：存放中央银行款项
>   贷：其他应收款——托收票据退票户

（二）提入进账单

收款人开户行收到从他行交换提入的第二、第三联进账单，审查无误后，在第二联进账单上加盖转讫章，将第三联进账单作为收款通知，转交收款人，留下第二联进账单作为转账贷方传票入账。编制会计分录如下：

> 借：存放中央银行款项
>   贷：吸收存款——活期存款（收款人户）

【做中学 4-5】中国建设银行南京 A 支行从中国建设银行南京 B 支行交换提入进
账单一张,金额为 8 000 元,系南京锐拓公司划转给本行开户单位 A 公司的账款,审核
无误后,替 A 公司收妥入账。编制会计分录如下:

　　借:存放中央银行款项　　　　　　　　　　　　　　　　　8 000
　　　　贷:吸收存款——活期存款(A 公司)　　　　　　　　　　　　8 000

五、挂失支票

　　支票丢失,失票人应填写两联挂失止付通知书,列明票据丧失的时间、地点、原因,票据
的种类、号码、金额、出票日期、付款日期、付款人名称、收款人名称、挂失止付人的姓名、营业
场所或者住所以及联系方法等,递交出票人开户银行申请挂失止付。如在挂失止付前支票
已经支付,则银行不予受理;如在挂失止付前支票尚未支付,则银行将第一联挂失止付通知
书加盖业务公章作为受理回单交给失票人,第二联挂失止付通知书登记支票挂失登记簿后
专夹保管,并在出票人账首明显处用红笔注明"×年×月×日第×号支票挂失止付"字样,据
以控制付款。另外,银行受理挂失止付要按票面金额收取 1% 但不低于 5 元的手续费。

引例解析

　　答:(1) 支票的便利性。使用支票的便利性主要体现在以下几个方面:一是用途
广泛。对于商品交易、劳务供应、清偿债务、日常消费、缴付公用事业费用等支付行为,
无论金额大小,均可以使用支票。二是携带方便。支票是一种便于携带的纸质凭证,只
占用很小的保管空间,非常适合随身携带。三是结算便捷。支付款项时,无论身处何地,
无论收款人是谁,只需在支票上记载出票日期、金额、收款人名称等事项,并在指定位置签
章,其余的工作全部由银行完成。收款人在收到支票时,可以将支票送交自己的开户银行
委托收款,可以直接到付款人开户银行提示付款,也可以根据需要将支票转让他人。

　　(2) 移动支票的一大优势是即时、灵活。相较于传统支票需要一个工作日才能到
账,移动支票通过互联网,真正实现了即时到账,大大便利了企业交易。另外一大优势
是延期支付。由于大宗货物交易存在一定的货运时间,传统支票 10 天的支付期限对交
易流程造成了一定限制。移动支票通过网络终端可进行延期支付,实现企业客户的货
到付款,为企业的交易安全又上了一道保险。此外,招商银行目前对"移动支票"业务实
行优惠活动,凡该行对公客户使用移动支票办理同城转账或异地汇款、跨行转账或本行
转账,费用全免。

 【工作任务设计 4-1:收款人递交支票业务核算】

【任务描述】

　　中国建设银行南京 A 支行收到 A 公司交来的转账支票和进账单,金额 28 000 元,
要求办理进账。支票为在中国建设银行南京 B 支行开户的大全公司签发的。

中国建设银行南京 A 支行是如何替 A 公司办理进账的？中国建设银行南京 B 支行又是如何替大全公司办理款项划转的？请描述该业务的核算流程，说明各个行、处的核算要点并作出相应的账务处理。

【操作步骤】

根据业务描述，收款人递交支票业务处理流程如图 4-5 所示。

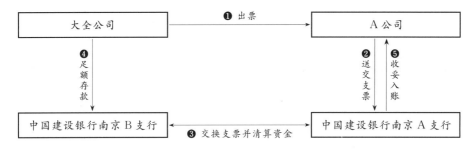

图 4-5　收款人递交支票业务处理流程

第一步：A 支行受理送交的支票，向 B 支行提出支票。

A 支行收到 A 公司送交的支票和三联进账单，按有关规定认真审查无误，将进账单第一联、第三联加盖转讫章交给 A 公司，第二联进账单专夹保管，支票按照票据交换的规定及时提出交换。

第二步：B 支行提入支票，审核无误，办理转账。

B 支行收到从 A 支行交换提入的支票，经审查无误不予退票，支票作转账借方传票，办理转账。编制会计分录如下：

> 借：吸收存款——活期存款（大全公司）　　　　　　　　28 000
> 　贷：存放中央银行款项　　　　　　　　　　　　　　　　28 000

第三步：A 支行收妥入账。

A 支行提出的支票超过了规定的时间未退回，另编转账借方传票，并将第二联进账单做转账贷方传票入账。编制会计分录如下：

> 借：存放中央银行款项　　　　　　　　　　　　　　　　28 000
> 　贷：吸收存款——活期存款（A 公司）　　　　　　　　　28 000

📊【工作任务设计 4-2：出票人递交支票业务核算】

【任务描述】

中国建设银行南京 A 支行收到在本行开户的隆居公司签发的转账支票和进账单，金额35 000元，要求将款项划转在中国建设银行南京 D 支行开户的东博公司。

中国建设银行 A 支行是如何替隆居公司办理款项划转的？中国建设银行南京 D 支行又是如何替东博公司办理进账的？请描述该业务的核算流程，说明各个行、处的核算要点并作出相应的账务处理。

【操作步骤】

根据业务描述，出票人递交支票业务处理流程如图 4-6 所示。

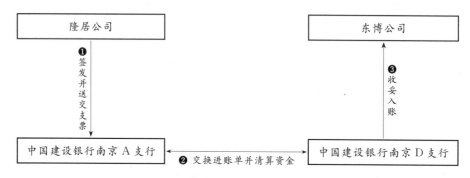

图 4-6　出票人递交支票业务处理流程

第一步：A 支行受理送交的支票，向 D 支行提出进账单。

A 支行收到隆居公司送交的支票和三联进账单，按有关规定认真审查无误，将进账单第一联加盖转讫章，作为回单交给隆居公司，第二联进账单加盖业务公章，连同第三联进账单按照票据交换的规定及时提出交换，留下的支票作为转账借方传票入账。编制会计分录如下：

借：吸收存款——活期存款（隆居公司）　　　　　　　　　　35 000
　　贷：存放中央银行款项　　　　　　　　　　　　　　　　　　　35 000

第二步：D 支行提入进账单，收妥入账。

D 支行收到从 A 支行交换提入的第二、第三联进账单，审查无误后，在第二联进账单上加盖转讫章作为转账贷方传票入账，将第三联进账单作为收款通知，转交东博公司。编制会计分录如下：

借：存放中央银行款项　　　　　　　　　　　　　　　　　　35 000
　　贷：吸收存款——活期存款（东博公司）　　　　　　　　　35 000

想一想　当收款人与出票人不在同一银行机构开户时，收款人开户银行收到收款人递交的支票，为什么不能直接替其办理进账？

任务三　银行本票业务核算

4－1
巧用银
行本票

股市火爆、存款搬家忙,跨行转账、银行本票最省钱

当股市重新走牛时,不少市民又开始忙着存款搬家——把原来存在甲银行的钱转存到证券资金账户所在的乙银行。除了直接提现转存之外,多数市民选择柜台跨行、网银、ATM 机转账。但很多人并不知道,在所有跨行转账方式中,银行本票是最方便最省钱的方式。

在常见的几种存款搬家方式中,最不值得提倡的是提现转存,这种方式不但不安全,数额较大时还得预约(多数银行规定 5 万元以上)。传统的柜台转账不但排队耗时,手续费也是最贵的,多数银行要收取一定的手续费,最低 2 元,最高 50 元。ATM 跨行转账手续费一般是在柜台转账费用的基础上打 9 折,不过 ATM 每日转账金额不可超过 5 万元。相比之下,通过网银跨行转账比较实惠,大多数银行网银跨行转账的手续费只有柜面转账的一半。但网银转账还有一个隐性费用,即安全工具成本费,如动态电子口令卡、ukey。据了解,目前各行的 ukey 收取 50~80 元不等的成本费。手机银行都是免费的,不过现在大多银行的手机银行转账限额在 5 万以内,超过 5 万一般要配置 U 盾,需要考虑 U 盾成本费。

相比而言,银行本票是零手续费。自 2017 年 8 月 1 日起,各商业银行暂停收取本票、汇票的手续费、挂失费、工本费等 6 项收费。而且本票是见票即付的,客户在银行开好本票后,可直接拿本票到省内各银行转账,只要银行收下本票,通过央行的支付系统,几秒钟就可以到账,很方便,也很优惠。

问题:银行本票有哪些优点? 你知道个人如何申请办理银行本票业务吗?

【知识准备】

一、银行本票业务的主要规定

银行本票,是指银行签发的承诺自己在见票时无条件支付确定的金额给收款人或者持票人的票据。银行本票由银行签发,保证兑付,而且见票即付,信用高,支付能力强,特别适用于对付款人信用不了解不宜使用支票的商品交易。

单位和个人在同一票据交换区域需要支付各种款项时,均可以使用银行本票。

银行本票的主要规定有以下几条:

(1) 银行本票的出票人,为经中国人民银行当地分支行批准办理银行本票业务的银行机构。

(2) 签发银行本票必须记载下列事项:表明"银行本票"的字样、无条件支付的承诺、确定的金额、收款人名称、出票日期、出票人签章。欠缺记载上列事项之一的,银行本票无效。

(3) 银行本票可以用于转账,注明"现金"字样的银行本票可以用于支取现金。但现金银行本票的签发,只限申请人和收款人均为个人的客户。银行不得为单位签发现金本票。

（4）银行本票的提示付款期限自出票日起，最长不超过 2 个月。逾期的银行本票，代理付款人不予受理，持票人在票据权利时效内向出票银行作出说明，并提供本人身份证或单位证明，可持银行本票向出票银行请求付款。

（5）银行本票见票即付，但注明"现金"字样的银行本票持票人只能到出票银行支取现金。

（6）收款人可以将银行本票背书转让给被背书人，但填明"现金"字样的银行本票不得背书转让。

（7）银行本票丧失，失票人可以凭人民法院出具的其享有票据权利的证明，向出票银行请求付款或退款。

（8）跨系统银行本票的兑付，持票人开户行可根据中国人民银行规定按金融机构同业往来利率向出票银行收取利息。

（9）根据《中国人民银行关于调整票据、结算凭证种类和格式的通知》最新规定，定额本票与不定额本票合并为本票（不定额）后，有关本票的会计核算手续统一比照不定额本票的会计核算手续进行调整。

二、签发银行本票

（一）受理申请

申请人使用银行本票，应向银行填写"银行本票申请书"，填写收款人名称、申请人名称、支付金额、申请日期等事项并签章。申请人和收款人均为个人申请签发用于支取现金的银行本票时，应在申请书的"支付金额"栏先填写"现金"字样，后填写支付金额。

银行本票申请书一式三联，第一联存根，第二联借方凭证，第三联贷方凭证。申请人留下第一联存根入账，将第二、第三联提交银行，若以现金签发的，应提交申请书第三联连同现款交出票行。其格式如图 4-7 所示。

中国××银行汇（本）票申请书

币别：　　　　　　　　　　年　月　日　　　　　　　　　第　号

业务类型	□银行汇票　□银行本票		付款方式											
申请人			收款人											
账　号			账　号											
用　途			代理付款行											
金额	（大写）			亿	千	百	十	万	千	百	十	元	角	分
	客户签章													

会计主管　　　　　授权　　　　　复核　　　　　录入

图 4-7　银行本票申请书

银行受理申请人提交的第二、第三联申请书时,应认真审查其填写的内容是否齐全、清晰;申请书填明"现金"字样的,申请人和收款人是否均为个人。

(二) 收款

银行本票申请书经审查无误后,出票行收妥款项。

对于转账交付的,以申请书第二联作借方传票,第三联作贷方传票,办理转账。编制会计分录如下:

借:吸收存款——活期存款(申请人户)
　贷:开出本票

对于现金交付的,以第三联作为贷方传票,编制会计分录如下:

借:库存现金
　贷:开出本票

"开出本票"是负债类科目,用以核算银行签发本票所吸收的款项。银行签发银行本票时,记入贷方;银行兑付本票以及向中央银行清算资金时,记入借方;期末余额在贷方,表示银行已签发的尚未兑付的本票。

【做中学4-6】中国建设银行南京F支行收到开户单位联众公司交来的"银行本票申请书",申请签发银行本票80 000元,审核无误,款项从其存款户收取,当即签发本票交付该公司。编制会计分录如下:

借:吸收存款——活期存款(联众公司)　　　　　　　80 000
　贷:开出本票　　　　　　　　　　　　　　　　　　　80 000

(三) 签发

出票行在办理转账和收取现金以后,签发银行本票。本票凭证一式两联,第一联卡片,第二联本票。银行本票的票样如图4-8所示。

填写的本票经复核无误后,在本票第二联上加盖本票专用章并由授权的经办人签名或盖章,签章必须清晰,用压数机压印小写金额后交给申请人。第一联卡片上加盖经办、复核名章后留存,专夹保管。

三、受理客户递交的银行本票

(一) 受理本行签发的银行本票

出票行接到收款人交来的注明"现金"字样的本票时,抽出专夹保管的本票卡片核对,如相符,确属本行签发,还必须认真审查本票上填写的申请人和收款人是否均为个人,核验收款人身份证件,并留复印件备查。经审核无误后,办理付款。本票作借方传票,本票卡片作附件。编制会计分录如下:

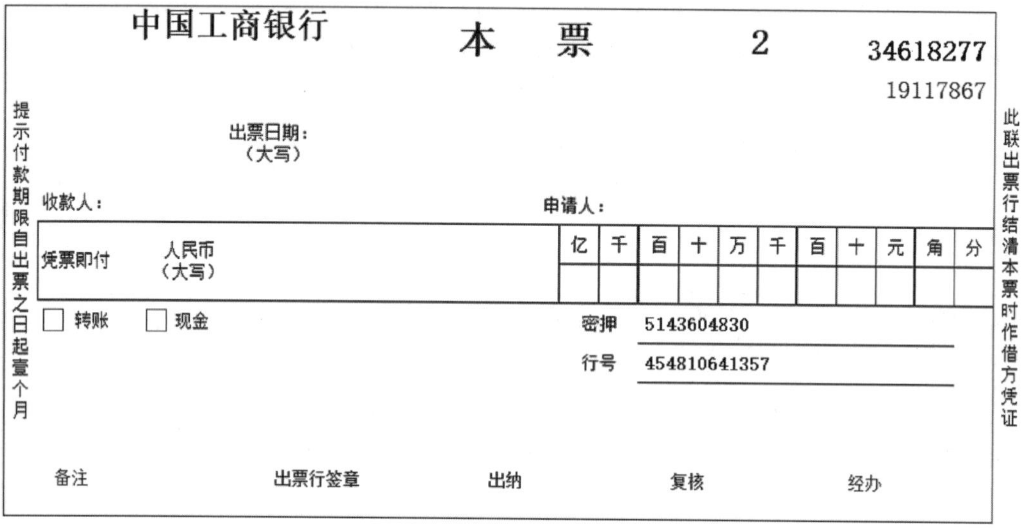

中国工商银行　　本　票　　2　　34618277
19117867

提示付款期限自出票之日起壹个月

出票日期：
（大写）

收款人：　　申请人：

凭票即付	人民币（大写）	亿	千	百	十	万	千	百	十	元	角	分

□ 转账　□ 现金

密押　5143604830
行号　454810641357

此联出票行结清本票时作借方凭证

备注　出票行签章　出纳　复核　经办

图 4－8　银行本票

借：开出本票
　　贷：库存现金

出票行接到在本行开户的持票人交来转账银行本票及进账单时，按上述要求认真审核无误后，将本票作借方传票，本票卡片作附件，进账单第二联作贷方传票，办理转账。进账单第一联、第三联加盖转讫章，作收账通知交给持票人。编制会计分录如下：

借：开出本票
　　贷：吸收存款——活期存款(持票人户)

【做中学 4－7】 中国建设银行南京 A 支行收到居民李某交来的本行签发的现金银行本票，金额为 55 000 元，审查无误后，办理付款。编制会计分录如下：

借：开出本票　　55 000
　　贷：库存现金　　55 000

（二）受理他行签发的银行本票

代理付款行接到在本行开户的持票人交来的本票和三联进账单时，应认真审查银行本票是否真实、是否超过提示付款期限、不定额本票是否有统一制作的压数机压印金额、压印金额与大写出票金额是否一致、与进账单上内容是否相符等有关规定内容。经审查无误后，将进账单第一联、第三联加盖转讫章作收账通知交给持票人；本票加盖转讫章，通过票据交换向出票行提出交换；进账单第二联作贷方传票，办理转账。编制会计分录如下：

```
借:存放中央银行款项
    贷:吸收存款——活期存款(持票人户)
```

【做中学 4-8】中国建设银行南京 A 支行收到 A 公司交来的银行本票和进账单。银行本票系本市交通银行签发的,金额为 90 000 元,审查无误后,办理转账。编制会计分录如下:

```
借:存放中央银行款项                              90 000
    贷:吸收存款——活期存款(A 公司)                     90 000
```

四、提入银行本票

出票行收到票据交换提入的银行本票时,抽出专夹保管的银行本票卡片,经核对相符,属于本行出票,以银行本票作借方传票,银行本票卡片作附件,办理转账。编制会计分录如下:

```
借:开出本票
    贷:存放中央银行款项
```

【做中学 4-9】中国建设银行南京 A 支行从本市招商银行城西支行交换提入本行签发的本票 1 张,金额为 60 000 元,审查无误后,编制会计分录如下:

```
借:开出本票                                    60 000
    贷:存放中央银行款项                               60 000
```

引例解析

答:1. 银行本票的优点

(1)资金即时到账。银行本票实行见票即付制度,银行即时将银行本票资金转入客户账户或为客户提取现金,即使是跨行转账,也可以即时实现"票款两清",更便于各种款项的支付结算。

(2)人身、资金双保险。由于银行本票采取了新型的安全防伪机制,增强了银行本票的安全性,客户资金结算更加安全。客户使用银行本票业务,还可以避免"现金大搬家"带来的资金紧张与不便,而且还能杜绝假钞,万一遗失还可以通过挂失等方式挽回损失,更为重要的是客户的人身安全也得到了保障。

(3)无手续费和工本费。自 2017 年 8 月 1 日起,各商业银行暂停收取本票、汇票的手续费、挂失费、工本费等 6 项收费。

(4)信用度高。银行本票以银行信用作为保证,银行凭票付款,款项收取有保证。

(5)收款时间灵活。银行本票提示付款期限为自出票之日起 2 个月,持票人可以灵活掌握款项结算时间。

2. 个人办理银行本票的手续和注意事项

银行本票的办理比较简单。市民申请银行本票,只需带自己的身份证、借记卡和存折就可以办理。只要借记卡或存折账面有足够余额,可以在此范围内开出大额资金,上不封顶。银行本票分现金本票和转账本票两种。客户在填单时应注意此细节,银行本票上会标有"转账"和"现金"字样。如果客户没有标明,出票行将统一作"转账"本票处理。

由于本票大多是在对公窗口办理,因此个人客户还可省去大量的排队时间。不过,银行本票业务的办理时间一般与对公业务相同,周六周日不办理。此外,有少数银行的个人本票办理窗口也有所不同,如中国银行浙江省分行的个人本票就在对私柜台办理,兴业银行杭州分行则在现金柜台办理。

【工作任务设计 4-3:银行本票业务核算】

【任务描述】

南京欣城工厂向 A 公司购买货物一批,合同约定用本票结算。欣城工厂向开户银行招商银行南京城南支行申请签发银行本票一张,金额为 100 000 元,交付 A 公司。

A 公司将银行本票和填写的进账单交开户银行中国建设银行南京 B 支行办理进账。

中国建设银行南京 B 支行是如何替 A 公司办理进账的?请描述该业务的核算流程,说明各个行、处的核算要点并作出相应的账务处理。

【操作步骤】

根据业务描述,银行本票业务处理流程如图 4-9 所示。

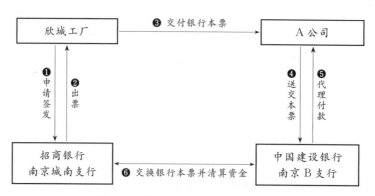

图 4-9　银行本票业务处理流程

第一步:招商银行南京城南支行签发银行本票。

招商银行南京城南支行收到欣城工厂提交的银行本票申请书,经审查无误后,收妥款项,签发银行本票,以申请书第二联作借方传票,第三联作贷方传票,办理转账。编制会计分录如下:

借：吸收存款——活期存款（欣城工厂）　　　　　　　100 000
　　贷：开出本票　　　　　　　　　　　　　　　　　　　　　100 000

第二步：中国建设银行南京 B 支行代理付款，向招商银行南京城南支行提出本票。

中国建设银行南京 B 支行收到 A 公司交来的本票和三联进账单，审查无误后，进账单第一联、第三联加盖转讫章作收账通知交给 A 公司，进账单第二联作贷方传票，办理转账。编制会计分录如下：

借：存放中央银行款项　　　　　　　　　　　　　　　　100 000
　　贷：吸收存款——活期存款（A 公司）　　　　　　　　　100 000

本票加盖转讫章，通过票据交换向招商银行南京城南支行提出交换。

第三步：招商银行南京城南支行提入银行本票。

招商银行南京城南支行收到票据交换提入的本票时，抽出专夹保管的本票卡片，经核对相符，属于本行出票，以本票作借方传票，本票卡片作附件，办理转账。编制会计分录如下：

借：开出本票　　　　　　　　　　　　　　　　　　　　100 000
　　贷：存放中央银行款项　　　　　　　　　　　　　　　　100 000

4

想一想　为什么出票银行在签发本票前要向申请人收取款项？

任务四　银行汇票业务核算

引　例

小额支付系统银行汇票业务上线运行

记者从中国人民银行合肥中心支行了解到，小额支付系统华东三省一市银行汇票业务 2008 年 12 月 1 日在江苏、浙江、安徽、上海地区正式上线运行。客户拿着银行汇票，在这四个地区以直联方式加入小额支付系统的各银行业金融机构都可以兑付。

江、浙、沪、皖四地 126 家总、分行级银行业金融机构所辖的近万个银行网点将同时开办该项业务，为区域内数百万家企事业单位的异地跨行票据结算提供更为安全、高效的华东三省一市银行汇票签发、兑付服务。

初步估计，小额支付系统华东三省一市银行汇票业务上线后，每年至少可加快 2 000

亿元资金在"泛长三角"地区内的周转、流动,极大地提高区域内银行和企业的资金使用效益。

同时,改变了原来华东三省一市银行汇票直接签发行仅限于工、农、中、建、交五大行的情况,进一步畅通了中小金融机构汇路,尤其增强了农村商业银行、农村信用合作社等农村地区银行业金融机构的支付结算服务能力。

问题:与其他票据结算方式相比,银行汇票结算方式有哪些特点?

【知识准备】

一、银行汇票业务的主要规定

银行汇票,是出票银行签发的,由其在见票时按照实际结算金额无条件支付给收款人或者持票人的票据。银行汇票的适用范围广泛,单位和个人各种款项结算,均可使用银行汇票。

银行汇票的主要规定有以下几条:

(1) 银行汇票的出票人,为经中国人民银行当地分支行批准办理银行汇票业务的银行机构。银行汇票的出票银行为银行汇票的付款人。

(2) 签发银行汇票必须记载下列事项:表明"银行汇票"的字样、无条件支付的承诺、出票金额、收款人名称、付款人名称、出票日期、出票人签章。欠缺记载上列事项之一的,银行汇票无效。

(3) 银行汇票可用于转账,注明"现金"字样的银行汇票也可以用于支取现金。但现金银行汇票的签发,只限申请人和收款人均为个人的客户。银行不得为单位签发现金汇票。

(4) 银行汇票的提示付款期限自出票日起1个月。持票人超过提示付款期限提示付款的,代理付款人不予受理,但持票人在票据权利时效内(自出票日起2年)向出票行作出说明,并提供本人身份证件或单位证明,持银行汇票和解讫通知可以向出票银行请求付款。

(5) 银行汇票的出票金额(含实际结算金额)、出票日期和收款人名称不得更改,更改的票据无效。

(6) 银行汇票可以背书转让,但填明"现金"字样的银行汇票不得背书转让。银行汇票的转让背书应当连续,并以不超过实际结算金额为准。未填写实际结算金额或实际结算金额超过出票金额的银行汇票不得背书转让。

(7) 银行汇票转账付款的,不得转入储蓄和信用卡账户。

(8) 代理付款银行不得受理未在本行开立存款账户的持票人为单位直接提交的银行汇票。

(9) 银行汇票的实际结算金额低于出票金额的,其多余金额由出票银行退交申请人。

(10) 银行汇票丧失,失票人可以凭人民法院出具的其享有票据权利的证明,向出票银行请求付款或退款。

二、签发银行汇票

(一) 受理申请,收妥款项

申请人使用银行汇票,应向银行填写"银行汇票申请书"。银行汇票申请书的填写与审核要点同前述的银行本票。银行汇票申请书经审查无误后,出票行收妥款项。

对于转账交付的，以申请书第二联作为借方传票，第三联作为贷方传票，办理转账。编制会计分录如下：

> 借：吸收存款——活期存款（申请人户）
> 　贷：汇出汇款

对于现金交付的，以第三联作为贷方传票，编制会计分录如下：

> 借：库存现金
> 　贷：汇出汇款

“汇出汇款”是负债类科目，用以核算银行受单位或个人委托汇往异地的款项。银行受理委托人的汇出款项时，记入贷方；汇入银行将款项已经解付，将汇票划回时，记入借方；期末余额在贷方，表示尚未划回汇票的数额。

> **【做中学 4-10】** 中国建设银行南京C支行收到开户单位科盛公司交来的“银行汇票申请书”，申请签发银行汇票50 000元。经审核无误，款项从其存款户收取，当即签发银行汇票交付该公司。编制会计分录如下：
>
> 借：吸收存款——活期存款（科盛公司）　　50 000
> 　贷：汇出汇款　　50 000

（二）签发

出票行在办理转账和收取现金以后，签发银行汇票。部分银行汇票一式两联，第一联卡片，第二联汇票，其他为一式四联。第四联汇票多余款收账通知联如图 4-10 所示。

× × 银 行

银行汇票（多余款收账通知）　　**4**　　汇票号码

出票日期（大写）　　年　　月　　日

提示付款期限自出票之日起壹个月

收款人：

出票金额　人民币（大写）

实际结算金额　人民币（大写）

亿	千	百	十	万	千	百	十	元	角	分

申请人：________　　账号：________

出票行：________　行号：________

备　注：________

出票行签章

年　　月　　日

密押：

多余金额										左列退回多余金额已收入你账户内。
千	百	十	万	千	百	十	元	角	分	

此联出票行结清多余款后交申请人

图 4-10　银行汇票第四联（多余款收账通知联）

出票行填写银行汇票应遵循下列规定：汇票的出票日期和出票金额必须大写，小写金额可使用压数机压印、计算机打印或手工填写方式记载在"人民币（大写）"栏右端；如果填写错误应将银行汇票作废；签发银行汇票一律不填写代理付款行名称；签发现金银行汇票时，须在两联汇票的"出票金额人民币（大写）"之后紧接着填写"现金"字样，再填写出票金额；出票银行加编不超过 20 位的银行汇票密押，密押记载在"密押"栏内；申请书的备注栏内注明"不得转让"字样的，应在汇票正面的"备注"栏内注明。委托他行代理清算的，应在汇票正面加盖"请划付××银行××支行×××××"戳记（×××××为代理清算行的 12 位支付系统行号）。

填写的银行汇票经复核无误后，在第二联汇票上加盖汇票专用章并由授权的经办人签名或盖章，签章必须清晰，然后将第二联汇票交给申请人。

三、受理客户递交的银行汇票

（一）受理在本行开户的单位递交的本系统银行汇票

代理付款行接到在本行开户的单位交来的银行汇票和三联进账单时，应认真审查汇票是否是按统一规定印制的凭证，汇票是否真实，是否超过提示付款期限；汇票填明的持票人是否在本行开户，持票人名称是否为该持票人，与进账单上的名称是否相符；出票行的签章是否符合规定，加盖的汇票专用章是否与印模相符；汇票密押是否正确；压数机压印的金额是否由统一制作的压数机压印，与大写的出票金额是否一致；汇票的实际结算金额大小写是否一致，是否在出票金额以内，与进账单所填金额是否一致，多余金额结计是否正确；汇票必须记载的事项是否齐全，出票金额、实际结算金额、出票日期、收款人名称是否更改，其他记载事项的更改是否由原记载人签章证明；持票人是否在汇票背面"持票人向银行提示付款签章"处签章，背书转让的汇票是否按规定的范围转让，其背书是否连续，背书使用的粘单是否按规定在粘接处签章等内容。

经审查无误，并通过行内系统或小额支付系统核对汇票信息成功后，银行汇票作借方凭证附件，第二联进账单作贷方凭证，按照实际结算金额办理转账。第三联进账单上加盖转讫章作收账通知连同第一联进账单交给持票人，然后通过行内系统或大小额支付系统办理汇票的资金清算。编制会计分录如下：

借：清算资金往来——辖内往来
　　贷：吸收存款——活期存款（持票人户）

【做中学 4-11】中国建设银行南京 C 支行收到东和工厂交来的进账单和由中国建设银行温州某支行签发的银行汇票，银行汇票出票金额为 80 000 元，进账单金额和银行汇票实际结算金额均为 68 000 元。审核无误，办理转账。编制会计分录如下：

借：清算资金往来——辖内往来　　　　　　　　　　　　68 000
　　贷：吸收存款——活期存款（东和工厂）　　　　　　　68 000

（二）受理未在本行开户的个人递交的本系统银行汇票

代理付款行接到未在本行开户的个人交来的汇票及三联进账单时，除了认真审查上述规定的内容外，还必须审查持票人的身份证件，在汇票背面"持票人向银行提示付款签章"处是否有持票人的签章和证明身份的证件名称、号码及发证机关，并要求提交持票人身份证件复印件留存备查。审查无误后，为持票人开立应解汇款账户，并在该分户账上填明汇票号码，以备查考。

经审查无误后，第一联、第三联进账单上加盖转讫章，作收账通知交给持票人。第二联进账单作转账贷方传票，办理转账。编制会计分录如下：

借：清算资金往来——辖内往来
　贷：应解汇款——持票人户

"应解汇款"是负债类科目，用以核算银行汇款业务收到的待解付的款项以及异地采购单位或个人临时性存款和其他临时性存款。异地汇入待解付和临时性存入款项时，记入贷方；将汇入款项解付收款人，或应收款人要求将款项退汇或转汇时，记入借方；期末余额在贷方，表示尚待解付的款项。该账户只付不收、付完清户，不计付利息。

原持票人需要一次或分次办理转账支付的，应由其填制支付凭证，并向银行交验本人身份证件，编制会计分录如下：

借：应解汇款——持票人户
　贷：吸收存款——活期存款（××户）
　　（或存放中央银行款项）

原持票人需要支取现金的，代理付款行经审查汇票上填写的申请人和收款人确为个人并按规定填明"现金"字样的，可办理现金支付手续；未填明"现金"字样，需要支取现金的，由代理付款行按照现金管理规定审查支付。编制会计分录如下：

借：应解汇款——持票人户
　贷：库存现金

原持票人需要办理转汇时，在办理解付后，可以委托兑付银行办理信、电汇结算或重新签发银行汇票，但转汇的银行汇票必须全额解付。

【做中学 4-12】中国建设银行南京 C 支行收到未在本行开户的王红交来的进账单和由中国建设银行无锡城中支行签发的现金银行汇票，银行汇票出票金额为 35 000 元，进账单金额和银行汇票实际结算金额也为 35 000 元。审核无误，办理现金支付。编制会计分录为：

借：清算资金往来——辖内往来　　　　　　　　　　　35 000
　贷：应解汇款——王红　　　　　　　　　　　　　　　　35 000
借：应解汇款——王红　　　　　　　　　　　　　　35 000
　贷：库存现金　　　　　　　　　　　　　　　　　　　35 000

（三）受理客户递交的跨系统银行汇票

代理付款行接到客户交来的跨系统银行汇票和三联进账单时，应按上述有关要求进行审查。经审查无误后，代理付款行应将银行汇票信息录入计算机系统，电子信息通过小额支付系统发送至出票银行（或代理清算行）进行确认，收到确认成功信息并打印业务回执后方可办理银行汇票解付手续，进行账务处理。将第三联进账单加盖转讫章作收账通知连同第一联进账单交给持票人。银行汇票由记账、复核人签章并记载兑付日期后，与打印的业务回执一起作为代理付款行银行汇票科目凭证附件，第二联进账单作贷方凭证。编制会计分录如下：

> 借：清算资金往来
> 　贷：吸收存款——活期存款（持票人户）
> 　　　（或应解汇款——持票人户）

四、结清银行汇票

当出票银行收到行内系统或小额支付系统发来的解付银行汇票电子信息时，出票银行将该信息与行内业务处理系统中存储的银行汇票信息进行自动核对，经系统确认无误后发回应答信息。出票银行经核对相符，确属本行出票的，打印一式两联业务回单，同时销记行内业务处理系统中的银行汇票信息。然后区分以下情况进行后续账务处理。

（一）全额付款

银行汇票全额付款，应在卡片的实际结算金额栏填写全部金额，卡片作借方凭证，两联业务回单作借方凭证的附件，办理转账，同时销记汇出汇款账。编制会计分录如下：

> 借：汇出汇款
> 　贷：清算资金往来

【做中学 4-13】中国建设银行南京 C 支行收到小额支付系统发来的解付银行汇票电子信息，银行汇票出票金额为 60 000 元，实际结算金额也为 60 000 元，中国建设银行无锡城中支行已代理付款，审核无误，办理转账。编制会计分录如下：

> 借：汇出汇款 　　　　　　　　　　　　　　　　　　　　　　　60 000
> 　贷：清算资金往来——辖内往来 　　　　　　　　　　　　　　　60 000

（二）退回多余款

1. 申请人在银行开立账户

汇票有多余款的，应退还至申请人账中。在卡片上填写实际结算金额，卡片作借方凭证，一联业务回单作多余款贷方凭证。编制会计分录如下：

借：汇出汇款
　　贷：清算资金往来
　　　　吸收存款——活期存款（申请人户）

同时销记汇出汇款账，在另一联业务回单上加盖转讫章，通知申请人。

【做中学 4-14】 中国建设银行南京 C 支行收到小额支付系统发来的解付银行汇票电子信息，银行汇票出票金额为 50 000 元，实际结算金额为 43 000 元，中国建设银行苏州长桥支行已代理付款，审核无误，将多余金额 7 000 元退回汇票申请人科盛公司，编制会计分录如下：

借：汇出汇款　　　　　　　　　　　　　　　　　　　　50 000
　　贷：清算资金往来——辖内往来　　　　　　　　　　43 000
　　　　吸收存款——活期存款（科盛公司）　　　　　　　7 000

2. 申请人未在银行开立账户

申请人未在银行开立账户，多余款金额应先转入"其他应付款"科目，卡片作借方凭证，一联业务回单作"其他应付款"科目贷方凭证。编制会计分录如下：

借：汇出汇款
　　贷：清算资金往来
　　　　其他应付款——申请人户

同时销记汇出汇款账，并通知申请人持申请书存根及本人身份证件来行办理领取手续。申请人遗失申请书存根的应出具书面证明和本人身份证件原件和复印件，出票银行应留存其身份证复印件。领取时，以另一联业务回单代"其他应付款"科目借方凭证。编制会计分录如下：

借：其他应付款——申请人户
　　贷：库存现金

引例解析

答：与其他票据结算方式相比，银行汇票结算方式具有如下特点：

（1）适用范围广。银行汇票是目前异地结算中较为广泛采用的一种结算方式。这种结算方式不仅适用于在银行开户的单位、个体经营户和个人，而且适用于未在银行开立账户的个体经营户和个人。

（2）票随人走，钱货两清。实行银行汇票结算，购货单位交款，银行开票，票随人走；购货单位购货给票，销售单位验票发货，银行见票付款，这样可以减少结算环节，缩短结算时间。

（3）信用度高，安全可靠。银行汇票是银行在收到汇款人款项后签发的支付凭证，因而具有较高的信誉,银行保证支付。收款人持有票据,可以安全、及时地到银行支取款项。一旦汇票丢失,如果确属现金汇票,汇款人可以向银行办理挂失,填明收款单位和个人,银行可以协助防止款项被他人冒领。

(4) 使用灵活,适应性强。实行银行汇票结算,持票人可以将汇票背书转让给销货单位,也可以通过银行办理分次支取或转让,另外还可以使用信汇、电汇或重新办理汇票转汇款项,因而有利于购货单位在市场上灵活地采购物资。

(5) 结算准确,余款自动退回。单位持银行汇票购货,凡在汇票的汇款金额之内的,可根据实际采购金额办理支付,多余款项将由银行自动退回。这样可以有效地防止交易尾欠的发生。

📊 【工作任务设计 4-4：银行汇票业务核算】

【任务描述】

A 公司向开户银行中国建设银行南京 A 支行申请签发了银行汇票一张,金额100 000 元。A 公司在 B 集团购买商品一批,价值 77 500 元,将银行汇票填写实际结算金额后交付 B 集团。B 集团将银行汇票和填写的进账单交其开户银行中国工商银行无锡 B 支行办理进账。

中国工商银行无锡 B 支行是如何替无锡 B 集团办理进账的? 请描述该业务的核算流程,说明各个行、处的核算要点并作出相应的账务处理。

【操作步骤】

根据业务描述,银行汇票业务处理流程如图 4-11 所示。

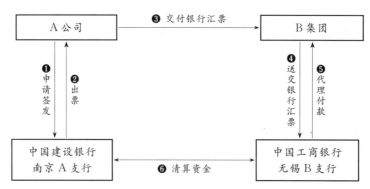

图 4-11　银行汇票业务处理流程

第一步:中国建设银行南京 A 支行签发银行汇票。

中国建设银行南京 A 支行收到 A 公司提交的银行汇票申请书,经审查无误后,收妥款项,签发银行汇票,以申请书第二联作借方传票,第三联作贷方传票,办理转账。编制会计分类如下:

借:吸收存款——活期存款(A 公司)　　　　　　　　　　100 000
　　贷:汇出汇款　　　　　　　　　　　　　　　　　　　　　　100 000

第二步：中国工商银行无锡 B 支行受理送交的银行汇票，代理付款。

中国工商银行无锡 B 支行接到 B 集团交来的银行汇票和三联进账单，经审查无误后，将银行汇票信息录入计算机系统，电子信息通过小额支付系统发送至中国建设银行南京 A 支行进行确认，收到确认成功信息并打印业务回执后办理银行汇票解付手续。将第三联进账单加盖转讫章作收账通知连同第一联进账单交给 B 集团，第二联进账单作贷方凭证，银行汇票与打印的业务回执作为借方凭证附件。编制会计分录如下：

```
借：清算资金往来                         77 500
    贷：吸收存款——活期存款(B 集团)              77 500
```

第三步：中国建设银行南京 A 支行结清银行汇票。

中国建设银行南京 A 支行收到小额支付系统发来的解付银行汇票电子信息，核对无误后发回应答信息，打印一式两联业务回单，一联业务回单上加盖转讫章，通知 A 公司，另一联业务回单作多余款贷方凭证，汇票卡片联作借方凭证，将多余款退还至 A 公司账上。编制会计分录如下：

```
借：汇出汇款                           100 000
    贷：清算资金往来                          77 500
        吸收存款——活期存款(A 公司)             22 500
```

4

> **想一想**　银行汇票和其他票据最大的不同在何处？

任务五　商业汇票业务核算

引　例

电子商业汇票系统业务增长迅猛

商业汇票既是企业融资又是服务实体经济的重要渠道，自 2009 年中国人民银行上线电子商业汇票系统以来，电子商业汇票交易实现了快速发展，出票笔数及金额均稳定增长。2016 年 9 月，中国人民银行下发了《关于规范和促进电子商业汇票业务发展的通知》，明确自 2018 年 1 月 1 日起，单张票面金额在 100 万元以上的票据全部通过电票办理，各金融机构的电票业务占比应达到 80% 以上。2020 年，全国电子商业汇票系统出票 2 229.75 万笔，金额 21.36 万亿元，同比分别增长 12.04% 和 9.56%；承兑 2 270.94 万笔，金额 21.86 万亿元，同比分别增长 11.85% 和 9.54%；贴现 724.44 万笔，金额 13.38 万亿元，同比分别增长 6.97% 和 8.08%；转贴现 1 033.37 万笔，金额 44.10 万亿元,同比分别增长 23.30% 和 13.80%。质押式回购 212.61 万笔,金额 19.54 万亿元,同比分别增长 92.35% 和 62.69%。

电票时代虽然省去了许多纸质商业汇票的操作流程,提高了商业汇票的流转效率,但是在实际使用过程中仍然不可避免地会出现买卖合同纠纷、票据纠纷、票据追索权等民事纠纷和刑事犯罪行为。数据显示,2014—2019 年,中国电子商业汇票相关判决书数量持续增加。其中,2019 年,基层法院电子商业汇票相关判决书达到 1 196 份,比上一年同期翻一倍多。截至 2020 年 9 月 23 日,基层法院电子商票相关判决书 367 份,其中纠纷点主要是票据的追索权。

问题:电子商业汇票相对于传统的纸质商业汇票有何优点? 你知道如何申请开具电子商业汇票吗?

【知识准备】

一、商业汇票业务的主要规定

商业汇票,是出票人签发的,委托付款人在指定日期无条件支付确定的金额给收款人或者持票人的票据。商业汇票分为商业承兑汇票和银行承兑汇票。商业承兑汇票由银行以外的付款人承兑;银行承兑汇票由银行承兑。商业汇票的付款人为承兑人。

在银行开立存款账户的法人以及其他组织之间,必须具有真实的交易关系或债权债务关系才能使用商业汇票。商业汇票同城和异地均能使用。

商业汇票的主要规定有以下几条:

(1)商业承兑汇票的出票人,为在银行开立存款账户的法人以及其他组织,与付款人具有真实的委托付款关系,具有支付汇票金额的可靠资金来源。银行承兑汇票的出票人必须具备三个条件:一是在承兑银行开立存款账户的法人以及其他组织;二是与承兑银行具有真实的委托付款关系;三是资信状况良好,具有支付汇票金额的可靠资金来源。

(2)出票人不得签发无对价的商业汇票用以骗取银行或其他票据当事人的资金。

(3)签发商业汇票必须记载的事项有:表明"商业承兑汇票"或"银行承兑汇票"的字样、无条件支付的委托、确定的金额、付款人名称、收款人名称、出票日期、出票人签章。

(4)商业承兑汇票可以由付款人签发并承兑,也可以由收款人签发交由付款人承兑。银行承兑汇票应由在承兑银行开立存款账户的存款人签发,银行承兑汇票出票人在出票后向承兑银行申请承兑后使用。

(5)商业汇票的承兑银行,必须具备三个条件:与出票人具有真实的委托付款关系;具有支付汇票金额的可靠资金;内部管理完善,经其法人授权的银行审定。承兑时,承兑行应按票面金额的万分之五向出票人收取手续费。

(6)商业汇票的期限,最长不超过 6 个月。电子商业汇票期限最长不超过 12 个月。

(7)商业汇票的提示付款期限,自汇票到期日起 10 日。持票人在提示付款期限内可以通过开户银行委托收款,也可以直接向付款人提示付款。对异地委托收款的,持票人可匡算邮程,提前通过开户银行委托收款。持票人超过提示付款期限提示付款的,持票人开户银行不予受理。

(8)商业汇票允许贴现,并允许背书转让。

(9)银行承兑汇票的出票人应于汇票到期前将票款足额交存其开户银行。未能足额交付票款时,承兑银行除凭票向持票人无条件付款外,对出票人尚未支付的汇票金额按照每天万分之五计收利息。

二、核算银行承兑汇票

交易双方签发银行承兑汇票前,由出票人(购货方)向其开户银行提交"银行承兑汇票申请审批书",银行信贷部门负责按有关规定和审批程序,对出票人的资格、资信、购销合同等进行认真审核,必要时由出票人提供担保,经银行审查同意承兑,方可填制银行承兑汇票。银行承兑汇票一式三联:第一联卡片,由承兑行留存备查;第二联汇票,由持票人保管;第三联存根,由出票人存查。其式样如图 4 - 12 所示。

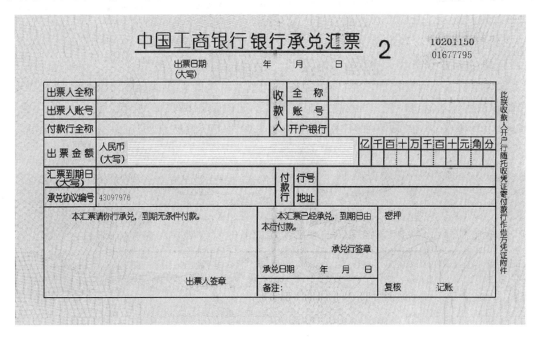

图 4 - 12 银行承兑汇票

(一)承兑银行承兑汇票

出票人或持票人持第一、第二联银行承兑汇票向汇票上记载的付款银行提示承兑时,承兑银行审核无误后,与出票人签署一式三联的银行承兑协议,一联留存,另一联及副本和两联汇票一起交本行会计部门。

会计部门收到后,按规定审核:汇票记载事项是否齐全、正确;出票人签章是否符合规定;出票人是否在本行开户、保证金是否转入专户管理等。审核无误后,在第二、第三联汇票上注明承兑协议编号,并在第二联汇票"承兑人签章"处加盖汇票专用章并由授权的经办人签章。由出票人申请承兑的,将第二联汇票连同一联承兑协议交给出票人;由持票人提示承兑的,将第二联汇票交给持票人,一联承兑协议交给出票人。同时按票面金额向出票人收取万分之五的手续费。编制会计分录如下:

借:吸收存款——活期存款(出票人户)
　　贷:手续费及佣金收入

此外,承兑银行还要根据汇票卡片(第一联)填制"银行承兑汇票"表外科目收入传票,登记表外科目登记簿,记录收入:银行承兑汇票。将汇票卡片和承兑协议副本专夹保管。对银行承兑汇票登记簿的余额要经常与保存的汇票卡片(第一联)进行核对,以保证金额相符。

【做中学 4-15】中国建设银行南京 A 支行收到出票人 A 公司交来的付款期限为 1 个月的银行承兑汇票 50 000 元,申请承兑。银行审核无误后,签署承兑协议,按票面金额向 A 公司收取万分之五的手续费,编制会计分录如下:

借:吸收存款——活期存款(A公司)　　　　　　　　　　　　　25

　　贷:手续费及佣金收入　　　　　　　　　　　　　　　　　　　25

(二)到期收取汇票款

1. 出票人账户有款支付

承兑银行因留有汇票和承兑协议,故应每天查看汇票的到期情况。对于到期的汇票,应于到期日(法定节假日顺延)向出票人收取票款。届时填制两联特种转账借方传票,一联特种转账贷方传票,并在"转账原因"栏注明"根据××号汇票划转票款"。编制会计分录如下:

借:吸收存款——活期存款(出票人户)

　　贷:应解汇款——出票人户

一联特种转账借方传票加盖转讫章后作支款通知交给出票人。

【做中学 4-16】中国建设银行南京 A 支行为 A 公司承兑的银行承兑汇票已经到期,金额 50 000 元,向 A 公司收取票款,编制会计分录如下:

借:吸收存款——活期存款(A公司)　　　　　　　　　　　50 000

　　贷:应解汇款——A公司　　　　　　　　　　　　　　　　50 000

2. 出票人账户无款支付

出票人账户无款支付的,应填两联特种转账借方传票,一联特种转账贷方传票,在"转账原因"栏注明"××号汇票无款支付转入逾期贷款户",每日按万分之五计收利息,编制会计分录如下:

借:贷款——逾期贷款(出票人户)

　　贷:应解汇款——出票人户

一联特种转账借方传票加盖业务公章后交给出票人。

3. 出票人账户不足支付

出票人账户款项不足以支付的,应填四联特种转账借方传票,一联特种转账贷方传票,在"转账原因"栏注明"××号汇票划转部分票款",不足部分转入逾期贷款户,每日按万分之五计收利息。根据二联特种转账借方传票,一联特种转账贷方传票,编制会计分录如下:

借：贷款——逾期贷款（出票人户）

吸收存款——活期存款（出票人户）

贷：应解汇款——出票人户

另两联特种转账借方传票分别加盖业务公章和转讫章后，作逾期贷款通知和支款通知交给出票人。

【做中学 4-17】中国建设银行南京 A 支行为南京艾迪科技公司承兑的银行承兑汇票已经到期，金额为 100 000 元，向艾迪科技公司收取票款，查艾迪科技公司账户余额 70 000 元，予以扣收，不足部分转入逾期贷款户。编制会计分录如下：

借：吸收存款——活期存款（南京艾迪科技公司）　　　70 000

贷款——逾期贷款（南京艾迪科技公司）　　　30 000

贷：应解汇款——南京艾迪科技公司　　　100 000

（三）受理持票人递交的银行承兑汇票

持票人将要到期的银行承兑汇票送交开户银行，同时填制托收凭证，并在"托收凭证名称"栏注明"银行承兑汇票"及汇票号码。银行按有关规定审核无误后，在托收凭证各联加盖"银行承兑汇票"戳记，第一联托收凭证加盖业务公章作回单给持票人，第二联托收凭证登记"发出委托收款凭证登记簿"后，专夹保管，发送电子信息至付款人开户行。

（四）承付银行承兑汇票

承兑银行收到划来的银行承兑汇票请求付款信息，抽出专夹保管的汇票卡片和承兑协议副本，并按有关规定认真审查该汇票是否为本行承兑，与汇票卡片的号码和记载事项是否相符；是否作成委托收款背书，背书转让的汇票其背书是否连续，签章是否符合规定；委托收款凭证的记载事项是否与汇票记载事项相符。审查无误后，应于汇票到期日或到期日之后的见票当日，打印托收款凭证第三联作为借方传票，办理转账，并向收款人开户行发回划款信息。编制会计分录如下：

借：应解汇款——出票人户

贷：清算资金往来

另填制银行承兑汇票表外科目付出传票，销记表外科目登记簿，记录付出：银行承兑汇票。

【做中学 4-18】中国建设银行南京 C 支行收到中国建设银行温州瑞安支行划来的银行承兑汇票请求付款信息，系本行的开户单位东和工厂支付给温州欣欣电子的货款 45 000 元。经查，该银行承兑汇票确系本行承兑。审核无误后，予以支付。编制会计分录如下：

借：应解汇款——东和工厂　　　45 000

贷：清算资金往来——辖内往来　　　45 000

（五）收到银行承兑汇票款项

持票人开户行收到承兑银行通过网内往来系统或大、小额支付系统，或同城票据交换方式划付的款项，将原留存的第二联托收凭证抽出，核对无误后填注转账日期作转账贷方传票。编制会计分录如下：

> 借：清算资金往来
> 　贷：吸收存款——活期存款（收款人户）

销记"发出委托收款凭证登记簿"，同时打印托收凭证第四联，加盖"转讫"章，作收账通知交给收款人。

> 【做中学 4-19】中国建设银行温州瑞安支行收到中国建设银行南京 C 支行划来承付的银行承兑汇票款项 45 000 元，当即为委托收款人欣欣电子收妥入账。编制会计分录如下：
>
> 借：清算资金往来——辖内往来　　　　　　　　　45 000
> 　贷：吸收存款——活期存款（欣欣电子）　　　　　45 000

三、商业承兑汇票核算

商业承兑汇票按双方约定可由收款人或付款人签发，但必须由付款人承兑。付款人承兑商业汇票，应在汇票正面记载"承兑"字样和承兑日期并签章。付款人承兑商业汇票不得附有条件；承兑附有条件的，视为拒绝承兑。商业承兑汇票一式三联，第一联卡片，由承兑人留存；第二联汇票，由持票人保管；第三联存根，由出票人存查。商业承兑汇票式样如图 4-13 所示。

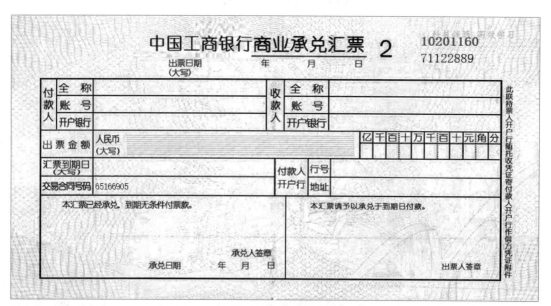

图 4-13　商业承兑汇票

（一）受理持票人递交的商业承兑汇票

持票人将要到期的商业承兑汇票送交开户银行，同时填制托收凭证，并在"托收凭证名称"栏注明"商业承兑汇票"及汇票号码。银行按有关规定审核无误后，在托收凭证各联加盖"商业承兑汇票"戳记，其余手续按照发出托收凭证的手续处理。

（二）办理付款

付款人开户行收到划来的商业承兑汇票付款信息，应按有关规定认真审查付款人是否确在本行开户，承兑人在汇票上的签章与预留银行签章是否相符等。审核无误后，打印第三联托收凭证，登记"收到委托收款凭证登记簿"后，专夹保管，第五联托收凭证交给付款人签收。

1. 全额付款

付款人在接到开户银行的付款通知次日起 3 日内没有任何异议，并且其银行账户内有足够金额支付汇票款项的，开户银行应于第四日上午开始营业时通过网内往来系统或大、小额支付系统，或同城票据交换方式向收款人划付款项，销记"收到委托收款凭证登记簿"，并以第三联托收凭证作借方传票，编制会计分录如下：

> 借：吸收存款——活期存款（付款人户）
> 　　贷：清算资金往来

2. 不足支付或拒绝付款

付款人的银行账户不足支付或付款人拒绝付款的，付款人开户银行应在"收到委托收款凭证登记簿"上注明"无款支付"或"拒绝付款"字样，然后将未付款通知书或拒付证明等退款信息发至收款人开户行。

（三）办理收款

1. 全额收款

持票人开户行收到付款人开户行通过网内往来系统或大、小额支付系统，或同城票据交换方式划付的款项，将原留存的第二联托收凭证抽出，核对无误后填注转账日期作转账贷方传票。编制会计分录如下：

> 借：清算资金往来
> 　　贷：吸收存款——活期存款（收款人户）

销记"发出委托收款凭证登记簿"，同时打印托收凭证第四联，加盖转讫章，作收账通知交给收款人。

2. 未收妥款项

持票人开户行收到付款人开户行发来的未付款通知书或拒付证明等退款信息，将原留存的第二联托收凭证抽出，核对无误后填注"无款支付"或"拒绝付款"字样，销记"发出委托收款凭证登记簿"，将托收凭证第四联、未付款通知书或拒付证明以及商业承兑汇票退给收款人。交易纠纷自行解决。

引例解析

答：1. 电子商业汇票的优点

（1）汇票电子化将杜绝假票存在。与纸质票据相比，电子商业汇票存储在电子商业汇票系统中，通过采用电子签名和可靠的安全认证机制，能够保证其唯一性、完整性、安全性，纸质票据不可避免的携带转让风险、遗失损坏和遭抢劫风险、假票和克隆票据风险将不复存在。同时，交易时间也将大大缩短。

（2）付款期延长降低企业融资成本。电子票据系统除了有利于降低银行操作风险外，其一个重要变化是：票据付款期由6个月延长为1年。这种延长意味着票据融资和1年期流动资金贷款在期限上一致，企业可利用票据融资代替1年期流动资金贷款。这也使得企业的融资成本有所降低。

2. 开具电子商业汇票的程序

需要进行电子商业汇票系统业务的企业，首先必须开票方和收款方都开通了网银系统，同时银行双方都具备开具"银行承兑汇票"的能力。

一般的程序是，开票企业发起开具"电子商业汇票"申请，该申请通过网络提交给银行，银行对该申请进行审核，核实无误后，直接上传到中国人民银行的电子商业汇票系统，最后发送到收款方。整个过程10分钟之内就可完成。

4

【工作任务设计 4 – 5：银行承兑汇票业务核算】

【任务描述】

A公司在无锡R公司购买了价值150 000元的商品一批，约定以银行承兑汇票支付。A公司签发了一张金额为150 000元，期限为3个月的银行承兑汇票，向开户银行中国建设银行南京A支行提示承兑后，交付无锡R公司。无锡R公司将银行承兑汇票送交其开户银行中国建设银行无锡C支行，同时填制托收凭证，办理委托收款。

中国建设银行无锡C支行是如何替无锡R公司办理进账的？请描述该业务的核算流程，说明各个行、处的核算要点并作出相应的账务处理。

【操作步骤】

根据业务描述，银行承兑汇票业务处理流程如图4–14所示。

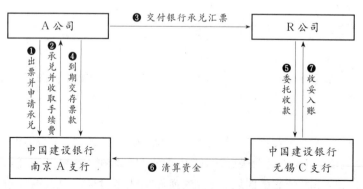

图 4 – 14 银行承兑汇票业务处理流程

第一步：中国建设银行南京 A 支行承兑银行承兑汇票，收取承兑手续费。

中国建设银行南京 A 支行收到 A 公司提交的银行承兑汇票，要求承兑。经审核，与 A 公司签署一式三联的银行承兑协议，在第二联银行承兑汇票"承兑人签章"处加盖汇票专用章并由授权的经办人签章，连同一联承兑协议一并交给 A 公司，同时按票面金额向 A 公司收取万分之五的手续费。编制会计分录如下：

借：吸收存款——活期存款（A 公司）	75	
贷：手续费及佣金收入		75

第二步：中国建设银行南京 A 支行到期收取承兑票款。

中国建设银行南京 A 支行于到期日向 A 公司收取票款，将一联特种转账借方传票加盖转讫章后作为支款通知交给 A 公司。编制会计分录如下：

借：吸收存款——活期存款（A 公司）	150 000	
贷：应解汇款——A 公司		150 000

第三步：中国建设银行无锡 C 支行受理 R 公司递交的银行承兑汇票，办理委托收款。

中国建设银行无锡 C 支行收到 R 公司递交的银行承兑汇票和托收凭证，按有关规定审核无误后，在托收凭证各联加盖"银行承兑汇票"戳记，第一联托收凭证加盖业务公章作回单给 R 公司，第二联托收凭证登记"发出委托收款凭证登记簿"后，专夹保管，发送电子信息至中国建设银行南京 A 支行。

第四步：中国建设银行南京 A 支行承付银行承兑汇票。

中国建设银行南京 A 支行收到划来的银行承兑汇票请求付款信息，抽出专夹保管的汇票卡片和承兑协议副本，并按有关规定认真审查无误后，于汇票到期日打印托收款凭证第三联作借方传票，办理付款，并向中国建设银行无锡 C 支行发出划款信息。编制会计分录如下：

借：应解汇款——A 公司	150 000	
贷：清算资金往来——辖内往来		150 000

第五步：中国建设银行无锡 C 支行收到银行承兑汇票款项。

中国建设银行无锡 C 支行收到中国建设银行南京 A 支行划付的款项，将原留存的第二联托收凭证抽出，核对无误后，替 R 公司收妥入账。销记"发出委托收款凭证登记簿"，同时打印托收凭证第四联，加盖转讫章，作为收账通知交给 R 公司。编制会计分录如下：

借：清算资金往来——辖内往来	150 000	
贷：吸收存款——活期存款（R 公司）		150 000

4

想一想 现实生活中,银行承兑汇票和商业承兑汇票哪一个用得更多? 为什么?

任务六 信用卡业务核算

引 例

信用卡推销刷爆朋友圈

如今为争客源,增加信用卡发卡数量,各银行使出浑身解数。除吆喝路人办卡等老套方式,不少信用卡业务员把眼光瞄准了微信朋友圈。在某国企工作的高先生表示,不久前,为了帮助在银行工作的朋友完成指标,他一下申请了好几张信用卡。据高先生介绍,他是在微信群收到了在银行工作的同学发来的消息,希望大家办理银行卡帮助他完成销售任务,并发来了办卡链接,申请信用卡直接打开链接填写资料即可,办理借记卡则需要填上工号才能算在他的名下,这位同学同时给出了自己的 11 位工号。高先生表示,这样的消息他经常会收到,他经常会被各种办卡信息轰炸,发在微信群里有时还能忽略,直接发给自己的消息,碍于面子,不能拒绝。不过,高先生坦言,虽然他碍于情面办理了几张,但是收到信用卡后通常不会去激活使用。像高先生手中这种没有激活使用的"僵尸卡"占信用卡发行量的比例逾三分之一。

中国人民银行 2023 年发布的 2022 年支付业务统计数据显示,截至 2022 年年末,全国银行卡发卡数量 94.78 亿张,同比增长 2.5%。全国人均持有银行卡 6.71 张。其中,人均持有信用卡和借贷合一卡 0.57 张。

各银行信用卡的发卡总量在不断增长,截至 2022 年年底,我国信用卡和借贷合一卡共发 7.98 亿张,2021 年中国信用卡活卡率为 55%。也就是说,各家银行发出的信用卡有近一半躺在用户的家中"呼呼大睡"。除了"熟人办卡"的原因外,银行为了吸引客户办理信用卡,通常会准备精美的赠礼,冲着礼品去的人也不在少数。银行的这种营销手段,不仅增加了自身成本,占用了银行大量的资源,也拉低了活卡率。

问题:银行为什么要推销信用卡? 滥发信用卡会导致怎样的后果?

【知识准备】

一、信用卡业务的主要规定

信用卡,是商业银行向个人和单位发行的,凭以向特约单位购物、消费和向银行存取现金,且具有消费信用的特制载体卡片。

作为一种现代支付工具,信用卡一般具有转账结算、存取现金和消费信贷三大功能。因此它能满足持卡人如下需要:其一,持卡人可持卡在发卡机构特约商户办理购物消费;其二,持卡人可在发卡机构的指定受理网点或自动柜员机上存取现金;其三,持卡人因临时消费急需,经发卡机构批准,可在规定额度和期限内可进行透支性消费支付。

信用卡的主要规定有以下几条：

（1）信用卡按使用对象分为单位卡和个人卡；按信誉等级分为金卡和普通卡；按是否向发卡银行交存备用金可分为贷记卡和准贷记卡。贷记卡，是指发卡银行给予持卡人一定的信用额度，持卡人可在信用额度内先消费、后还款的信用卡。准贷记卡，是指持卡人须先按发卡银行要求交存一定的备用金，当备用金账户余额不足支付时，可在发卡银行规定的信用额度内透支的信用卡。

（2）凡在中华人民共和国境内金融机构开立基本存款账户的单位可申领单位卡。单位卡可申办若干张，每张卡片的持卡人必须由申领单位法定代表人（行政负责人）或其委托的代理人书面指定或注销。凡具有完全民事行为能力和稳定合法收入，信用程度可靠的公民可选择申办一张个人卡。

（3）单位卡账户的资金一律从其基本存款账户转账存入，不得交存现金，不得将其他存款账户和销货收入的款项存入单位卡账户。个人卡账户的资金只限于其持有人现金存入或以其工资性款项及属于个人的其他合法收入转账存入。严禁将单位的款项转账存入个人卡账户。

（4）信用卡仅限于合法持卡人本人使用，不得出租或转借、转让。

（5）持卡人凭信用卡可在特约商户办理购物消费和转账结算；个人卡持卡人还可凭卡在发卡银行信用卡部门办理转账结算，在指定的信用卡受理网点或 ATM 机上存取现金。单位卡不能办理取现和用于单笔 10 万元以上的商品交易、劳务款项的结算。

（6）个人信用卡的透支额度根据持卡人的信用状况核定，每月一般不超过 5 万元（含等值外币），有些银行的个人信用卡可以享受更高的透支额度。贷记卡持卡人在非现金交易时进行透支，可享受免息还款期待遇和最低还款额待遇。免息还款期最长为 56 天，但如选择最低还款额方式或超过发卡银行批准的信用额度用卡时，不再享受免息还款期待遇。准贷记卡透支不享受免息还款期待遇和最低还款额待遇，透支期限最长为 56 天。两种卡的透支利率都是日利率万分之五，透支按日计收单利。

（7）持卡人使用信用卡不得发生恶意透支。恶意透支，是指持卡人超过规定限额或者规定期限，并且经发卡银行催收无效的透支行为。

（8）持卡人存入的备用金存款按中国人民银行规定的活期利率计息。

（9）信用卡遗失必须向发卡行申请挂失，在发卡行受理前及特约单位接到通知前所造成的经济损失由持卡人承担。

二、发卡开户

（一）发行单位卡

单位申请使用信用卡，应按规定填写申请表交发卡银行。发卡银行审查同意后，应及时通知申请人前来办理领卡手续，并按规定向其收取备用金和手续费。

发卡银行接到申请人送来的支票和三联进账单，经审查无误，将款项从申请人账户转出，并另填制一联特种转账贷方传票，作为收取手续费的贷方凭证。编制会计分录如下：

> 借：吸收存款——活期存款（申请人户）
>   贷：吸收存款——活期存款（申请人信用卡户）
>   手续费及佣金收入

【做中学 4-20】中国建设银行南京 D 支行收到本行开户单位朝阳建设集团交来的进账单和转账支票各一份,转账支票金额为 20 020 元,其中:20 000 元为交存的备用金,20 元为手续费。审查无误后,发给信用卡,编制会计分录如下:

借:吸收存款——活期存款(朝阳建设集团)   20 020
  贷:吸收存款——活期存款(朝阳建设集团信用卡户)   20 000
    手续费及佣金收入   20

(二) 发行个人卡

个人申请使用信用卡,申请手续与单位卡相同。

申请人交存现金的,银行收妥后,发给其信用卡,登记信用卡账户开销户登记簿和发卡清单,并在发卡清单上记载领卡人身份证件号码。编制会计分录如下:

借:库存现金
  贷:吸收存款——活期储蓄存款(申请人信用卡户)
    手续费及佣金收入

申请人转账存入的,银行接到申请人交来的支票及进账单,认真审核其个人资金来源无误后,比照单位卡的有关手续处理。

三、核算持卡消费业务

(一) 受理特约单位递交的签购单

持卡人到信用卡特约商店刷卡购物时,特约单位打印签购单,由持卡人签字。特约单位办理信用卡进账时,应填制三联进账单和按发卡银行分别填制一式三联汇计单并提交签购单。特约单位开户行审核无误后,在第一联和第三联进账单加盖转讫章作为收账通知,第一联汇计单加盖业务公章作为交费收据,退给特约单位;第二联进账单作为转账贷方传票,第三联签购单作为其附件,根据第二联汇计单的手续费金额填制一联特种转账贷方传票后作其附件。然后分别不同情况处理。

1. 特约单位与持卡人在同一城市同一银行机构开户

特约单位开户行将第二联签购单加盖业务公章作为转账借方传票,将第三联汇计单作为其附件,直接办理转账。编制会计分录如下:

借:吸收存款——活期存款(持卡人信用卡户)
  贷:吸收存款——活期存款(特约单位户)
    手续费及佣金收入

2. 特约单位与持卡人在同一城市不同银行机构开户

特约单位开户行将第二联签购单加盖业务公章连同第三联汇计单向持卡人开户行提出票据交换,对跨系统银行发行的信用卡需待款项收妥办理转账。编制会计分录如下:

借：存放中央银行款项
　　贷：吸收存款——活期存款（特约单位户）
　　　　手续费及佣金收入

【做中学 4-21】中国建设银行南京 D 支行收到特约单位光明公司交来的签购单、汇计单和进账单各一份，列明在中国工商银行南京某支行开户的李丹女士购物消费 68 000 元，手续费率为 9‰，审核无误后，办理转账。编制会计分录如下：

借：存放中央银行款项　　　　　　　　　　　　　68 000
　　贷：吸收存款——活期存款（光明公司）　　　　　67 388
　　　　手续费及佣金收入　　　　　　　　　　　　　　612

3. 特约单位与持卡人在不同城市同一系统银行机构开户

特约单位与持卡人在不同城市同一系统银行机构开户的，特约单位开户行将第二联签购单加盖转讫章连同第三联汇计单作资金汇划发报凭证发持卡人开户行。编制会计分录如下：

借：清算资金往来
　　贷：吸收存款——活期存款（特约单位户）
　　　　手续费及佣金收入

4. 特约单位与持卡人在不同城市不同机构开户

特约单位与持卡人在不同城市不同银行机构开户的，特约单位开户行应向所在地的跨系统发卡行的通汇行提出票据交换，由通汇行转入持卡人开户行。

（二）清算资金

持卡人开户行收到同城交换或资金汇划系统发来的第二联签购单和第三联汇计单，应认真审查：签购单或取现单上压印、填注的联行行号或同城票据交换号是否为本行行号或本行交换号；签购单和汇计单或取现单上的内容是否清晰、完整；签购单或取现单上是否加盖业务公章或转讫章；小写金额是否与大写金额相符等。审查无误后，将第二联签购单作转账借方传票，第三联汇计单留存。编制会计分录如下：

借：吸收存款——活期存款（持卡人信用卡户）
　　贷：存放中央银行款项
　　　　（或清算资金往来）

【做中学 4-22】中国建设银行南京 A 支行从招商银行南京城北支行同城交换提入汇计单和本行持卡人 A 公司的签购单 1 张,金额为 30 000 元,审查无误后,编制会计分录如下:

借:吸收存款——活期存款(A 公司信用卡户)　　　　　　　30 000
　　贷:存放中央银行款项　　　　　　　　　　　　　　　　　　　30 000

四、核算持卡取现业务

(一) 受理持卡人递交的取现单

个人持卡人在支取现金时,应填制一式四联的取现单(第一联回单、第二联借方凭证、第三联贷方凭证附件、第四联存根)连同信用卡、身份证件等一并交给银行。银行认真审核无误后,分别不同情况处理。

1. 持卡人在本行开户

银行根据取现单直接办理转账。编制会计分录如下:

借:吸收存款——活期储蓄存款(持卡人信用卡户)
　　贷:库存现金

2. 持卡人在同一城市不同银行机构开户

代理付款行将第一联取现单加盖现金付讫章作为回单,连同信用卡交给持卡人;填制一联特种转账贷方传票,第三联取现单作为附件;将第二联取现单加盖业务公章及转讫章,向持卡人开户行提出票据交换;第四联取现单留存备查。编制会计分录如下:

借:存放中央银行款项
　　贷:应解汇款——持卡人户
借:应解汇款——持卡人户
　　贷:库存现金

对于持卡人在同城跨系统银行机构开户的,代理付款行还要向持卡人收取一定的手续费。编制会计分录如下:

借:库存现金
　　贷:手续费及佣金收入

3. 持卡人在不同城市同一系统银行机构开户

持卡人在不同城市同一系统银行机构开户的,比照持卡人在同城不同银行机构开户支取现金的手续处理,代理付款行将第二联取现单加盖业务公章及转讫章,作为资金汇划发报凭证通知持卡人开户行,另填制一联特种转账贷方传票作为收取手续费的贷方凭证。编制会计分录如下:

借：清算资金往来
　　贷：应解汇款——持卡人户
借：应解汇款——持卡人户
　　贷：库存现金
　　　　手续费及佣金收入

4. 持卡人在不同城市不同银行机构开户

持卡人在不同城市不同系统银行机构开户的,代理付款行应向所在地的跨系统发卡行的通汇行提出票据交换,由通汇行转入持卡人开户行。

【做中学 4-23】中国建设银行南京 C 支行收到在中国建设银行苏州某支行开户的持卡人王红女士的取现单一份,金额为 5 000 元,按取现额的 1‰ 收取手续费后,支付给王红现金。编制会计分录如下：

借：清算资金往来——辖内往来　　　　　　　　　　5 000
　　贷：应解汇款——王红　　　　　　　　　　　　　　5 000
借：应解汇款——王红　　　　　　　　　　　　　　5 000
　　贷：库存现金　　　　　　　　　　　　　　　　　4 950
　　　　手续费及佣金收入　　　　　　　　　　　　　　50

(二) 清算资金

持卡人开户行收到同城交换或资金汇划系统发来的第二联取现单,审查无误后,编制会计分录如下：

借：吸收存款——活期储蓄存款(持卡人信用卡户)
　　贷：存放中央银行款项
　　　　(或清算资金往来)

引例解析

答：银行之所以推销信用卡首先是因为信用卡的利润率高。按透支利率为日利率万分之五计算,其年利率高达 18.25%,远远高于目前普通的贷款利率;其次,通过信用卡可以从特约商户那里收取手续费以及向持卡人收取信用卡的年费以获得相应收入;再次,发卡规模上升可以降低边际成本,1 张卡和 10 张卡的成本没有区别,10 张卡和 1 000 张卡的成本就应该有了变化,而 1 000 张卡和 300 万张卡的成本则相差甚远;最后,信用卡利于抓取客户资源,可以通过信用卡发展其他零售业务。

滥发信用卡的恶果显而易见。一方面,大量的闲置卡处于"休眠"状态,占用了银行资源,增加账户管理成本,成了银行甩不掉的包袱。另一方面,规模扩张造成的管理难度上升也使得信用卡坏账率不断攀升。

📊 **【工作任务设计 4 - 6：信用卡消费业务核算】**

【任务描述】

中国建设银行南京 B 支行收到开户单位南京新百商场交来的签购单、汇计单和进账单各一份,列明在招商银行南京鼓楼支行开户的南京大明公司持卡购物消费 55 000元,手续费率为 9‰,审核无误后,办理转账。请说明各个行、处的核算要点并作出相应的账务处理。

【操作步骤】

第一步:中国建设银行南京 B 支行向招商银行南京鼓楼支行提出签购单、汇计单。

中国建设银行南京 B 支行收到南京新百商场提交的签购单、汇计单和进账单,审核无误后,在第一联和第三联进账单加盖转讫章作收账通知,第一联汇计单加盖业务公章作交费收据,退给南京新百商场;第二联进账单作转账贷方传票,第三联签购单作为其附件;根据第二联汇计单的手续费金额填制一联特种转账贷方传票后作其附件;将第二联签购单加盖业务公章连同第三联汇计单向招商银行南京鼓楼支行提出票据交换。编制会计分录如下:

借:存放中央银行款项	55 000
贷:吸收存款——活期存款(南京新百商场)	54 505
手续费及佣金收入	495

第二步:招商银行南京鼓楼支行提入签购单、汇计单。

招商银行南京鼓楼支行提入签购单、汇计单,审查无误后,将第二联签购单作转账借方传票,第三联汇计单留存。编制会计分录如下:

借:吸收存款——活期存款(南京大明公司信用卡户)	55 000
贷:存放中央银行款项	55 000

想一想 持信用卡购物消费的手续费是向特约单位还是向持卡人收取的?

任务七　汇兑业务核算

引 例

储户被骗汇款要求冻结账户遭银行拒绝,钱被骗子取走

安徽人高某在 T 市一家酒店打工。某日,A 省的表哥孟某给他打电话,说要承包一个活,向他借 2 万元。高某的储蓄卡是中国农业银行的,表哥说将借一张中国农业银行卡,再把卡号发给他。

高某挂断电话 5 分钟,便接到一条短信,写着一个银行卡号,还告诉他办完后通知他。"我以为是我表哥给我的账号,就没再联系他。"

两日后,高某来到农业银行通化东升分理处把他仅有的 1.95 万元汇给表哥。汇款后,他打电话给表哥,表哥却说,账号还没发给他呢。

高某马上就意识到被骗了,在银行提醒下,打电话报警,警方让他立即到派出所报案。他问银行可否先把汇去款的账户冻结,银行拒绝,并表示,想冻结对方账户,得有公安部门出示的冻结文件。然而,文件还未办妥,钱已被骗子取走。

该网点负责人誉女士表示,银行对高先生被骗一事很同情。"他一开始汇款时,我们的工作人员就在提醒他,当心手机短信诈骗,建议他核实后再打款,可高先生不听劝阻,导致上当。"

问题:银行的做法是否正确?

【知识准备】

一、汇兑业务的主要规定

汇兑,是汇款人委托银行将其款项支付给收款人的结算方式。单位和个人异地结算各种款项,均可使用汇兑结算方式。

目前汇兑均已实现电子化,通过电子渠道将汇兑信息从付款行传递至收款行,款项在途时间短,到账速度快。

汇兑的主要规定有以下几条:

(1) 汇兑分为信汇和电汇两种,由汇款人选择使用。

(2) 汇兑无起点金额限制。委托日期为汇款人向汇出银行提交汇兑凭证的当日。

(3) 汇款人填制汇兑凭证必须记载下列事项:表明"信汇"或"电汇"字样、无条件支付的委托、确定的金额、收款人名称、汇款人名称、汇入地点与汇入行名称、汇出地点与汇出行名称、委托日期、汇款人签章。汇兑凭证上欠缺记载上列事项之一的,银行不予受理。

(4) 汇兑凭证记载的汇款人、收款人在银行开立存款账户的,必须记载其账号,欠缺记载的,银行不予受理。

(5) 汇兑凭证上记载收款人为个人的,收款人需要到汇入银行领取汇款,汇款人应在汇兑凭证上注明"留行待取"字样。

(6) 汇款人确定不得转汇的,应在汇兑凭证备注栏注明"不得转汇"字样。

(7) 汇款转账支付的,款项只能转入单位或个体工商户的存款账户,严禁转入个人储蓄和信用卡存款账户。

(8) 汇款人和收款人均为个人,需要在汇入银行支取现金的,应在信、电汇凭证的"汇款金额"大写栏先填写"现金"字样,后填写汇款金额。

(9) 未在银行开立存款账户的收款人,凭信、电汇的取款通知或"留行待取"的,向汇入银行支取款项时,必须交验本人的身份证件,在信、电汇凭证上注明证件名称、号码及发证机关,并在"收款人签章"处签章;信汇凭签章支取的,收款人的签章须与预留信汇凭证上的签章相符。银行审核无误后,以收款人名义开立应解汇款及临时存款账户,该账户只付不收,付完清户,不计利息。

(10)汇款人对汇出行尚未汇出的款项可以申请撤销,对汇出行已汇出的款项可以申请退汇;汇入银行对于收款人拒绝接受的汇款、向收款人发出取款通知经过两个月无法交付的汇款,应主动办理退汇。

二、汇出款项

(一)接受委托

汇款人委托银行办理汇款时,应向银行填制一式三联的电汇凭证,第一联是回单,第二联是借方凭证,第三联是发电依据。电汇凭证的格式如图4-15所示。电汇凭证的内容必须按前述基本规定填写,汇款人为单位的在第二联上加盖预留银行印鉴。

中国××银行电汇凭证(借方凭证)　2

□普通　□加急　　　　　委托日期　　年　月　日　　　　　　流水号

汇款人	全称		收款人	全称										此联汇出行作借方凭证
	账号			账号										
	汇出地点	省　　市/县		汇入地点	省　　市/县									
汇出行名称			汇入行名称											
金额	人民币(大写)				千	百	十	万	千	百	十	元	角	分
此汇款支付给收款人			支付密码											
		汇款人签章	附加信息及用途:											
			复核:　　　　记账:											

图4-15　电汇凭证

汇出行受理电汇凭证时,应认真审查以下内容:汇兑凭证必须记载的各项内容是否齐全、正确;大小写金额是否相符;委托日期是否为受理当日;金额、委托日期、收款人名称是否更改;汇款人账户内是否有足够支付的余额,汇款人的签章是否与预留银行签章相符;对填明"现金"字样的汇兑凭证,还应审查汇款人和收款人是否均为个人。

(二)汇出款项

审核无误后,电汇凭证第一联加盖转讫章退给汇款人,电汇凭证第二联作为借方传票。编制会计分录如下:

借:吸收存款——活期存款(汇款人户)
　　贷:清算资金往来

转账后,汇出行根据第三联电汇凭证编制电划贷方报单发汇入行。

【做中学 4-24】中国建设银行南京 B 支行收到开户人王腾先生交来的注明现金字样的电汇凭证一份,金额 20 000 元,要求将款项汇至中国建设银行常州支行,收款人李丹,审查无误后,予以转账。编制会计分录如下:

借:吸收存款——活期储蓄存款(王腾)   20 000

贷:清算资金往来——辖内往来   20 000

三、汇入款项

汇入行收到汇出行通过电子汇划传来的有关凭证,审查无误后,按下列情况分别处理。

(一)直接收账

收款人在汇入行开户的,汇款可直接收入收款人账户,届时根据电子汇划传来的信息打印资金汇划补充报单代转账贷方传票,另编制转账借方传票。编制会计分录如下:

借:清算资金往来

贷:吸收存款——活期存款(收款人户)

(二)不直接收账

收款人未在汇入行开户或要求"留行待取"的,应为收款人开立"应解汇款"临时账户,根据电子汇划传来的信息打印资金汇划补充报单代转账贷方传票,另编制转账借方传票。编制会计分录如下:

借:清算资金往来

贷:应解汇款——收款人户

同时登记应解汇款登记簿,以便条来通知收款人来银行办理取款手续。收款人来行办理取款时,按下列手续进行处理。

1. 支取现金

收款人应填制支款单交汇入行,汇入行核对无误后一次办理现金支付手续。未注明"现金"字样,需要支取现金的,汇入行应审核是否符合现金管理条例规定。编制会计分录如下:

借:应解汇款——收款人户

贷:库存现金

同时,销记"应解汇款登记簿"。

【做中学 4-25】中国建设银行常州支行收到中国建设银行南京 B 支行发来的注明"现金"字样的电汇凭证 1 份,金额 20 000 元,付款人为王腾,收款人为李丹,审查无误后,予以入账,并通知李丹来行办理取款手续,当即支付其现金。编制会计分录如下:

借:清算资金往来——辖内往来   20 000
　　贷:应解汇款——李丹   20 000
借:应解汇款——李丹   20 000
　　贷:库存现金   20 000

2. 分次支取

收款人应填制支款单和三联进账单交汇入行,汇入行审核其预留签章和收款人身份证件无误后,注销应解汇款登记簿中的该笔汇款,并如数转入"应解汇款"科目分户账内(不通过分录,以丁种账代替),办理分次支付手续。

3. 办理转汇

需要转汇的,应重新办理汇款手续,其收款人与汇款用途必须是原收款人和用途,并在凭证上注明"转汇"字样。电划补充报单或中国人民银行支付系统专用凭证"备注"栏注明"不得转汇"的,不予办理转汇。编制会计分录如下:

借:应解汇款——收款人户
　　贷:清算资金往来

四、办理退汇

(一)受托办理退汇

按规定汇款人要求退汇,只限于不直接入账的汇款。汇款人因故要求退汇时,应备函或本人身份证连同电汇回单交汇出行办理退汇。汇出行收到后,先通知汇入行,经汇入行证实汇款确未被支付方可受理。届时,汇出行填制两联退汇通知书,一联作为回单交汇款人,另一联备查。

汇入行对已转入应解汇款及临时存款科目尚未解付的汇款,向收款人联系索回便条,通过资金汇划系统向汇出行划款。编制会计分录如下:

借:应解汇款
　　贷:清算资金往来

汇出行接到汇入行通过资金汇划系统划来的退汇款,与原留存的退汇通知书进行核对,无误后,办理转账。编制会计分录如下:

借:清算资金往来
　　贷:吸收存款——活期存款(原汇款人户)

（二）主动退汇

汇款超过两个月，收款人尚未来行办理取款手续或在规定期限内汇入行已寄出通知，但因收款人住址迁移或其他原因，以致该笔汇款无人领受时，汇入行可以主动办理退汇。退汇时应填制一联特种转账借方传票和两联特种转账贷方传票，并在传票上注明"退汇"字样，通过资金汇划系统办理退汇手续。会计分录同上，不再详述。

 引例解析

依据《中华人民共和国商业银行法》等法律规定，客户填写单据，银行按客户指令，将款项及时支付到指定账户，程序是合理合规的；银行不能擅自冻结客户账户，只有司法机关出具相关司法手续才能实施冻结；银行已经对高磊尽到告知提醒义务，银行不承担责任。高磊疏忽大意而受骗，损失只能自己承担。

【工作任务设计4-7：汇兑业务核算】

【任务描述】

中国建设银行南京C支行收到开户单位鸿程公司交来的电汇凭证一份，要求将货款 38 000 元汇给在中国建设银行上海D支行开户的华美公司，审核无误后，办理汇兑。

请描述该业务的核算流程，说明各个行、处的核算要点并作出相应的账务处理。

【操作步骤】

根据业务描述，汇兑业务处理流程如图4-16所示。

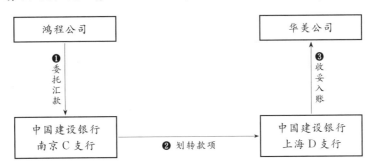

图4-16　汇兑业务处理流程

第一步：中国建设银行南京C支行受理电汇凭证，汇出款项。

中国建设银行南京C支行受理鸿程公司递交的电汇凭证，审核无误后，电汇凭证第一联加盖转讫章退给鸿程公司，电汇凭证第二联作借方传票，电汇凭证第三联作电划贷方报单发至中国建设银行上海D支行。

借：吸收存款——活期存款（鸿程公司）　38 000
贷：清算资金往来——辖内往来　38 000

第二步：中国建设银行上海D支行收到汇入款项，替客户收妥入账。

中国建设银行上海D支行收到中国建设银行南京C支行通过电子汇划传来的有

关凭证,审查无误后,替华美公司收妥入账。

> 借:清算资金往来——辖内往来　　　　　　　　38 000
> 　贷:吸收存款——活期存款(华美公司)　　　　　　38 000

想一想　汇入行什么时候要为收款人开立"应解汇款"临时账户?目的和意义何在?

任务八　委托收款和托收承付业务核算

引例

有没有更便捷、高效的付款方式呢?

每月一次的公积金汇缴是苏州市对外服务中心工作人员小范最重要的工作,6 000多人的缴存、每月数百人次的新增、转入以及封存工作,小范要用近半个月的时间来处理。

小范说:"我们单位属于人力资源部门,公积金缴存职工有6 000多人,而且人员流动性很大,每月进进出出要数百号人。我每月要花大量的时间来处理各项公积金缴存事务。每当办理公积金缴存时,我就要带着笔记本电脑,在承办银行一笔一笔地核账、入账,有时一待就是一整天,6 000多号人每月至少要花一周时间在承办银行核账。尤其是涉及人员新增、转入、变更等情况,就需要一次次地跑银行办理。我们单位到银行每次要坐一个小时的公交车,为办理公积金缴存变更等业务,我每月至少要花一周时间奔波在单位与银行之间。"

问题:如果你是银行的工作人员,你有什么更便捷、高效的付款方式推荐给小范吗?

【知识准备】

一、委托收款业务核算

(一)委托收款业务的主要规定

委托收款,是收款人委托银行向付款人收取款项的结算方式。委托收款结算适合于单位和个人凭已承兑的商业汇票、债券、货单等付款人债权证明办理款项结算,同城和异地均可使用。在同城范围内,收款人收取公用事业费可使用同城特约委托收款。

委托收款的主要规定有以下几条。

(1)签发委托收款凭证必须记载下列事项:表明"委托收款"的字样;确定的金额;付款人名称;收款人名称;委托收款凭据名称及附寄单证张数;委托日期;收款人签章。

（2）委托收款以银行为付款人的，银行应当在当日将款项主动支付给收款人；以单位为付款人的，银行应及时通知付款人，付款人应于接到通知的当日书面通知银行付款。付款人在接到通知日的次日起3日内未通知银行付款的，视同付款人同意付款，银行应于付款人接到通知日的次日起第四日上午开始营业时，将款项划付给收款人。

（3）付款人审查有关债务证明后，对收款人委托收取的款项需要拒绝付款的，可以在接到付款通知日的次日起3日内办理拒绝付款。

（4）委托收款不受金额起点限制，确定结算金额，须全额收款。

（二）受理委托收款业务

收款人办理委托收款时，应填制托收凭证一式五联：第一联回单；第二联贷方凭证；第三联借方凭证；第四联收账通知；第五联付款通知。托收凭证格式如图4-17所示。收款人在托收凭证第二联上加单位印章或个人签章后，连同有关债务证明一并提交开户行。

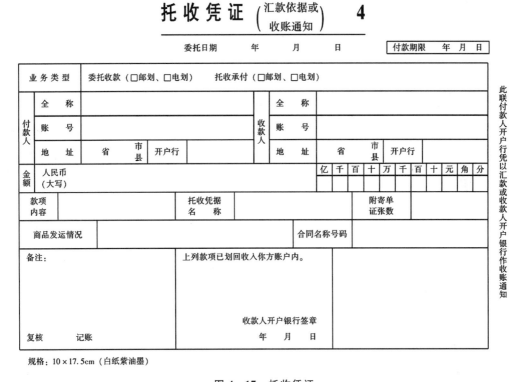

图4-17　托收凭证

收款人开户行收到上述凭证，经审查无误后，将托收凭证第一联加盖业务公章，退给收款人；第二联专夹保管，并凭以登记发出委托收款结算凭证登记簿；第三联加盖结算专用章，连同第四、五联凭证及有关债务证明一并交付款人开户行。

收款人开户行如不办理全国或省辖联行业务的，向付款人开户行直接发出托收凭证，均应在托收凭证的备注栏加盖"款项收妥划收××（行号）转划我行（社）"戳记，以便付款人开户行向指定的转划行填发报单。

（三）办理付款

付款人开户行接到收款人开户行发来的第三、四、五联托收凭证及有关债务证明时，应审查是否属于本行的凭证。审查无误后,在凭证上填注收到日期,根据第三、四联凭证逐笔登记"收到委托收款凭证"登记簿后专夹保管,并分别作如下处理。

1. 付款人为银行

付款人为银行的,接到托收凭证和有关债务证明,对托收凭证已到期并在付款期限内的,应在收到托收凭证和有关债务证明的当日支付款项,对托收凭证未到期的,待到期日主动支付款项,以托收款凭证第三联作为借方传票,有关债务证明作为借方传票附件,编制会计分录如下:

借:应解汇款
　　贷:清算资金往来

转账后,付款银行在收到委托收款凭证登记簿上填明转账日期,并以第四联托收凭证作为资金汇划发报凭证发收款人开户银行。

2. 付款人为单位

付款人为单位的,银行将第五联托收凭证加盖业务公章及时交给付款人,并由付款人签收。付款人应于接到通知的次日起 3 日内(期内遇节假日顺延)通知银行付款。付款期内未提出异议的,视同同意付款,银行应于付款人接到通知的次日起第四日上午开始营业时,将款项划付给收款人。以托收凭证第三联作借方传票,编制会计分录如下:

借:吸收存款——单位存款(付款人户)
　　贷:清算资金往来

转账后,付款人开户行在收到委托收款凭证登记簿上填明转账日期并以第四联托收凭证作为资金汇划发报凭证发收款人开户银行。

若付款人账户不足支付全部款项,银行在托收凭证和收到委托收款凭证登记簿上注明退回日期和"无款支付"字样,并填制三联付款人未付款通知书(用异地结算通知书代),将一联通知书和托收凭证第三联留存备查,将第二、三联通知书连同托收凭证第四联发收款人开户行。留存债务证明的,其债务证明一并发收款人开户行。

若付款人拒绝付款,付款人应在接到付款通知的次日起 3 日内向开户行提交四联拒绝付款理由书、债务证明和第五联托收凭证。银行审核无误后,在托收凭证和收到委托收款凭证登记簿备注栏注明"拒绝付款"字样,然后将第一联拒付理由书加盖业务公章作为回单退还付款人,将第二联拒付理由书连同第三联托收凭证一并留存备查,将第三、四联拒付理由书连同付款人提交的本行留存的债务证明和第四、五联托收凭证一并发收款人开户行。

(四) 办理收款

收款人开户行收到付款人开户行通过网内往来系统或大、小额支付系统发来的划款信息,将留存的委托收款凭证第二联抽出,经核对无误后,在两联托收凭证上填注转账日期,编制资金汇划补充报单作为转账贷方传票,托收凭证第二联作为附件,编制会计分录如下:

> 借：清算资金往来
> 　贷：吸收存款——活期存款（收款人户）

转账后，将托收凭证第四联加盖转讫章作为收账通知送交收款人，并销记发出委托收款凭证登记簿。

收款人开户行若收到无款支付而退回的凭证信息时，应抽出托收凭证第二联，在备注栏注明"无款支付"字样，销记发出委托收款凭证登记簿，将托收凭证第四联及一联未付款项通知书和债务证明退交收款人。收款人在未付款项通知书上签收后，收款人开户行将一联未付款通知书连同托收凭证第二联一并保管备查。

收款人开户行若收到无款支付而退回的凭证信息时，抽出托收凭证第二联，并在备注栏注明"拒绝付款"字样。销记发出委托收款凭证登记簿。然后将托收凭证第四、五联及有关债务证明和第四联拒付理由书一并退给收款人。收款人在第三联拒付理由书上签收后，收款人开户行将第三联拒付理由书连同第二联托收凭证一并保管备查。

二、托收承付业务核算

（一）托收承付业务的主要规定

托收承付是根据购销合同由收款人发货后委托银行向异地付款人收取款项，由付款人向银行承认付款的结算方式。采用托收承付结算方式的单位，必须是国有企业、供销合作社以及经营管理较好，并经开户银行审查同意的城乡集体所有制工业企业。

托收承付的主要规定有以下几条：

（1）办理托收承付结算的款项，必须是商品交易，以及因商品交易而产生的劳务供应的款项。代销、寄销、赊销商品的款项，不得办理托收承付结算。收付双方使用托收承付结算必须签有符合经济合同法律规定的购销合同，并在合同上订明使用托收承付结算方式。收款人办理托收，须具有商品确已发运的证件。

（2）托收承付结算每笔金额起点为 1 万元。新华书店系统每笔金额起点为 1 000 元。款项划回的方式分为邮寄和电报两种，由收款人选择使用。

（3）付款人承付货款分为验单付款和验货付款两种，由收付款双方商量后选用一种，并在合同中明确规定。验单付款的承付期为 3 天，从付款人开户银行发出承付通知的次日算起（承付期内遇例假日顺延）。验货付款的承付期为 10 天，从运输部门向付款人发出提货通知的次日算起。

（4）付款人在承付期内，未向银行提出异议，银行即视作承付，并在承付期满的次日（法定休假日顺延）上午银行开始营业时，将款项主动从付款人账户内付出，按照收款人指定的划款方式，划给收款人。

（5）付款人在承付期满日银行营业终了时，如无足够资金支付货款，其不足部分，即为逾期付款。付款人开户行对逾期支付的款项，应当根据逾期付款金额和逾期天数，按每天万分之五计算逾期付款赔偿金。赔偿金实行定期扣付，每月计算一次，于次月 3 日内单独划给收款人。

（6）付款人开户银行对逾期未付的托收凭证，负责进行扣款的期限为 3 个月（从承付期满日算起）。期满时，付款人仍无足够资金支付尚未付清的欠款，银行应于次日通知付款人将有关交易单证在 2 天内退回银行。付款人逾期未退回单证的,银行自发出通知的第三天起,按照应付的结算金额对其处以每天万分之五但不低于 50 元的罚款,并暂停其向外办理结算业务,直到退回单证时止。

(二) 受理托收承付业务

收款人办理托收时,采用邮寄划款的,应填制一式五联托收凭证。收款人开户行应认真审查托收款项是否符合前述有关规定。审核无误后,将托收凭证第一联加盖业务公章,退给收款人;第二联专夹保管,并凭以登记发出托收结算凭证登记簿;第三联加盖结算专用章,连同第四、五联凭证及有关债务证明一并交付款人开户行。

(三) 办理付款

付款人开户行收到收款人开户行发来的托收凭证第三、四、五联及交易单证时,应审核付款人是否在本行开户,付款人是否为经本行批准可以办理托收承付的单位;所附单证的张数与凭证的记载是否相符等。审核无误后,在凭证上填注收到日期和承付期限。然后根据托收凭证第三、四联逐笔登记定期代收结算凭证登记簿,将托收凭证第三、四联专夹保管,托收凭证第五联加盖业务公章后,连同交易单证一并及时送交付款人。

1. 全额付款

付款人在承付期内,未向银行表示拒绝付款,且付款人账户有足够资金支付全部款项的,付款人开户行应在承付期满的次日(遇例假日顺延)上午营业开始时,办理划款手续,抽出专夹保管的托收凭证,经会计主管或主管行长签字,办理转账,托收凭证第三联作为借方传票。编制会计分录如下:

> 借:吸收存款——单位存款(付款人户)
> 　贷:清算资金往来

转账后,付款人开户行在收到委托收款凭证登记簿上填明转账日期并以第四联托收凭证作为资金汇划发报凭证发收款人开户银行。

2. 部分付款

在承付期满次日上午银行划款时,如果付款人账户只能支付部分款项,银行应在托收凭证上注明当天可以扣收的金额,填制二联特种转账借方传票,并注明原托收号码及金额。以一联特种转账借方传票办理转账。会计分录与全额付款相同。转账后,另一联特种转账借方传票加盖转讫章作为付款通知交付款人,并在登记簿"备注"栏注明已承付金额和未承付金额及"部分付款"字样。

托收凭证第三、四联按付款人及先后日期单独保管,作为继续扣款的依据。付款人开户行要随时掌握付款人账户余额,以便将未承付的款项及早划转收款人开户行,同时应扣收逾期付款赔偿金,待最后付清款项时,应在托收凭证上注明"扣清"字样,并销记登记簿。

3. 逾期付款

付款人在承付期满日银行营业终了前,账户无款支付的,付款人开户行应在托收凭证和登记簿备注栏分别注明"逾期付款"字样,并填制"托收承付结算到期未收通知书"发收款人开户行。待付款人账户有款可以一次或分次扣款时,比照部分付款的有关手续办理,将逾期付款的款项和赔偿金一并划给收款人。赔偿金的计算公式为:

$$赔偿金金额＝逾期付款金额×逾期天数×万分之五$$

逾期付款天数从承付期满日算起。承付期满日,于银行营业终了时,付款人如无足够资金支付,其不足部分,应当算作逾期一天,计算一天的赔偿金。在承付期满的次日(如遇例假日,逾期付款赔偿金的天数计算也相应顺延,但以后遇例假日应当照算逾期天数)银行营业终了时,仍无足够资金支付,其不足部分,应当算作逾期两天,计算两天的赔偿金。其余类推。

逾期付款期满,付款人账户不能全额或部分支付该笔托收款项,开户行应向付款人发出索回单证的通知,付款人于银行发出通知的次日起两日内(到期日遇例假日顺延)必须将全部单证退回银行,经银行核对无误后,在托收凭证和登记簿备注栏注明单证退回日期和"无款支付"的字样,并填制"逾期无款支付通知书"连同有关电子信息一并发收款人开户行。

4. 全部拒绝付款

付款人在承付期内提出全部拒付时,应填制四联"拒绝付款理由书"(在第二联上加盖预留银行印鉴),连同有关的拒付证明、托收凭证第五联及所附单证送交开户行。银行应严格审查拒付手续是否齐全、拒付理由是否充足。不同意拒付的,要实行强制扣款;对无理的拒付而增加银行审查时间的,应从承付期满日起,为收款人计扣逾期付款赔偿金。对符合规定同意拒付的,经银行主管部门审批后,在拒绝付款理由书上签注意见,由经办人员和会计主管人员签章,托收凭证和登记簿备注栏注明"全部拒付"字样;然后将拒付理由书第一联加盖业务公章,作为回单退付款人,将拒付理由书第二联连同托收凭证第三联一并留存备查,拒付理由书第三、四联连同托收凭证第四、五联及有关单证一并交收款人开户行。

5. 部分拒绝付款

付款人在承付期内提出部分拒绝付款,应填制四联部分拒绝付款理由书,连同有关的拒付证明、拒付部分商品清单送交银行。经银行审查同意拒付的,依照全部拒付的审查手续办理,并在托收凭证和登记簿备注栏注明"部分拒付"字样及部分拒付金额,对同意承付部分,以拒绝付款理由书第二联代借方传票(托收凭证第三联作借方凭证附件)。会计分录与全额付款相同。转账后,将拒绝付款理由书和有关拒付信息等一并发给收款人开户行。

(四) 办理收款

1. 全额划回

收款人开户行收到付款人开户行划来的付款信息,应将留存的托收凭证第二联抽出,核对相符后,在第二联托收凭证上填注转账日期,以第二联作为贷方传票,办理转账。会计分录如下:

借:清算资金往来
　　贷:吸收存款——活期存款(收款人户)

转账后,将托收凭证第四联加盖转讫章作为收账通知交收款人,并销记发出托收结算凭证登记簿。

2. 部分划回

收款人开户行收到部分划回的款项,办理转账,会计分录与全额划回款项相同。转账后,将另一联资金汇划补充报单加盖转讫章,作为收账通知交收款人。在托收凭证第二联和登记簿上注明部分划回的金额,为收款人及时入账。其余手续与全额划回相同。

3．逾期划回

收款人开户行收到托收结算到期未收通知书,应在托收凭证第二联上加注"逾期付款"字样及日期,然后将通知书第二联交给收款人,通知书第一联附于托收凭证第二联后一并保管。待接到一次划回款或分次划回款或单独划回的赔偿金时,比照部分划回的有关手续办理。

收款人开户行在逾期付款期满后收到无款支付通知书,应在托收凭证第二联备注栏注明"无款支付"字样,销记登记簿。然后将托收凭证第四、第五联及无款支付通知书和有关单证退交收款人。

4．全部拒绝付款

收款人开户行收到全部拒绝付款理由书,抽出托收凭证第二联,在备注栏注明"全部拒付"字样、日期、销记登记簿。然后将托收凭证第四、五联及拒绝付款理由书、拒付证明退给收款人。

5．部分拒绝付款

收款人开户行收到部分拒绝付款理由书,抽出托收凭证第二联,并在备注栏上注明"部分拒付"字样、日期及部分拒付金额,以拒付理由书作为贷方传票,办理转账。其余处理与部分划回相同。将拒付理由书及所附清单和证明交给收款人。

引例解析

答:同城特约委托收款是更便捷、更高效的付款方式。缴存单位只要一次性与其承办银行或公积金服务大厅签订《托收协议》,并对指定付款银行进行付款授权,每月便可以定期自动缴存住房公积金,单位经办人员无须再每月开支票到银行办理汇缴手续。托收后资金及数据由系统自动核对,并自动将单位汇缴的公积金分配到职工个人账户中,单位指定银行账户付款与公积金资金到达每个职工账户的时间几乎是同步的,实现了当日托收当日到账,职工使用公积金的周期将更快。

> **想一想**　委托收款和托收承付有何异同?

项 目 小 结

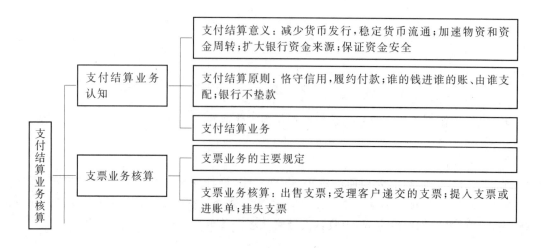

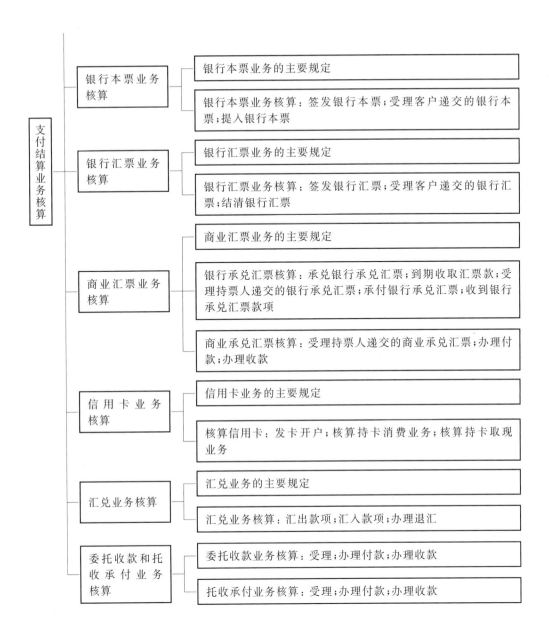

4

思 考 题

1. 支付结算的种类有哪些？哪些适用于同城？哪些适用于异地？
2. 委托收款和托收承付有什么区别？
3. 什么是支付结算？它有哪些重要意义？
4. 试述支付结算的原则。
5. 什么是汇票、支票和本票？它们各有什么规定？
6. 汇票、支票和本票的处理程序如何？怎样进行会计核算？
7. 什么是信用卡？信用卡有哪些基本规定？
8. 什么是汇兑、委托收款和托收承付？各有什么规定？

9. 汇兑、委托收款和托收承付的处理程序如何？怎样进行会计核算？

练 习 题

一、单项选择题

1. 逾期的银行本票，持票人在票据权利时效内可持银行本票向（　　）请求付款。

A. 出票人　　　　　B. 背书人　　　　　C. 代理付款人　　　D. 申请人

2. 银行签发的，由其在见票时按照实际结算金额无条件支付给收款人或者持票人的票据是（　　）。

A. 银行本票　　　　B. 银行汇票　　　　C. 银行承兑汇票　　D. 银行期票

3. 以下不属于签发银行汇票必须记载的事项的是（　　）。

A. 收款人名称　　　B. 付款人名称　　　C. 出票金额　　　　D. 实际结算金额

4. 以下说法中正确的是（　　）。

A. 支票的出票人是支票的付款人

B. 银行本票的出票人与付款人是同一人

C. 银行汇票的出票人不是银行汇票的付款人

D. 商业汇票的出票人就是汇票的付款人

5. 支票出票人的签章应为（　　）。

A. 出票人的财务专用章　　　　　　　　B. 法定代表人或者授权的代理人的签章

C. 公章　　　　　　　　　　　　　　　D. 预留银行签章

6. 支票的提示付款期限为自出票之日起（　　）。

A. 10 天　　　　　　B. 2 个月　　　　　C. 3 天　　　　　　D. 1 个月

7. 现金支票的收款人只能向支票的（　　）提示付款。

A. 付款人　　　　　B. 承兑人　　　　　C. 背书人　　　　　D. 出票人

8. 银行签发的承诺自己在见票时无条件支付确定的金额给收款人或者持票人的票据是（　　）。

A. 银行本票　　　　B. 银行汇票　　　　C. 银行承兑汇票　　D. 银行期票

9. 甲在原工作地 Z 城市存款 10 万元，由于工作变动，甲目前在 B 城市工作，此时，甲如果想取出到期存款，可采用的方式是（　　）。

A. 银行本票　　　　B. 委托收款　　　　C. 汇兑　　　　　　D. 托收承付

10. A 公司向外省 B 公司销售货物，货款 4 万元，A 公司如果想一手交钱，一手交货，适当的结算方式是（　　）。

A. 银行本票　　　　B. 银行汇票　　　　C. 汇兑　　　　　　D. 托收承付

11. A 公司需向外省 B 公司预付货款 6 000 元，可采用的结算方式是（　　）。

A. 银行本票　　　　B. 支票　　　　　　C. 托收承付　　　　D. 汇兑

12. 下列关于托收承付结算金额起点的说法中正确的是（　　）。

A. 10 万元　　　　　B. 1 万元　　　　　C. 1 000 元　　　　D. 无结算金额起点

13. 下列关于委托收款结算金额起点的说法中正确的是（　　）。

A. 10 万元　　　　　B. 1 万元　　　　　C. 1 000 元　　　　D. 无结算金额起点

14.（　　）可以有贴现行为。

A. 银行本票　　　　B. 支票　　　　　C. 银行汇票　　　　D. 商业汇票

15. 在银行开立存款账户的法人及其他组织之间，必须具有真实的交易关系或债权债务关系，才能使用（　　）。

A. 支票　　　　　　B. 银行汇票　　　　C. 银行本票　　　　D. 商业汇票

16. 商业汇票的提示付款期限为自出票之日起（　　）。

A. 10 天　　　　　B. 1 个月　　　　　C. 2 个月　　　　　D. 6 个月

17. 银行汇票的提示付款期限为自出票之日起（　　）。

A. 10 天　　　　　B. 1 个月　　　　　C. 2 个月　　　　　D. 6 个月

18. 承付期满日，托收货款金额 100 000 元，付款单位账户上只有 20 000 元，付款单位没有提出异议，这种情况，付款单位开户行作（　　）的处理。

A. 部分支付　　　　B. 无款支付　　　　C. 部分拒付　　　　D. 延期支付

19. 银行承兑汇票，经收款人或付款人出票后，需经（　　）。

A. 付款人承兑　　　　　　　　　B. 收款人承兑

C. 付款人开户行承兑　　　　　　D. 收款人开户行承兑

20. 银行本票的提示付款期限最长为自出票之日起（　　）。

A. 10 天　　　　　B. 1 个月　　　　　C. 2 个月　　　　　D. 6 个月

21. 由银行以外的单位承兑的商业汇票是（　　）。

A. 银行本票　　　　B. 银行承兑汇票　　C. 商业承兑汇票　　D. 银行汇票

22. 经承兑的银行承兑汇票，到期无条件支付票款的人是（　　）。

A. 承兑申请人　　　B. 出票人　　　　　C. 承兑银行　　　　D. 收款人

23. 票据交换后，提入转账支票一张，系本行开户单位玻璃厂签发，面额 6 000 元，经审核，该支票印章与预留银行印鉴不符，银行应（　　）。

A. 账务处理　　　　　　　　　　B. 退票，并收取罚金 300 元

C. 退票，并收取罚金 1 000 元　　D. 退票，并收取罚金 1 200 元

24. 下列支付结算方式中，同城异地均可使用的是（　　）。

A. 银行本票　　　　B. 现金支票　　　　C. 委托收款　　　　D. 银行汇票

25. 目前我国可以向开户银行申请贴现的票据是（　　）。

A. 支票　　　　　　B. 本票　　　　　　C. 银行汇票　　　　D. 商业汇票

26. 提示付款期是 10 天的票据是（　　）。

A. 定额银行本票　　B. 商业承兑汇票　　C. 银行汇票　　　　D. 不定额银行本票

4

二、多项选择题

1. 同城和异地均可以采用的结算方式有（　　）。

A. 委托收款　　　　B. 托收承付　　　　C. 商业汇票　　　　D. 汇兑

E. 银行本票　　　　F. 信用证

2. 只适用同城结算方式的有（　　）。

A. 支票　　　　　　B. 银行本票　　　　C. 银行汇票　　　　D. 商业汇票

E. 银行卡　　　　　F. 委托收款

3. 支付结算的原则包括（　　）。

A. 维护结算双方的合法利益 B. 正确使用账号

C. 努力提高服务质量 D. 谁的钱进谁的账，由谁支配

E. 恪守信用，履约付款 F. 银行不垫款

4. 我国的票据包括(　　　　)。

A. 银行汇票　　　　B. 商业汇票　　　　C. 支票　　　　D. 银行本票

E. 商业本票　　　　F. 期票

5. 票据的签章是指(　　　　)。

A. 签名　　　　B. 盖章　　　　C. 签名加盖章　　　　D. 按指印

E. 盖章加按指印　　　　F. 签名加按指印

6. 持票人委托开户行收取票款时，应作委托收款背书的票据包括(　　　　)。

A. 银行汇票　　　　B. 银行本票　　　　C. 现金支票　　　　D. 划线支票

E. 转账支票　　　　F. 商业汇票

7. 可以挂失止付的票据有(　　　　)。

A. 商业汇票 B. 现金的商业汇票

C. 现金的银行本票 D. 现金的银行汇票

E. 支票 F. 已承兑的商业汇票

8. 只适用于异地结算方式的有(　　　　)。

A. 汇兑　　　　B. 委托收款　　　　C. 托收承付　　　　D. 信用证

E. 商业汇票　　　　F. 银行汇票

9. 银行汇票具有(　　　　)的特点。

A. 分签发、兑付和结清三个阶段 B. 有效期为一个月

C. 同城异地均可使用 D. 不可以提取现金

10. 借记卡按功能不同分为(　　　　)。

A. 转账卡　　　　B. 专用卡　　　　C. 储值卡　　　　D. 储蓄卡

11. 商业承兑汇票的承兑人包括(　　　　)。

A. 出票人　　　　B. 付款人　　　　C. 销货人　　　　D. 购货人

12. 可以转让的票据有(　　　　)。

A. 转账支票 B. 现金支票

C. 转账的银行本票 D. 现金的银行汇票

E. 转账的银行汇票 F. 现金的银行本票

13. 商业汇票的承兑银行，必须具备的条件包括(　　　　)。

A. 与出票人具有真实的委托付款关系

B. 具有支付汇票金额的可靠资金

C. 内部管理完善，经其法人授权的银行

D. 具有完善的安全设施

三、判断题

1. 单位和个人在同城或异地结算各种款项均可使用支票。（　　）

2. 支票的付款银行支付支票款记账时，以支票代转账贷方传票。（　　）

3. 支票出票人开户行收到支票及进账单，审核无误付款，当收款人在他行开户时，将进

账单提出交换。　　　　　　　　　　　　　　　　　　　　　　　　　（　　）

4. 银行汇票是银行签发的承诺自己在见票时无条件支付确定的金额给收款人或者持票人的票据。　　　　　　　　　　　　　　　　　　　　　　　　（　　）

5. 银行本票只适用于单位在同一票据交换区域结算各种款项使用。（　　）

6. 银行本票的提示付款期限自出票之日起最长不超过 1 个月。　（　　）

7. 银行汇票收款人未填明实际结算金额和多余金额或实际结算金额超过出票金额的,银行不予受理。　　　　　　　　　　　　　　　　　　　　　　（　　）

8. 银行汇票持票人向银行提示付款时,必须同时提交银行汇票和解讫通知,缺少任何一联,银行不予受理。　　　　　　　　　　　　　　　　　　　　　（　　）

9. 委托收款结算款项的划回方式分邮寄和电报两种,由付款人选用。（　　）

10. 发卡行对贷记卡存款不计利息。　　　　　　　　　　　　（　　）

11. 用于支取现金的银行本票可挂失,用于转账的银行汇票不能挂失。（　　）

12. 现金支票可挂失,转账支票不可以挂失。　　　　　　　　（　　）

13. 可以用于支取现金,也可以用于转账的是普通支票。　　　（　　）

14. 支票的提示付款期限为 5 天,到期日遇节假日顺延。　　　（　　）

15. 我国票据中,支票和商业汇票都是委托付款票据。　　　　（　　）

16. 我国票据中,银行本票和银行汇票的出票人同时又是票据的付款人。（　　）

17. 验货付款的承付期为 10 天,从运输部门向付款人发出提货通知之日算起。（　　）

18. 验单付款的承付期为 3 天,从付款人开户行发出承付通知之日算起(承付期内遇节假日顺延)。　　　　　　　　　　　　　　　　　　　　　　　　（　　）

19. 单位的销货收入可存入单位卡账户,但不得从单位卡账户支取现金。（　　）

20. 单位卡账户的资金一律从其基本存款账户转账存入。　　　（　　）

21. 商业汇票贴现时,贴现额的大小受贴现期长短的影响。　　（　　）

22. 商业汇票贴现既是一种票据转让行为,又是银行的一种授信方式。（　　）

23. A 公司与外省 B 公司签订购销合同,A 公司已发货,货款 9 000 元,A、B 公司均为国有企业,A 公司可采用委托收款或托收承付结算方式收款。　　　　（　　）

项 目 实 训

实训一　支票业务核算实训

一、实训目的

掌握支票结算业务的核算。

二、实训资料

中国建设银行某支行发生下列经济业务:

(1) 收到百货批发部(在本行开户)提交的进账单及华源材料有限公司(在本行开户)签发的 5621 号转账支票,金额 25 080 元。经审查无误,立即处理。

(2) 收到百货商场提交的进账单,金额 26 750 元;变压器厂签发的 733 号转账支票,金额 16 270 元;纺织厂签发的 625 号转账支票,金额 2 800 元;印刷厂签发的 260 号转账支票,金额 7 680 元(以上单位均在本行开户)。经审查无误,立即处理。

(3) 收到化肥厂(在本行开户)提交该单位签发的 423 号转账支票及代煤气公司(在他行开户)填写的进账单,金额 8 600 元。经审查无误,立即处理。

(4) 收到玻璃厂(在本行开户)提交进账单及美术工艺品公司(在他行开户)签发的转账支票,金额 15 000 元。审查无误,经票据交换后,按正常手续入账。

(5) 收到华源材料有限公司(在本行开户)提交的进账单及美术工艺品公司(在他行开户)签发的 511 号转账支票,金额 36 300 元,审查无误,经票据交换后,该支票因印鉴不符当日退票。

(6) 票据交换提入支票一份,系本行开户的华源材料有限公司签发,票面金额为 113 500元,该单位存款余额为 100 000 元,退票并计收罚金。

三、实训要求

1. 审核凭证并盖章;
2. 编制会计分录,并选择合适的传票记账。

实训二　银行本票业务核算实训

一、实训目的

掌握银行本票结算业务的核算。

二、实训资料

中国建设银行某支行发生下列经济业务:

(1) 收到变压器厂提交第二、三联银行本票申请书,金额 285 000 元,要求签发银行本票。审查无误,立即处理。

(2) 收到华源材料有限公司提交的进账单及本行签发的银行本票,金额 42 000 元。审查无误,立即处理。

(3) 收到百货商场提交的进账单及他行签发的银行本票,金额 51 000 元。审查无误,立即处理。

(4) 收到个体户王浩提交的注明"现金"字样,本行签发的银行本票 92 000 元。经审查并验证身份证件无误,立即支付现金。

(5) 经票据交换提入本行签发的银行本票 30 000 元。审查无误,立即处理。

(6) 收到张敏提交现金 5 000 元及银行本票申请书,申请签发银行本票。收妥现金,立即办理。

三、实训要求

1. 审核凭证并盖章;
2. 编制会计分录,并选择合适的传票记账。

实训三　银行汇票业务核算实训

一、实训目的

掌握银行汇票结算业务的核算。

二、实训资料

中国建设银行某支行发生下列经济业务:

(1) 百货商场提交一式三联银行汇票申请书,金额 126 000 元,要求向在异地某中国建设银行开户的家电批发部签发银行汇票。审查无误,立即办理。

(2) 个体户李华持现金 10 000 元及银行汇票申请书,来行签发银行汇票,收款人王建,兑付行是异地某。中国建设银行分理处。审查无误,立即办理。

(3) 变压器厂提交进账单及第二、三联银行汇票(同系统其他银行签发),汇票金额 70 000 元,进账单及实际结算金额 65 850 元。审核无误,立即处理。

(4) 李浩(未在本行开户)提交第二、三联银行汇票,金额 15 000 元,汇票上注明"现金"字样,李浩要求支取现金。经审查并验证身份证无误,立即处理。

(5) 收到异地某中国建设银行支行填发的全国联行借方报单及汇票解讫通知,报单金额 56 000 元,汇票金额 56 000 元,经审查汇票系本行签发,原申请单位是在本行开户的造纸厂。审查无误,立即处理。

(6) 收到异地某中国建设银行支行填发的全国联行借方报单及汇票解讫通知,报单金额 88 000 元,汇票金额 89 000 元,经审查该汇票系分行签发,原申请人李浩未在本行开户。审核无误,立即处理,经通知李浩于当日来行支取现金。

(7) 华源材料有限公司提交公函及一个月前经本行签发 100 000 元的银行汇票二、三联来行申请退款。经审查无误,立即处理。

三、实训要求

1. 审核凭证并盖章;

2. 编制会计分录,并选择合适的传票记账。

实训四   商业汇票业务核算实训

一、实训目的

掌握银行承兑汇票结算业务的核算。

二、实训资料

中国工商银行某支行发生下列经济业务:

(1) 收到出票人畅畅公司交来付款期限 1 个月的银行承兑汇票,金额为 100 000 元,申请承兑,收款人为南京云锦公司。审查无误后,签署承兑协议,按票面金额向畅畅公司收取万分之五承兑手续费,予以入账。

(2) 收到宁北工厂交来付款期限为 1 个月的银行承兑汇票,金额为 150 000 元,收款人为北京日化厂。审查无误后,签署承兑协议,按票面金额向宁北工厂收取万分之五的承兑手续费,予以入账。

(3) 收到湘江工厂交来委托收款凭证和银行承兑汇票,付款人为广州贸易公司,金额 80 000 元。审查无误后,为其办理托收手续,予以入账。

(4) 收到中国工商银行广州支行寄来的委托银行收款凭证第四联收账通知,金额为 90 000 元,系湘江工厂托收的银行承兑汇票的货款。审查无误后,予以入账。

(5) 上月 12 日为出票人畅畅公司承兑的银行承兑汇票已经到期,金额为 100 000 元,向出票人收取票款,予以入账。

（6）收到中国工商银行苏州支行寄来的委托收款凭证及银行承兑汇票,系畅畅公司支付南京云锦公司的货款 100 000 元。审查无误,予以支付。

（7）上月 15 日为出票人宁北工厂承兑的银行承兑汇票已经到期,金额为 150 000 元,而宁北工厂账户余额为 70 000 元,予以收取,不足款转入逾期贷款户。

（8）宁北工厂账户已有存款,从其账户扣除银行承兑汇票逾期未付的 80 000 元,并按逾期日数（10 日）,按每日万分之五计收利息。

（9）收到中国工商银行北京支行寄来的委托收款凭证及银行承兑汇票,系宁北工厂支付北京日化厂货款 150 000 元。审查无误后,予以支付。

三、实训要求

1. 审核凭证并盖章;
2. 编制会计分录,并选择合适的传票记账;
3. 登记备查账簿。

实训五　信用卡业务核算实训

一、实训目的

掌握信用卡结算业务的核算。

二、实训资料

中国工商银行上海市 A 支行 5 月份发生下列经济业务:

（1）收到兴业公司交来进账单和转账支票,进账单金额为 50 000 元,转账支票金额为 50 020 元,其中:50 000 元为交存信用卡备用金,20 元为手续费。审查无误后,发给信用卡,予以入账。

（2）收到张兵先生交来现金 8 020 元,其中:8 000 元为交存信用卡备用金,20 元为手续费。审查无误后,发给信用卡,予以入账。

（3）收到在本行开户的金欣商厦交来的计汇单、进账单各 1 份和签购单 2 份,列明兴业公司购物消费 9 000 元,张兵先生购物消费 2 000 元,手续费按千分之九计算。审查无误后,予以入账。

（4）收到在本行开户的晨光公司交来的汇计单、进账单和签购单各 1 份,列明在中国工商银行卢湾支行开户的大洋商厦购物消费 8 000 元,手续费按千分之九计算。审查无误后,提出票据交换,收到同城票据交换资金清算凭证,予以入账。

（5）收到本行开户的兴业公司交来计汇单、进账单和签购单各 1 份,列明在中国工商银行贵州支行开户的贵州旅游公司采购商品的货款 20 000 元,手续费按千分之九计算,将有关凭证随联行借方报单寄中国工商银行贵州支行,予以入账。

（6）分别收到在中国工商银行上海 B 支行开户的持卡人田亮先生和王明先生的取现单各 1 份,金额分别为 6 000 元和 4 000 元。审查无误后,支付现金,并将取现单向中国工商银行 B 支行提出票据交换,予以入账。

（7）收到中国工商银行洛阳支行开户的持卡人周顺先生的取现单 1 份,金额为 12 500 元,审查无误后,按取现额的百分之一收取手续费后,支付周顺先生现金,并将第二联取现单随联行借方报单寄中国工商银行洛阳支行。

(8) 从中国工商银行 C 支行同城交换提入汇计单和本行持卡人兴业公司采购商品的签购单各 1 张,金额为 20 000 元,并收到中国工商银行徐州支行寄来联行借方报单和本行持卡人王刚先生的取现单各 1 张,金额为 5 000 元。审查无误后,予以入账。

三、实训要求

1. 审核凭证并盖章;

2. 编制会计分录,并选择合适的传票记账。

实训六　汇兑业务核算实训

一、实训目的

掌握汇兑结算业务的核算。

二、实训资料

中国工商银行上海市 A 支行 6 月份发生下列经济业务:

(1) 收到在本行开户的新荣商厦交来信汇凭证一份,要求将 36 000 元货款汇给在中国工商银行开封支行开户的利民工厂。审查无误后,汇款额从其存款户扣除。

(2) 收到未在本行开户的张涛先生交来注明“现金”字样的信汇凭证 1 份,以及现金 22 000 元,要求将 22 000 元汇至中国工商银行常州支行,收款人为李凡先生。审查无误后,予以入账。

(3) 收到中国工商银行湖州支行寄来的邮划给东昌工厂货款的信汇凭证 1 份,金额为 32 000 元。审查无误后,予以入账。

(4) 收到中国工商银行郑州支行寄来的注明“现金”字样的信汇凭证 1 份,金额为 18 000 元,付款人为吴凯先生,收款人为王红小姐。审查无误后,予以入账,并通知收款人来行办理取款手续。

(5) 收到中国工商银行济南支行注明“留行待取”字样的电汇凭证 1 份,金额为 90 000 元,付款人为济南日化厂,收款人为该厂的采购员刘伟。审查无误后,予以入账,并通知刘伟来办理取款手续。

(6) 济南日化厂采购员刘伟,从汇入款项中提取现金 5 000 元。审查无误后,予以支付。

(7) 收到济南日化厂采购员刘伟交来并由其签发的转账支票和填制的进账单各 1 份,金额为 85 000 元,要求将款项支付给在本行开户的铁东工厂。审查无误后,予以入账。

三、实训要求

1. 审核凭证并盖章;

2. 编制会计分录,并选择合适的传票记账。

项目五　往来业务核算

5

【学习目标】

在多元化金融机构体制下,金融机构之间的资金账务往来是实现银行间资金划拨与清算的手段。本项目的学习,要求学生能达到以下知识目标和能力目标。

知识目标	能力目标	学习重点和难点
(1) 明确往来业务的种类及贷款往来业务核算的要求	(1) 能根据业务内容区分属于哪种往来业务	(1) 资金清算业务往来核算
(2) 掌握清算资金往来业务的核算	(2) 会处理系统内往来业务以及三种跨系统汇划业务	(2) 异地跨系统转汇的业务处理
(3) 掌握异地跨系统往来业务的核算	(3) 能对异地跨系统转汇、同业拆借、同城票据交换等业务进行、处理	(3) 再贷款、再贴现的业务处理
(4) 掌握商业银行和中央银行往来业务的核算	(4) 能处理与中央银行往来中的现金存取、缴存款项、再贷款、再贴现等业务	(4) 大额实时支付业务、小额批量支付业务处理
(5) 理解现代化支付系统业务核算	(5) 能对大额实时支付业务、小额批量支付业务进行、处理	

【典型工作任务】

序　号	工　作　任　务	具　体　内　容
1	系统内电子汇划业务核算	资金清算业务的含义和种类
		系统内电子汇划业务核算
2	跨系统往来业务核算	同城票据交换业务核算
		异地跨系统转汇业务核算
		同业拆借业务核算
3	与中央银行往来业务核算	送存和提取现金业务核算
		缴存存款业务核算

续　表

序　号	工　作　任　务	具　体　内　容
3	与中央银行往来业务核算	借款业务核算
		大额汇划业务核算
4	现代化支付系统业务核算	中国现代化支付系统认知
		大额实时支付系统认知
		小额批量支付系统认知

任务一　系统内电子汇划业务核算

引　例

BX农商银行：资金清算在身边

"您好,这里是BX农商银行甲分理处,您之前需要提入公户的支票已成功入账……"接到工作人员的电话通知,马先生一颗悬着的心终于落地了。

随着资金清算系统日益强大,支付手段逐渐多元化,越来越多的市民开始接触到网银、支票、汇票等新型支付工具。"资金清算"虽然已经进入了日常生活中,但是大家对资金清算等常识还是知之甚少。

一天前,马先生一筹莫展,看着一张见都没见过的单子,心想该怎么把钱取出来呢?这笔账要了有段时间了,对方财务人员只询问了他的对公账户,冷冰冰地指着收款人告诉他到时候入这个账户,便闭口不谈了。包工头出身的马先生这几年干得活多,账却不好要,对方付款方式更是五花八门,近几年才赶鸭子上架开上了对公账户、刚开始接受网银转账的马先生,又碰上了难题。

"这是一张××行的转账支票,我要去××行提钱呢还是在这里就能办理?"马先生来到对公账户的开户行咨询。因为农村商业银行网点多,工作人员比较热心,咨询业务的时候用语比较接地气儿,更容易听懂,所以当初开公户的时候马先生选择了本地的农村商业银行。

"放心吧,这张支票在咱们系统里走小额影像截留就行了,快的话明天就能入账,您在后面背好书回家等电话就行了。"工作人员耐心地告知马先生,听到工作人员诚恳的答复,马先生放心了,觉得就像平时自己预约取款那么简单、方便。

前些年收到支票必须走同城票据交换,从同城业务往来中提出提入,乡镇网点收到支票后委托营业部办理交换,去年系统升级后,依托强大的资金清算系统,50万元以下的小额支票业务,只需通过小额支付影像截留办理,只要在农商行开立账户即可坐在家中实现从他行至该行的资金交换,真正称得上安全、高效、便捷。

问题:什么是资金清算系统? 它有哪些优点?

【知识准备】

目前,我国已初步建成以商业银行系统内电子汇划系统为基础、以中国现代化支付系统为核心的同城票据交换系统和票据影像系统,以及银行卡支付系统并存的支付清算体系。

一、资金清算业务的含义和种类

(一) 资金清算业务的含义

资金清算,是指银行之间由于支付结算业务所产生的资金划拨。在某种意义上,资金清算业务是支付结算业务的延伸,两者是紧密联系、相辅相成的关系。客户到银行办理业务,往往集支付结算、汇划清算为一体。通过资金清算系统将银行遍布全国各地的网点联成一个整体,实现资金往来及时到账。

(二) 资金清算业务的种类

1. 按是否跨行分类

资金清算按是否跨行分为系统内清算和跨系统清算。

系统内清算,是指收款人、付款人在同一银行系统的不同行、处开户,结算款项需在系统内行、处之间划拨并对由此引起的资金存欠进行清算。系统内清算主要通过商业银行系统内电子汇划系统实现。

跨系统清算,是指收款人、付款人在不同银行系统开户,结算款项需在跨系统行、处之间划拨并对由此引起的资金存欠进行清算。跨系统清算一般通过中国人民银行构建的现代支付清算系统来办理。

2. 按清算的区域分类

资金清算按清算的区域分为同城清算和异地清算。

同城清算,是指同一城市或同一个票据交换中心的不同商业银行之间的资金往来。随着经济发展和资金往来日益频繁,同城的概念逐步扩大,已经突破同一城市的范围,产生了"大同城"和"小同城"之说。同处于一个经济带的若干个城市群,如长江三角洲之间不同银行和同一银行内的清算,属于"大同城";而同一城市内的银行清算则是"小同城"。同城清算一般通过中国人民银行设置的同城票据交换所来进行。

异地清算,是指不同地区之间的银行资金往来,如中国建设银行南京分行向中国建设银行上海分行调拨款项。异地清算一般通过中国人民银行转汇或采用商业银行相互转汇的方法。

3. 按清算信息传递的手段分类

资金清算按清算信息传递的手段分为手工清算和电子清算。

手工清算,是指以邮寄和电报方式实现往来银行之间的信息连接,账务往来的核算主要以手工记账为主。

电子清算,是以电子计算机网络和卫星通信技术作为银行间的通信和连接工具,通过电子计算机网络和卫星通信技术进行异地资金划拨的账务往来。电子清算系统简化了资金清算的手续,大大缩短了资金在途时间,加速了资金周转。目前的资金汇划业务,基本上全部纳入了电子清算的各个支付清算体系。

4. 按清算资金划拨方式分类

资金清算按清算资金划拨方式分为全额实时清算和差额定时清算。

全额实时清算(RTGS),是指参加资金清算的各商业银行,采用实时处理方式,对每一笔付款(借记)或收款(贷记)业务实时转发,并对其清算户实时清算。

差额定时清算(DNS),是指参加资金清算的各商业银行将各自应付应收款的金额进行轧差,得到应贷差额或应借差额,然后在固定时间通过中国人民银行的存款账户进行资金划拨。

二、系统内电子汇划业务核算

(一) 系统内电子汇划业务认知

1. 系统基本构成

系统内电子汇划系统也称为电子汇兑系统,是指商业银行系统内办理结算和内部资金调拨所采用的联行往来系统。系统内电子汇划系统由汇划业务经办行、清算行、省区分行和总行清算中心通过计算机网络组成,是一种现代化的电子支付系统。

经办行,是具体办理结算资金和内部资金汇划业务的行、处,汇划业务的发生行为发报经办行,汇划业务的接受行为收报经办行。

清算行,是在总行清算中心开立备付金存款账户,办理其辖内行、处汇划款清算的分行,包括直辖市分行、总行直属分行及二级分行。

省区分行在总行开立备付金账户,只办理系统内资金调拨和内部资金利息汇划。

总行清算中心办理系统内各经办行之间的资金汇划。各清算行之间的资金清算、资金拆借、账户对账等都由该中心核算和管理。

2. 基本做法

系统内电子汇划业务的基本做法是"实存资金、同步清算、头寸控制、集中监督"。

实存资金,是指以清算行为单位在总行清算中心开立备付金账户,用于资金汇划清算。

同步清算,是指发报经办行将资金汇划业务要求生成数据,发送至其辖属发报清算行,由发报清算行经总行清算中心将款项划至收报清算行,最后由收报清算行将汇划信息传送给收报经办行,最终完成资金汇划。

头寸控制(头寸也称为"头衬",就是款项的意思),是指清算行在总行清算中心开立备付金存款账户必须有足够存款,存款不足时,二级分行可向其管辖省区分行借款,省区分行或直辖市分行、直属分行可向总行借款。

集中监督,是指总行清算中心对汇划往来数据的接收和发送、资金清算、备付金存款账户的资信情况、行际间查复情况进行监督管理。

3. 基本程序

按照上述基本做法,系统内电子汇划业务的基本操作程序就是:发报经办行将汇划信息经计算机加密处理后,形成加密数据,通过通信专用线路传输至发报清算行、总行清算中心;总行清算中心将整理后的加密数据,再通过通讯专用线路传输至收报清算行,转收报经办行。系统内资金汇划业务操作程序如图5-1所示。

在这里,清算行、处在信息中转的地位,既要向总行清算中心传输发报经办行的汇划信息,又要向收报经办行传输总行清算中心发来的汇划

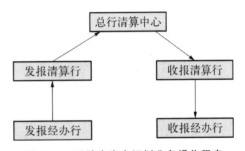

图5-1　系统内资金汇划业务操作程序

信息。资金汇划的出口、入口均反映在清算行,使其可以控制辖属经办行的资金汇划与清算。

(二)系统内电子汇划业务核算

1. 发报经办行

发报经办行根据汇划业务种类,由经办人员根据汇划凭证录入有关内容。业务数据经过复核,按规定权限授权无误后,产生有效汇划数据,发送发报清算行。以贷方汇划业务为例,发报经办行为付款行,编制会计分录如下:

> 借:吸收存款——活期存款(付款人户)
> 　　贷:清算资金往来——辖内往来

如为借方汇划业务,则做相反的会计分录。

每天营业终了,发报经办行应打印"辖内往来汇总记账凭证",并打印"资金汇划业务清单"作为"辖内往来汇总记账凭证"的附件。

"清算资金往来"科目反映各收、发报经办行与清算行之间的资金汇划往来与清算情况,属于资产负债共同类会计科目,余额轧差反映。借方余额反映应收的清算资金,贷方余额反映应付的清算资金。本科目可按资金往来单位,通过"辖内往来""同城票据清算""信用卡清算"等明细科目进行核算。"清算资金往来——辖内往来"科目反映各发、收报经办行与清算行之间的资金汇划往来与清算情况。

> 【做中学 5-1】中国工商银行南京江宁营业部受本行开户单位东山商场委托,向中国工商银行上海分理处开户单位长城自行车厂支付货款 8 万元。经复核无误后,中国工商银行南京江宁营业部向中国工商银行江苏省分行发送汇划款项信息。编制会计分录如下:
>
> 借:吸收存款——活期存款(东山商场)　　　　　　　　80 000
> 　　贷:清算资金往来——辖内往来　　　　　　　　　　　80 000

2. 发报清算行

发报清算行收到发报经办行传输来的汇划电子数据,按规定权限授权、编制密押后由计算机自动记载"存放同业——上存总行备付金户"科目和"清算资金往来——辖内往来"科目,并将数据传输至总行。如收到发报经办行发来的贷方汇划业务,编制会计分录如下:

> 借:清算资金往来——辖内往来
> 　　贷:存放同业——上存总行备付金户

若清算行在总行清算中心备付金存款不足,"存放同业——上存总行备付金户"科目余额可暂时在贷方反映,但清算行要迅速筹措资金补充备付金头寸。

如为借方汇划业务,则做相反的会计分录。

"存放同业"科目反映各清算行存放在总行以及各经办行存放在清算行的清算备付金,该科目可以设置"上存总行备付金户"和"上存省分行调拨资金户"明细科目。该科目属于资产类科目,余额反映在借方。"上存总行备付金户"(省分行、省分行营业部、直辖市分行、各二级分行设置)反映各清算行存放在总行的清算备付金。"上存省分行调拨资金户"由省分行营业部、各二级分行设置。

【做中学 5－2】 接【做中学 5－1】,中国工商银行江苏省分行编制会计分录如下:

借:清算资金往来——辖内往来　　　　　　　　　　　　　　　　80 000
　　贷:存放同业——上存总行备付金户　　　　　　　　　　　　　　80 000

3. 总行清算中心

总行清算中心收到各发报清算行汇划款项,由计算机自动登记后,将款项传送至收报清算行。每日营业终了更新各清算行在总行开立的备付金存款账户。如为贷方汇划款项,编制会计分录如下:

借:同业存放——发报清算行(省分行营业部)备付金户
　　贷:同业存放——收报清算行(省分行营业部)备付金户

如为借方汇划业务,则会计分录相反。

"同业存放"科目用于核算和反映银行吸收的境内、境外金融机构的存款。该科目属于负债类科目,余额反映在贷方。总行使用该科目按清算行和省区分行的备付金存款的增减变动,在该科目下按二级分行设置"备付金存款户"明细科目。

【做中学 5－3】 接【做中学 5－1】资料,总行清算中心编制会计分录如下:

借:同业存放——江苏省分行备付金户　　　　　　　　　　　　　　80 000
　　贷:同业存放——上海分行备付金户　　　　　　　　　　　　　　80 000

4. 收报清算行

收报清算行收到总行清算中心传来的汇划业务数据,计算机自动检测收报经办行是否为辖属行、处,并经系统自动核对无误后,自动进行账务处理。实时业务即时处理并传送至收报经办行,批量业务处理后次日传送至收报经办行。

(1) 实时业务。收到总行清算中心传来的实时汇划业务数据后,实时传至收报经办行记账。如为贷方汇划业务,编制会计分录如下:

借:存放同业——上存总行备付金户
　　贷:清算资金往来——辖内往来

如为借方汇划业务,则做相反的会计分录。

(2)批量业务。收到总行清算中心传来的批量汇划数据先进行挂账。如为贷方汇划业务,编制会计分录如下:

> 借:存放同业——上存总行备付金户
> 　　贷:其他应付款

次日收报经办行确认时,编制会计分录如下:

> 借:其他应付款
> 　　贷:清算资金往来——辖内往来

5. 收报经办行

收到收报清算行传来的实时、批量汇划数据,经检查无误后,打印相关凭证,并自动进行账务处理。如为贷方汇划业务,编制会计分录如下:

> 借:清算资金往来——辖内往来
> 　　贷:吸收存款——活期存款(收款人户)

如为借方汇划业务,则做相反的会计分录。

引例解析

答:引例中所说的资金清算系统全称系统内电子汇划系统,是商业银行系统内办理结算和内部资金调拨所采用的联行往来核算系统。该核算系统利用先进的计算机网络,将发、收银行之间的横向资金往来转换成纵向的资金汇划,资金划拨快捷,资金清算及时,大大减少了在途资金,防止了行与行相互之间的资金存欠。

> **想一想** 系统内电子汇划业务中,清算行扮演何种角色?

任务二　跨系统往来业务核算

引 例

一个月三家持牌消金获准进入银行间同业拆借市场

2020年10月13日,杭银消费金融发布公告称,于近日收到全国银行间同业拆借中心的申请批复,获准进入银行间同业拆借市场。同日,金美信消费金融官网披露其获准进入全国银行间同业拆借市场。在中国人民银行同业拆借中心、人民银行厦门中心支行、厦门银保监局的大力支持下,厦门金美信消费金融公司(以下简称"金美信消费金融")于2020年10月成功获准进入全国银行间同业拆借市场,具备开展同业拆借业务的资格,是行业内少有的在成立第二年即获得该业务资格的消费金融公司。10月10日,长银消费金融公司官网披露,近日收到全国银行间同业拆借中心的通知,公司获准进入银行间同业拆借市场。据统计,10月已经有三家持牌消费金融获准进入银行间同业拆借市场。三家持牌消费金融获准进入银行间同业拆借市场,反映了监管机构对于金融机构的认可。"持牌消金"通过同业拆借市场进一步丰富融资渠道以补充流动性,进一步降低其融资成本。

问题:引例中的同业拆借属于银行的哪种业务?有何特点?

【知识准备】

一、同城票据交换业务核算

(一)票据交换系统认知

票据交换系统,是指由中国人民银行当地分支行组织的,在指定区域内遵循"先付后收、收妥抵用、差额清算、银行不垫款"的原则,定时、定点集中交换、清算中国人民银行和银行业机构提出的结算票据的跨行支付清算系统。

票据交换系统主要处理纸质票据不能截留的支票、本票、跨行银行汇票,以及跨行代收、代付纸质凭证。参加票据交换的一般是同城内的有关商业银行。但交通方便的地区,也可吸收毗邻市县的有关行、处参加本地区的票据交换。

同城票据交换的主要规定有以下几条:

(1)同城票据交换应当由当地中国人民银行统一组织,当地没有中国人民银行机构的,一般由中国人民银行委托当地某商业银行统一组织。

(2)参加同城票据交换的商业银行各行、处,必须有中国人民银行批准并核发的交换行号。票据交换时,向他行提出交换票据的行、处称为提出行,从票据交换所取回票据的行、处称为提入行。参加交换的各行、处既是提出行又是提入行。

(3)各行、处必须按照规定的时间参加交换。每一营业日一般规定交换两场,上午和下午各一场。上午受理的票据可在当天下午进行交换,下午受理的票据待次日上午进行交换。

(4)提出交换的票据种类包括支票、本票、进账单、委托收款凭证、其他各种收费凭证、银行间款项划拨凭证、异地转汇凭证等。这些票据可分为代收票据和代付票据两种。代收票据,是指在本行开户的付款单位提交的、委托本行向他行开户单位付款的票据,又叫贷方票据(或贷方凭证),如汇兑结算凭证、进账单等。代付票据,是指在本行开户的收款单位提交的、应由他行开户单位付款的票据,又叫借方票据(或借方凭证),如同城委托收款结算凭证、支票、银行汇票、本票和商业汇票等。

(5)为贯彻"他行票据,收妥抵用"原则,对他行付款票据应待退票时间过后尚未收到退票通知时才能为收款单位入账。退票时间的规定如下:❶ 每日只进行一场交换清算的,隔日必须退票;隔日未退票的,提出行于隔日清算完毕后入账。❷ 每日进行两场交换清算的,隔场必须退票;隔场未退票的,提出行于提出票据后第二场清算完毕后入账。❸ 超过规定的退票时间后不允许退票。

（二）同城票据交换业务核算

1. 提出票据

将需要提出的借方、贷方凭证分类处理，分别登记"贷方票据交换登记簿"和"借方票据交换登记簿"。按所属行别的交换号整理、汇总，填制"提出交换借、贷方凭证计算表"，将凭证附在后面，并根据计算表登记"清算总数表"。

（1）提出贷方凭证。编制会计分录如下：

> 借：吸收存款——活期存款（各付款人户）
> 　贷：清算资金往来——同城票据清算

（2）提出借方凭证。对即时抵用的票据（如本票），应及时将资金划入客户账户。编制会计分录如下：

> 借：清算资金往来——同城票据清算
> 　贷：吸收存款——活期存款（各收款人户）

对收妥抵用的票据（如支票），先挂账处理。编制会计分录如下：

> 借：清算资金往来——同城票据清算
> 　贷：其他应付款——托收票据户

待退票时间截止后，再将资金划入客户账户。编制会计分录如下：

> 借：其他应付款——托收票据户
> 　贷：吸收存款——活期存款（各收款人户）

2. 提入票据

将需要提入的借方、贷方凭证分类处理，分别登记"贷方票据交换登记簿"和"借方票据交换登记簿"。按所属行别的交换号整理、汇总，填制"提入交换借、贷方凭证计算表"，将凭证附在后面，并根据计算表登记"清算总数表"。

（1）提入贷方凭证。编制会计分录如下：

> 借：清算资金往来——同城票据清算
> 　贷：吸收存款——活期存款（各收款人户）

（2）提入借方凭证。

如果提入的借方凭证正确无误，并经审核可以付款，则办理转账，编制会计分录如下：

> 借：吸收存款——活期存款（各付款人户）
>   贷：清算资金往来——同城票据清算

3. 清算票据交换差额

各行票据交换员将提出的票据在规定时间内提交给票据交换所，并在票据交换所提回本行票据时，分别代收、代付汇总加计票据笔数和金额，登记"清算总数表"相关栏后，结出应收金额合计和应付金额合计，其计算公式为：

$$应收金额 = 提出借方票据金额 + 提入贷方票据金额$$
$$应付金额 = 提出贷方票据金额 + 提入借方票据金额$$

如果应收金额大于应付金额，即为应收差额，反之为应付差额。央行根据汇总情况当场结算出各行、处的票据交换差额，并将差额反映在各行、处在央行存款户余额的变化上。

（1）清算应收差额。编制会计分录如下：

> 借：存放中央银行款项——备付金存款户
>   贷：清算资金往来——同城票据清算

（2）清算应付差额。编制会计分录如下：

> 借：清算资金往来——同城票据清算
>   贷：存放中央银行款项——备付金存款户

（三）了解全国支票影像交换系统

全国支票影像交换系统（CIS）是运用影像技术将实物支票转换为支票影像信息，通过计算机和网络将支票信息传递至出票人开户银行提示付款，实现支票全国通用的业务处理系统。影像交换系统负责影像信息交换，可以处理银行机构跨行和行内的支票影像信息交换，其资金清算通过中国人民银行覆盖全国的小额批量支付系统进行处理。

支票影像业务的处理分为影像信息交换和业务回执处理两个阶段。前者是指支票收款人开户银行通过影像交换系统将支票影像信息发送至出票人开户银行提示付款；后者是指出票人开户银行审核无误后将款项通过小额支付系统支付给收款人开户银行。

随着全国支票影像交换系统的推广使用，银行间的支票资金清算由原来的同城票据交换变为通过小额支付系统完成，有效控制了流动性风险和信用风险，极大地提高了支票清算的安全和效率。

二、异地跨系统转汇业务核算

异地跨系统转汇，是指由于客户办理异地结算业务而引起的跨系统商业银行之间相互汇划款项的业务。

目前规定，跨系统在 10 万元以上（含 10 万元），系统内在 50 万元以上（含 50 万元）的大

5-1
支票审
查事项

5-2
清算票
据业务

额汇划应通过中国人民银行转汇并清算资金。在此限额下,可采用商业银行相互转汇的方法,即采用"跨系统汇划款项,相互转汇"的办法进行、处理。根据商业银行的机构设置不同,商业银行异地跨系统转汇有三种方式:先横后直、先直后横和先直后横再直。这些方式与通过中央银行办理大额汇划业务的方法有相似之处。采用何种转汇方法,需要根据汇出行所在地及汇入行所在地商业银行的机构设置情况决定。

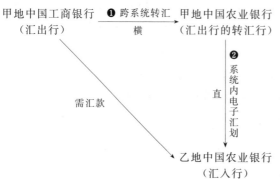

图 5 - 2　先横后直方式异地跨系统转汇程序

(一) 先横后直转汇

先横后直转汇方式适用于汇出行所在地为双设机构地区,即在汇出行所在地,除本行外还设有汇入行系统的银行机构。

先横后直转汇方式下,汇出行将跨系统的汇划凭证,按不同系统逐笔填写转汇清单,并汇总划收或划付凭证,通过同城票据交换或通过"同业存放""存放同业",将款项划至汇入行的转汇行。转汇行再通过本系统联行将款项划给汇入行。以甲地中国工商银行向乙地中国农业银行代收汇款为例,其转汇程序如图 5 - 2 所示。

甲地汇出行编制会计分录如下:

> 借:吸收存款——单位或个人活期存款(汇款人户)
> 　贷:同业存放——转汇行户
> 　　(或存放同业——转汇行户)
> 　　(或存放中央银行款项)

甲地汇出行的转汇行编制会计分录如下:

> 借:存放同业——汇出行户
> 　　(或同业存放——汇出行户)
> 　　(或存放中央银行款项)
> 　贷:清算资金往来——辖内往来

乙地汇入行编制会计分录如下:

> 借:清算资金往来——辖内往来
> 　贷:吸收存款——单位或个人活期存款(收款人户)

如为代付业务,则会计分录相反。

【做中学 5 - 4】中国工商银行上海市徐汇支行开户单位三羊工厂要求电汇 90 000 元给广州的华英公司。华英公司的开户银行为中国银行广州分行营业部,拟通过中国银行上海分行营业部转汇。中国银行上海分行营业部在中国工商银行上海徐汇支行开有存款账户。

(1) 中国工商银行上海徐汇支行(汇出行)编制会计分录如下:

借:吸收存款——活期存款(三羊工厂)   90 000

    贷:同业存放——中国银行上海市分行   90 000

(2) 中国银行上海分行营业部(转汇行)编制会计分录如下:

借:存放同业——中国工商银行上海市徐汇支行   90 000

    贷:清算资金往来——辖内往来   90 000

(3) 中国银行广州分行营业部(汇入行)编制会计分录如下:

借:清算资金往来——辖内往来   90 000

    贷:吸收存款——活期存款(华英公司)   90 000

(二) 先直后横转汇

先直后横转汇方式适用于汇出行所在地为单设机构地区,即在汇出行所在地,除本行外没有汇入行系统的银行机构。

先直后横转汇方式下,汇出行将款项划至汇入行所在地的本系统联行(转汇行)。转汇行再通过同业存放款项或同城票据交换将款项转划给跨系统汇入行。以甲地中国工商银行向乙地中国农业银行代收汇款为例,其异地跨系统转汇程序如图5-3所示。

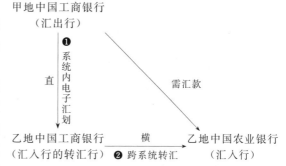

图5-3 先直后横方式异地跨系统转汇程序

甲地汇出行编制会计分录如下:

借:吸收存款——单位或个人活期存款(汇款人户)

    贷:清算资金往来——辖内往来

乙地汇入行的转汇行编制会计分录如下:

借:清算资金往来——辖内往来

    贷:同业存放——汇入行户

        (或存放同业——汇入行户)

        (或存放中央银行款项)

乙地汇入行编制会计分录如下:

> 借：*存放同业——转汇行户*
> 　　*（或同业存放——转汇行户）*
> 　　*（或存放中央银行款项）*
> 　　贷：*吸收存款——单位或个人活期存款（收款人户）*

如为代付业务,则会计分录相反。

【做中学 5-5】承上例,假设中国银行在上海市无分支行机构,通过中国工商银行广州分行营业部转汇。中国银行广州分行在中国工商银行广州分行开有存款账户。

1. 中国工商银行上海徐汇支行（汇出行）编制会计分录为：

借：吸收存款——活期存款（三羊工厂）　　　　　　　　　90 000
　　贷：清算资金往来——辖内往来　　　　　　　　　　　　90 000

2. 中国工商银行广州分行营业部（转汇行）编制会计分录为：

借：清算资金往来——辖内往来　　　　　　　　　　　　　90 000
　　贷：同业存放——中国银行广州市分行　　　　　　　　　90 000

3. 中国银行广州分行营业部（汇入行）编制会计分录为：

借：存放同业——中国工商银行广州分行　　　　　　　　　90 000
　　贷：吸收存款——活期存款（华英公司）　　　　　　　　90 000

（三）先直后横再直转汇

先直后横再直转汇方式适用于汇出行和汇入行所在地均为单设机构地区。

先直后横再直转汇方式下,汇出行先通过本系统联行将款项划至就近的、双设机构的本系统的转汇行,再由其通过同业存放款项或同城票据交换将款项转划给跨系统汇入行的转汇行,最后由汇入行的转汇行通过本系统联行将款项划给汇入行。以甲地中国工商银行向乙地中国农业银行代收汇款为例,其异地跨系统转汇方式转汇程序如图 5-4 所示。

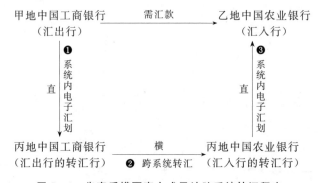

图 5-4 先直后横再直方式异地跨系统转汇程序

甲地汇出行编制会计分录如下：

> 借：吸收存款——单位或个人活期存款（汇款人户）
> 　　贷：清算资金往来——辖内往来

丙地汇出行的转汇行编制会计分录如下：

> 借：清算资金往来——辖内往来
> 　　贷：同业存放——汇入行的转汇行户
> 　　（或存放同业——汇入行的转汇行户）
> 　　（或存放中央银行款项）

丙地汇入行的转汇行编制会计分录如下：

> 借：存放同业——汇出行的转汇行户
> 　　（或同业存放——汇出行的转汇行户）
> 　　（或存放中央银行款项）
> 　　贷：清算资金往来——辖内往来

乙地汇入行编制会计分录如下：

> 借：清算资金往来——辖内往来
> 　　贷：吸收存款——单位或个人活期存款（收款人户）

如为代付业务，则会计分录相反。

【做中学 5-6】 承上例，中国工商银行上海徐汇支行开户单位三羊工厂要求电汇 90 000 元给广州的华英公司，该公司的开户银行为中国银行广州分行营业部，假设通过中国工商银行杭州分行营业部和中国银行杭州分行营业部转汇。中国银行杭州分行在中国工商银行杭州分行开有存款账户。

（1）中国工商银行上海徐汇支行（汇出行）编制会计分录如下：

> 借：吸收存款——活期存款（三羊工厂）　　　　　90 000
> 　　贷：清算资金往来——辖内往来　　　　　　　　90 000

（2）中国工商银行杭州分行（汇出行的转汇行）编制会计分录如下：

> 借：清算资金往来——辖内往来　　　　　　　　90 000
> 　　贷：同业存放——中国银行杭州分行　　　　　　90 000

（3）中国银行杭州分行（汇入行的转汇行）编制会计分录如下：

> 借：存放同业——中国工商银行杭州分行　　　　90 000
> 　　贷：清算资金往来——辖内往来　　　　　　　　90 000

(4) 中国银行广州分行(汇入行)编制会计分录如下:

借:清算资金往来——辖内往来　　　　　　　　　90 000
　　贷:吸收存款——活期存款(华英公司)　　　　　　　90 000

三、同业拆借业务核算

(一) 同业拆借业务认知

同业拆借,是指具有法人资格的金融机构及经法人授权的金融分支机构之间进行短期资金融通的行为。一些国家特指同业拆借为吸收公众存款的金融机构之间的短期资金融通,目的在于调剂头寸和临时性资金余缺。金融机构在日常经营中,由于存放款的变化、汇兑收支增减等原因,在一个营业日终了时,往往出现资金收支不平衡的情况,一些金融机构收大于支,另一些金融机构支大于收,资金不足者要向资金多余者融入资金以平衡收支,于是产生了金融机构之间进行短期资金相互拆借的需求。资金多余者向资金不足者贷出款项,称为资金拆出;资金不足者向资金多余者借入款项,称为资金拆入。一个金融机构的资金拆入大于资金拆出叫净拆入;反之,叫净拆出。同业拆借分同业头寸拆借和同业短期拆借。参加同城票据交换的金融机构可通过同业头寸拆借调剂头寸余缺,同业头寸拆借期限不超过 7 天。同业短期拆借期限为 7 天以上 4 个月以内。

同业拆借是临时调剂性借贷行为,具有以下四个特点:

(1) 融通资金的期限比较短,我国同业拆借资金的最长期限为 4 个月,因为同业拆借资金主要用于金融机构短期、临时性资金需要。

(2) 同业拆借的参与者是商业银行和其他金融机构。参与拆借的机构基本上在中央银行开立存款账户,在拆借市场交易的主要是金融机构存放在该账户上的多余资金;但其主管机关是中国人民银行。拆借的资金必须通过各银行在中国人民银行的存款账户进行处理。

(3) 同业拆借基本上是信用拆借,拆借活动在金融机构之间进行,市场准入条件较严格,金融机构主要以其信誉参与拆借活动。

(4) 利率相对较低。一般来说,同业拆借利率是以中央银行再贷款利率和再贴现率为基准,再根据社会资金的松紧程度和供求关系由拆借双方自由议定的。由于拆借双方都是商业银行或其他金融机构,其信誉比一般工商企业要高,拆借风险较小,加之拆借期限较短,因而利率水平较低。

(二) 拆借资金

在同业拆借中,借出资金的银行为拆出行,借入资金的银行为拆入行。

1. 拆出行拆出资金

拆借双方签订拆借合同后,拆出行根据拆借合同签发转账支票并填制进账单提交开户的中国人民银行,将拆借资金划转汇入中国人民银行存款户。编制会计分录如下:

借:拆出资金 ——××拆入行
　　贷:存放中央银行款项——备付金存款户

　　"拆出资金"科目属于资产类科目,主要由拆出行使用,核算商业银行拆借给境内、境外其他金融机构的款项。该科目可按拆放的金融机构设置明细账核算。商业银行拆出资金时,借记"拆出资金";收回资金时,贷记"拆出资金";期末余额在借方,反映商业银行按规定拆放给其他金融机构的款项。

　　2. 拆入行拆入资金

　　中国人民银行将款项从拆出行准备金账户转入拆入行准备金账户,并将进账单回单联转交拆入行。拆入行根据进账单回单联,办理转账,编制会计分录如下:

　　　　借:存放中央银行款项——备付金存款户
　　　　　　贷:拆入资金——××拆出行

　　"拆入资金"科目属于负债类科目,主要由拆入行使用,核算商业银行从境内、境外其他金融机构拆入的款项。该科目可按拆入的金融机构设置明细账核算。商业银行拆入资金时,贷记"拆入资金";归还资金时,借记"拆入资金";期末余额在贷方,反映商业银行尚未归还的拆入资金余额。

　　【做中学5-7】中国工商银行南京江宁支行向跨系统的中国建设银行竹山支行拆入资金200万元,依据资金管理部门提交的借款合同副本和中国人民银行的收账通知,填制凭证并作出有关账务处理。

　　中国建设银行竹山支行(拆出行)编制会计分录如下:

　　　　借:拆出资金——中国工商银行江宁支行　　　　　　2 000 000
　　　　　　贷:存放中央银行款项——备付金存款户　　　　　2 000 000

　　中国工商银行南京江宁支行(拆入行)编制会计分录如下:

　　　　借:存放中央银行款项——备付金存款户　　　　　　2 000 000
　　　　　　贷:拆入资金——中国建设银行竹山支行　　　　　2 000 000

(三) 拆借资金归还

　　1. 拆入行归还拆借资金

　　拆借资金到期,拆出行应根据借款本息填制进账单和转账支票送交中国人民银行,将拆借资金本息划转拆出行。编制会计分录如下:

　　　　借:拆入资金——××拆出行
　　　　　　利息支出——金融企业往来支出
　　　　　　贷:存放中央银行款项——备付金存款户

　　2. 拆出行收回拆借资金

　　中国人民银行将款项从拆入行准备金账户转入拆出行准备金账户,并将进账单回单联交拆出行。拆出行根据回单联,办理转账,编制会计分录如下:

借：存放中央银行款项——备付金存款户

　　贷：拆出资金——××拆入行

　　　利息收入——金融企业往来收入

【做中学 5-8】 接上例,假设中国工商银行南京江宁支行到期应支付利息 4 万元,分别作出中国工商银行南京江宁支行和中国建设银行竹山支行的账务处理。

中国工商银行南京江宁支行(拆入行)编制会计分录如下:

借：拆入资金——中国建设银行竹山支行　　　　　　　　　　2 000 000

　　利息支出——金融企业往来支出　　　　　　　　　　　　　40 000

　　　贷：存放中央银行款项——备付金存款户　　　　　　　2 040 000

中国建设银行竹山支行(拆出行)编制会计分录如下:

借：存放中央银行款项——备付金存款户　　　　　　　　　　2 040 000

　　　贷：拆出资金——中国工商银行南京江宁支行　　　　　2 000 000

　　　　利息收入——金融企业往来收入　　　　　　　　　　　40 000

引例解析

答：同业拆借,是指经中国人民银行批准进入全国银行间同业拆借市场(以下简称同业拆借市场)的金融机构之间,通过全国统一的同业拆借网络进行的无担保资金融通行为,属于往来业务中的跨系统业务。同业拆借是临时调剂性借贷行为,有以下几个特点：❶ 融通资金的期限比较短;❷ 参与者是商业银行和其他金融机构;❸ 基本上是信用拆借;❹ 利率相对较低。

📊【工作任务设计 5-1：同城票据交换核算】

【任务描述】

中国银行南京分行提出转账支票 4 张,金额为 19 760 元,提出进账单 6 张,金额为 41 400 元;提入支票 8 张,金额为 33 688 元,提入进账单 7 张,金额为 60 069 元。填制清算总数表,如表5-1所示。

表 5-1　　　　　　　　中国银行南京分行清算总数表

借　方			贷　方		
项　目	笔　数	金　额	项　目	笔　数	金　额
提出借方票据	4	19 760	提出贷方票据	6	41 400
提入贷方票据	7	60 069	提入借方票据	8	33 688
合　计		79 829	合　计		75 088
应收差额		4 741	应付差额		

【操作步骤】

第一步：根据资料，确定中国银行南京分行既是提出行又是提入行，应分别提出提入业务编制会计分录。

第二步：编制中国银行南京分行提入票据的会计分录。

提入贷方票据时，编制会计分录如下：

借：清算资金往来——同城票据清算　　　　　　　　　　60 069
　　贷：吸收存款——活期存款（各收款人户）　　　　　　　60 069

提入借方票据时，编制会计分录如下：

借：吸收存款——活期存款（各付款人户）　　　　　　　　33 688
　　贷：清算资金往来——同城票据清算　　　　　　　　　　33 688

第三步：编制中国银行南京分行提出票据的会计分录。

提出贷方票据时，编制会计分录如下：

借：吸收存款——活期存款（各付款人户）　　　　　　　　41 400
　　贷：清算资金往来——同城票据清算　　　　　　　　　　41 400

提出借方票据时，编制会计分录如下：

借：清算资金往来——同城票据清算　　　　　　　　　　19 760
　　贷：吸收存款——活期存款（各收款人户）　　　　　　　19 760

第四步：编制资金清算的会计分录。

应收合计＝19 760＋60 069＝79 829（元）

应付合计＝41 400＋33 688＝75 088（元）

应收差额＝79 829－75 088＝4 741（元）

编制会计分录如下：

借：存放中央银行款项——备付金存款　　　　　　　　　4 741
　　贷：清算资金往来——同城票据清算　　　　　　　　　　4 741

想一想　跨系统往来业务与系统内电子汇划业务有何区别？

任务三　与中央银行往来业务核算

2017 年中国人民银行降准分析：存款准备金率调整意味着什么？

中国人民银行（以下简称央行）于 2017 年 9 月 30 日宣布，根据国务院部署，为支持金融机构发展普惠金融业务，对符合一定条件的商业银行实施定向降准政策。

存款准备金率关系到银行体系的流动性，进而影响到企业贷款的可得性，因此其调整向来备受关注。这次调整意味着什么？

"对普惠金融实施定向降准政策并不改变稳健的货币政策的总体取向。"央行有关负责人表示，此举建立了增加普惠金融领域贷款投放的正向激励机制，有助于促进金融资源向普惠金融倾斜，优化信贷结构，属于结构性政策。同时，定向降准政策释放的流动性也是符合总量调控要求的，银行体系流动性保持基本稳定。

这次定向降准分为两档。第一档是前一年普惠金融领域贷款余额或增量占比达到 1.5% 的，存款准备金率可在基准档基础上下调 0.5 个百分点。这一标准基本适应绝大多数商业银行普惠金融领域贷款的实际投放情况，有助于鼓励其将信贷资源持续向普惠金融领域倾斜。第二档是前一年普惠金融领域贷款余额或增量占比达到 10% 的，存款准备金率可按累进原则在第一档基础上再下调 1 个百分点，优惠幅度更大。当然，这一档标准相对较高，只有在普惠金融领域贷款投放较为突出的商业银行才能达到。

央行测算，这次定向降准政策可覆盖全部大中型商业银行、约 90% 的城商行和约 95% 的非县域农商行。相关措施将从 2018 年起实施，首次考核时将使用 2017 年年度数据，相当于给金融机构预留了 3 个月的时间，政策的正向激励作用将更好地得以体现。

问题：引例中的存款准备金是什么？央行降低存款准备金率对商业银行有何影响？

【知识准备】

一、送存和提取现金业务核算

根据货币发行制度的规定，商业银行应对其所属行、处的业务库核定必须保留的现金限额，报开户中央银行发行库备案，超过业务库限额的现金应缴存开户行发行库。需要使用现金时，签发支票到开户行提取现金。

（一）存入现金

商业银行向中央银行交存现金时，填制现金缴款单一式二联连同现金一并送缴中央银行。商业银行根据中央银行退回的缴款单联填制现金付出传票进行账务处理。编制会计分录如下：

> 借：存放中央银行款项
> 　　贷：库存现金

（二）支取现金业务

商业银行向中央银行支取现金时,填制现金支票经中央银行审核后办理取款手续。商业银行取回现金后,填制现金收入传票进行账务处理。编制会计分录如下:

借:库存现金
　　贷:存放中央银行款项

二、缴存存款业务核算

缴存存款,是指商业银行和其他金融机构将吸收的存款全部或按规定的比例缴存中央银行。缴存存款制度有利于中央银行加强金融监督和金融宏观调控,同时可以增强中央银行的资金实力。中央银行通过调整缴存比例,以适当放松或收紧银根,从而调节货币供应总量,达到对金融进行宏观调控的目的。缴存存款应严格划分缴存财政性存款和缴存一般性存款。

（一）缴存存款认知

1. 缴存存款的范围和比例

为了强化中央银行的职能,加强信贷资金集中管理和宏观调控,商业银行吸收的存款应按一定的比例缴存中央银行。财政性存款主要是指财政金库款项和其他特种公款等,是各级财政部门代表本级政府掌管和支配的一种财政资产,包括国库存款和其他财政存款。国库存款是指在国库的预算资金存款(含一般预算和基金预算)。其他财政存款是指未列入国库存款的各项财政在银行的预算资金存款,以及部分由财政部指定存入银行的专用基金存款等。

2. 缴存存款的时间

各商业银行缴存存款,必须在规定的时间内前往中央银行办理。县支行或城市区办事处每旬调整一次,于旬后 5 日内办理;县支行以下机构每月调整一次,要通过县支行汇总转缴,可在月后 8 日内办理。期限内遇到假日不顺延,期满日为例假日顺延。

3. 缴存存款的金额起点

对财政性存款,按"财政性存款"科目增加或减少的实际数额(计至角、分),计算应调增或调减的金额(算至千元,千元以下四舍五入);对一般性存款,增减额度达 10 万元(含 10 万元)以上的进行调整,增减额度不超过 10 万元的,并入下次调整,并应按照各科目增加或减少的实际数(计至角、分)算出应调增或调减的金额(算至千元,千元以下四舍五入)。

（二）缴存存款业务核算

1. 首次缴存

第一次向中央银行缴存存款时,应填制"缴存存款各科目余额表"一式两份,再按照规定比例计算应缴存金额,分别填制"缴存(调整)财政性存款划拨凭证""缴存(调整)一般性存款划拨凭证" 各一式四联。第一联商业银行代转账贷方传票,第二联商业银行代转账借方传票,第三联中央银行代转账贷方传票,第四联中央银行代转账借方传票。编制会计分录如下:

借:存放中央银行款项——财政性存款户
　　(或存放中央银行款项——法定存款准备金户)
　　贷:存放中央银行款项——备付金存款户

转账后,将第三、第四联划拨凭证和一份余额表一并送交中央银行,另一份余额表留存备查。

2. 调整缴存存款

商业银行于每旬(或每月)对已缴存的存款进行调整时,也应填制"缴存存款各科目余额表"一式两份,然后与上次已办缴存的同类各科目旬末(月末)余额总数进行比较。若本次的余额总数大于上次调整时的余额总数,则应调增;反之,则应调减。其差额为本次调整的金额,再乘以规定的缴存比例就是本次应上缴或退回的存款数额,并据此填制划拨凭证。上缴(调增)存款时,会计分录同首次缴存;退回(调减)存款时,会计分录相反。其余手续同首次缴存。

3. 欠缴存款

商业银行在规定的时间内调整缴存款。如果在中央银行的存款账户余额不足,无法如数缴存,对本次能实缴的金额仍应及时缴存,不足部分即为欠缴存款。

对本次实缴金额,应先缴存财政性存款,如有余额再缴存一般性存款。缴存时,在划拨凭证内的"本次应补缴金额"栏内改填"本次能实缴金额"数,并在凭证备注栏注明本次应补缴金额和本次欠缴金额后,其余按正常缴存存款的有关手续处理。

对欠缴金额,另填制欠缴凭证一式四联,各联的用途与缴存存款凭证相同。第一、第二联留存,第三、第四联送交中央银行。对欠缴的存款,商业银行应积极筹集调度资金,及时补缴。补缴时,中央银行按每日万分之六计收罚息,随同欠缴存款一并扣收。商业银行收到中央银行的扣款通知后,抽出原保管的欠缴凭证第一、第二联,办理转账手续。编制会计分录如下:

> 借:存放中央银行款项——财政性存款户
>   (或存放中央银行款项——法定存款准备金户)
>   贷:存放中央银行款项——备付金存款户
> 借:营业外支出——违约金罚款户
>   贷:存放中央银行款项——备付金存款户

【做中学 5-9】中国工商银行黄浦支行 5 月 4 日调整缴存款时,通过计算,应调增财政性存款 150 000 元,调增一般性存款 320 000 元,但其在中央银行的存款只有 250 000 元,欠缴存款 220 000 元。中国工商银行黄浦支行于 5 月 7 日将资金调入其在中央银行开设的存款账户。

(1) 调增缴存财政性存款时,编制会计分录如下:

> 借:存放中央银行款项——财政性存款户   150 000
>   贷:存放中央银行款项——备付金存款户   150 000

(2) 调增缴存一般性存款时,编制会计分录如下:

> 借:存放中央银行款项——法定存款准备金户   100 000
>   贷:存放中央银行款项——备付金存款户   100 000

(3) 补缴欠缴存款时,编制会计分录如下:

> 借:存放中央银行款项——法定存款准备金户   220 000
>   贷:存放中央银行款项——备付金存款户   220 000

（4）缴纳罚息时，计算罚息并编制会计分录如下：

计算罚息＝220 000×3×0.000 6＝396(元)

借：营业外支出　　　　　　　　　　　　　　　　　　　　　396

　　贷：存放中央银行款项——备付金存款户　　　　　　　　　　　396

三、借款业务核算

商业银行在执行信贷计划过程中，遇有资金不足，除了采取向上级行申请调入资金、同业间拆借和通过资金市场融通资金等手段外，还可向中央银行申请借款。按照借款的时间不同分为年度性借款、季节性借款、日拆性借款和再贴现。

（一）办理年度性借款

年度性借款，是中央银行用于解决商业银行因经济合理增长引起的年度性资金不足，而发放给商业银行在年度周转使用的贷款。商业银行向中央银行申请年度性借款，一般限于省分行或二级分行，借入款后可在系统内拨给所属各行使用。这种借款期限一般为1年，最长不超过2年。

1. 借入借款

商业银行向中央银行申请借款时，应填制一式五联借款凭证。经中央银行审核无误后，根据退回的第三联借款凭证办理转账。编制会计分录如下：

借：存放中央银行款项——备付金存款户

　　贷：向中央银行借款——××借款户

“向中央银行借款”科目是负债类科目，用于反映商业银行向中央银行借入款项的增减变化情况。当向中央银行借入款项时记在该科目及相关明细科目的贷方，当向中央银行归还借款时记在该科目及相关明细科目的借方；余额在贷方，表明商业银行向中央银行借入而尚未归还的借款。该科目按借款的性质，设置“年度性借款户”“季节性借款户”“日拆性借款户”等明细科目。

2. 计提利息

资产负债表日，按计算确定的向中央银行借款的利息费用，借记“利息支出”科目，贷记“应付利息”科目。编制会计分录如下：

借：利息支出——金融企业往来支出

　　贷：应付利息

3. 归还借款

借款到期，商业银行归还时，应填制一式四联还款凭证交中央银行办理还款手续。经中央银行审核无误后，根据退回的第四联还款凭证及借据办理转账。编制会计分录如下：

借：向中央银行借款

应付利息

利息支出——金融企业往来支出

贷：存放中央银行款项——备付金存款户

（二）办理季节性、日拆性借款

季节性、日拆性借款，是中央银行解决商业银行因信贷资金先支后收和存贷款季节性上升、下降等情况以及汇划款未达和清算资金不足等因素，造成临时性资金短缺，而发放给商业银行的贷款。季节性借款一般为2个月，最长不超过4个月。日拆性借款一般为10天，最长不超过20天。商业银行借入季节性或日拆性借款时，其会计核算与年度性借款基本相同。

【做中学5-10】8月1日中国农业银行南京分行向中国人民银行申请借款，金额800万元，期限为3个月，月利率为3‰，中国人民银行经审核同意发放。请编制发放和按期归还借款时中国农业银行南京分行的会计分录。

（1）借入款项的核算。

借：存放中央银行款项——备付金存款户　　　　　　　　　8 000 000

贷：向中央银行借款　　　　　　　　　　　　　　　　8 000 000

资产负债表日（月末）计提利息＝8 000 000×3‰＝24 000（元）

借：利息支出——金融企业往来支出　　　　　　　　　　　24 000

贷：应付利息　　　　　　　　　　　　　　　　　　　24 000

（2）归还借款的核算。

借：向中央银行借款　　　　　　　　　　　　　　　　　8 000 000

应付利息　　　　　　　　　　　　　　　　　　　　72 000

贷：存放中央银行款项——备付金存款户　　　　　　　8 072 000

（三）办理再贴现

再贴现，是指商业银行以未到期的已贴现票据向中央银行办理的贴现，是商业银行对票据债权的再转让，是中央银行对商业银行贷款的形式之一。商业银行因办理票据贴现而引起资金不足，可以向中央银行申请再贴现，贴现期一般不超过6个月。

1. 办理再贴现

商业银行持未到期的商业汇票向中央银行申请再贴现时，应填制一式五联再贴现凭证，连同汇票一并交中央银行。经审查无误后，根据退回的第四联再贴现凭证办理转账。编制会计分录如下：

借：存放中央银行款项——备付金存款户

贴现负债——再贴现（利息调整）

贷：贴现负债——再贴现（面值）

"贴现负债"科目是负债类科目,用于核算银行办理商业汇票的(转)再贴现融入资金等业务的款项。该科目应当按照贴现类别和贴现金融机构,分别"面值""利息调整"进行明细核算。该科目期末贷方余额,反映企业办理的转贴现融入资金等业务的款项余额。

2. 计算利息

资产负债表日,按计算确定的利息费用,借记"利息支出"科目,贷记"贴现负债"科目。编制会计分录如下:

借:利息支出
　　贷:贴现负债——再贴现(利息调整)

3. 归还再贴现款

再贴现汇票到期日,中央银行直接从申请再贴现的商业银行存款账户中扣收再贴现款项,并通知商业银行。商业银行收到中央银行的再贴现还款通知时,据以办理转账。编制会计分录如下:

借:贴现负债——再贴现(面值)
　　贷:存放中央银行款项——备付金存款户

【做中学5-11】4月10日,中国工商银行南京分行持一张银行承兑汇票金额600万元向中央银行申请再贴现,汇票到期日为6月6日,月利率为6.5‰。请编制中国工商银行南京分行办理再贴现、再贴现到期还款时的会计分录。

(1) 4月10日,办理再贴现,编制会计分录如下:

借:存放中央银行款项——备付金存款户　　　　　5 925 900
　　贴现负债——再贴现(利息调整)　　　　　　　　74 100
　　贷:贴现负债——再贴现(面值)　　　　　　　　　6 000 000

(2) 每月月末以及到期日,计算利息。

利息支出＝6 000 000×6.5‰×21÷30＝27 300(元)。以4月30日为例,编制会计分录如下:

借:利息支出　　　　　　　　　　　　　　　　　27 300
　　贷:贴现负债——再贴现(利息调整)　　　　　　　27 300

(3) 6月6日,归还再贴现款,编制会计分录如下:

借:贴现负债——再贴现(面值)　　　　　　　　6 000 000
　　贷:存放中央银行款项——备付金存款户　　　　　6 000 000

四、大额汇划业务核算

按照规定,各商业银行大额汇划款项(跨系统为10万元以上,系统内为50万元以上)要通过央行转汇,以使汇划款项和资金清算同步进行。根据央行机构设置情况,可采取三种转汇方式,即先横后直再横、先直后横和先直后横再直。这里的"横"是指商业银行与中央银行之间的汇划,"直"是指中央银行之间或商业银行之间的汇划。

(一)先横后直再横转汇

先横后直再横转汇方式适用于汇出行和汇入行所在地均为双设机构地区(即在同一地区既有商业银行机构又有中央银行机构)。

先横后直再横转汇方式下,先由汇出行将款项划给同城开户央行,再由其通过央行的联行系统划给汇入行开户央行,最后由汇入行开户央行转划给汇入行。以甲地某商业银行向乙地某商业银行汇款为例,其汇划程序如图5-5所示。

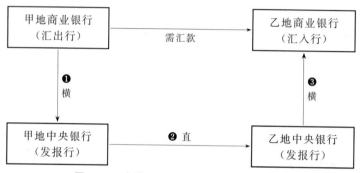

图 5-5 先横后直再横方式大额汇划程序

甲地汇出行编制会计分录如下:

> 借:吸收存款——单位或个人活期存款(汇款人户)
> 　贷:存放中央银行款项——备付金存款户

乙地汇入行编制会计分录如下:

> 借:存放中央银行款项——备付金存款户
> 　贷:吸收存款——单位或个人活期存款(收款人户)

(二)先直后横转汇

先直后横转汇方式适用于汇出行所在地为单设机构地区(即汇出行所在地没有中央银行机构),汇入行所在地为双设机构地区。

先直后横转汇方式下,先由汇出行通过本系统联行将款项划至汇入行所在地本系统转汇行,再由其通过同城开户央行转划给汇入行。以甲地某商业银行向乙地某商业银行汇款为例,其汇划程序如图5-6所示。

甲地汇出行编制会计分录如下:

> 借:吸收存款——单位或个人活期存款(汇款人户)
> 　贷:清算资金往来——辖内往来

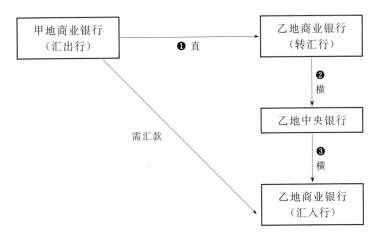

图5-6　先直后横方式大额汇划程序

乙地转汇行编制会计分录如下：

> 借：清算资金往来——辖内往来
> 　贷：存放中央银行款项——备付金存款户

乙地汇入行编制会计分录如下：

> 借：存放中央银行款项——备付金存款户
> 　贷：吸收存款——单位或个人活期存款（收款人户）

（三）先直后横再直转汇

先直后横转汇方式适用于汇出行和汇入行所在地均为单设机构的地区。

先直后横再直转汇方式下，先由汇出行通过本系统联行将款项划至就近的、双设机构的本系统转汇行，再由其通过同城开户央行转划给当地汇入行的联行转汇行，最后由汇入行的转汇行通过本系统联行划给汇入行。以甲地某商业银行向乙地某商业银行汇款为例，其汇划程序如图5-7所示。

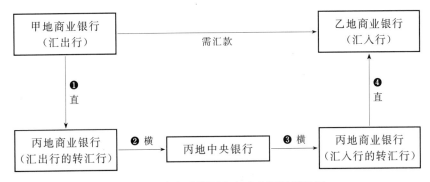

图5-7　先直后横再直方式大额汇划程序

甲地汇出行编制会计分录如下：

5

借：吸收存款——单位或个人活期存款（汇款人户）
　　贷：清算资金往来——辖内往来

丙地汇出行的转汇行编制会计分录如下：

借：清算资金往来——辖内往来
　　贷：存放中央银行款项——备付金存款户

丙地汇入行的转汇行编制会计分录如下：

借：存放中央银行款项——备付金存款户
　　贷：清算资金往来——辖内往来

乙地汇入行编制会计分录如下：

借：清算资金往来——辖内往来
　　贷：吸收存款——单位或个人活期存款（收款人户）

引例解析

　　为保证客户提取存款或资金清算的需要，金融机构（主要是银行）必须将客户存款的一部分缴存到央行，这部分存款称为存款准备金。设置存款准备金，主要是防范客户突发性挤提资金造成的风险。

　　央行通过调整存款准备金率，可影响金融机构的信贷扩张能力，从而间接调控货币供应量。其最直接的影响是将进一步扩大银行的信贷规模，增加市场可供贷款的货币流量。降低存款准备金率，则今后一段时间内银行对于贷款的审批和发放将更加宽松。

 【工作任务设计 5 - 2：大额汇划核算】

【任务描述】

　　甲地中国工商银行开户单位红山食品厂划出委托收款 60 万元，收款单位是乙地中国建设银行开户单位光大公司。甲、乙两地均为双设机构地区。请编制相关银行的会计分录。

【操作步骤】

　　第一步：判断适用的大额汇划方式。

　　由于甲、乙两地均为双设机构地区，汇划金额是 60 万元，所以，判断该例适用的汇划方式是先横后直再横方式。

第二步：编制汇出行甲地中国工商银行的会计分录。

> 借：吸收存款——活期存款(红山食品厂)　　　　　　600 000
> 　　贷：存放中央银行款项——备付金存款户　　　　　　　600 000

第三步：编制汇出行的转汇行甲地人民银行的会计分录。

> 借：中国工商银行存款　　　　　　　　　　　　　　600 000
> 　　贷：清算资金往来　　　　　　　　　　　　　　　　　600 000

第四步：编制汇入行的转汇行乙地人民银行的会计分录。

> 借：清算资金往来　　　　　　　　　　　　　　　　600 000
> 　　贷：中国建设银行存款　　　　　　　　　　　　　　　600 000

第五步：编制汇入行乙地中国建设银行的会计分录。

> 借：存放中央银行款项——备付金存款户　　　　　　600 000
> 　　贷：吸收存款——活期存款(光大公司)　　　　　　　　600 000

5

任务四　现代化支付系统业务核算

引　例

当今社会,金融网络基本上覆盖了社会的每个角落,金融服务无处不在。伴随着经济的发展,金融活动与老百姓的日常生活联系越来越紧密,日常的存款、取款、刷卡消费、买卖股票,直至交水电、煤气、电话费、电子转账、网上缴税等,都离不开中国现代化支付系统。

问题：中国现代化支付系统的构成内容有哪些？有何社会意义？

【知识准备】

一、中国现代化支付系统认知

(一) 中国现代化支付系统的含义

中国现代化支付系统(China National Advanced Payment System，CNAPS)是中国人民银行按照我国支付清算需要,利用现代计算机技术和通信网络开发建设的,能够高效、安全地处理各银行办理的异地、同城各种支付业务及其资金清算的应用系统。

目前,中国现代化支付系统业务覆盖全国所有省、自治区和直辖市,连接办理结算业务的各银行金融机构、中国香港和澳门人民币清算行以及中央债券登记结算公司、中国银联、中国外汇交易中心、全国银行同业拆借中心和城市商业银行汇票处理中心,提供实时全额资金清算服务、净额资金清算服务、支付管理信息服务。

(二) 中国现代化支付系统的基本组成

中国现代化支付系统主要由大额实时支付系统(High Value Payment System,HVPS)和小额批量支付系统(Bulk Electronic Payment System,BEPS)两个业务应用系统组成。

1. 大额实时支付系统

大额实时支付系统实行逐笔实时处理支付指令,全额清算资金。建设大额实时支付系统的目的,就是给各银行和广大企业单位以及金融市场提供快速、高效、安全、可靠的支付清算服务,防范支付风险。

2. 小额批量支付系统

小额批量支付系统在一定时间内对多笔支付业务进行轧差处理,净额清算资金。建设小额批量支付系统的目的,是为社会提供低成本、大业务量的支付清算服务,支撑各种支付业务的使用,满足社会各种经济活动的需要。

(三) 中国现代化支付系统的基本框架

中国现代化支付系统建有两级处理中心,即国家处理中心(NPC)及城市处理中心(CCPC)。国家处理中心分别与各城市处理中心连接,其通信网络采用专用网络,以地面通信为主,卫星通信备份。各政策性银行、商业银行可利用行内系统通过省会城市的分支行与所在地的支付系统 CCPC 连接,也可由其总行与所在地的支付系统 CCPC 连接。其基本处理程序如图 5-8 所示。

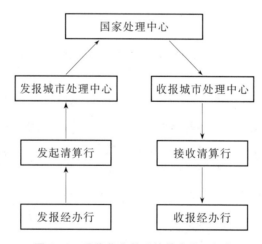

图 5-8 现代化支付系统基本处理程序

二、大额实时支付系统认知

(一) 大额实时支付系统的基本内容

大额实时支付系统,是中国现代化支付系统的主要业务应用系统之一,采取逐笔实时方式处理同城和异地、商业银行跨行之间和行内的各种金额在规定起点以上的大额资金汇划业务,如汇兑、委托收款、托收承付等业务。

2005 年 6 月大额实时支付系统在全国推广使用后,成功取代了全国电子联行系统,解决了"天上三秒,地下三天"资金汇划速度较慢的现状,在国民经济尤其是现代金融体系中发挥着巨大作用。在现代支付体系中,大额实时支付系统是金融基础设施的核心系统,是连接社会经济活动及其资金运行的"大动脉""金融高速公路"。大额实时支付系统给银行和广大企事业单位以及金融市场提供快速、高效、安全的支付清算平台,最大的特点是实时清算,实现了跨行资金清算的零在途。支付指令逐笔实时发送,全额清算资金。该系统处理同城和异地在规定金额起点以上的大额贷记支付业务和紧急的小额贷记支付业务。

大额实时支付系统按法定工作日运行。对每一工作日,系统又依次分为日间、业务截止、清算窗口、日终处理和营业准备五个运行时段。各运行时段的起始和结束由国家处理中心统一控制,并确保支付系统各节点运行状态的协调一致。

目前大额支付系统运行时间是前一个自然日的 20:30 至当天的 17:15,每日清算窗口时间为 17:15 至 17:30。日终处理完成后进入下一个工作日营业准备状态。工作日及运行时间段根据管理的需要可以调整,由中国人民银行提前公布。

(二) 核算大额支付业务

1. 发起大额支付业务

(1) 发起清算行。发起行可以是商业银行(如由支付结算业务引起的),也可以是中国人民银行(由系统内划拨款项引起或划拨国库款项引起的)。发起行业务发生后将支付信息传输给发起清算行。发起清算行为商业银行的,编制会计分录如下:

> 借:吸收存款等科目
> 　贷:存放中央银行款项——备付金存款户

(2) 发报中心。发报中心收到发起清算行发来的支付信息,确认无误后,逐笔加编全国密押,实时发送国家处理中心。

(3) 国家处理中心。国家处理中心收到发报中心发来的支付信息,逐笔确认无误后,分别情况进行账务处理。

❶ 发起清算行、接收清算行均为商业银行。编制会计分录如下:

> 借:××银行准备金存款(发起清算行所在商业银行)
> 　贷:大额支付往来——人民银行××行户
> 借:大额支付往来——人民银行××行户
> 　贷:××银行准备金存款(接收清算行所在商业银行)

"××银行准备金存款"是负债类科目,用以核算中国人民银行为客户单位开立存款账户存放的准备金。商业银行存入存款,记入贷方;支取存款,记入借方;余额在贷方,表示商业银行在中国人民银行存款的结余数。

"大额支付往来"科目核算支付系统人行、处理中心通过大额实时支付系统办理的支付结算往来款项,余额轧差反映。

❷ 发起清算行为商业银行,接收清算行为中国人民银行。编制会计分录如下:

> 借:××银行准备金存款(发起清算行所在商业银行)
> 　贷:大额支付往来——人民银行××行户
> 借:大额支付往来——人民银行××行户
> 　贷:汇总平衡——人民银行××行户

"汇总平衡"科目用于平衡国家处理中心代理中国人民银行分支行账务处理,不纳入中国人民银行的核算。

❸ 发起清算行为中国人民银行,接收清算行为商业银行。编制会计分录如下:

5-3
大额支付
业务核算

> 借:汇总平衡——人民银行××行户
> 　贷:大额支付往来——人民银行××行户
> 借:大额支付往来——人民银行××行户
> 　贷:××银行准备金存款(接收清算行所在商业银行)

❹ 发起清算行、接收清算行均为中国人民银行。编制会计分录如下:

> 借:汇总平衡——人民银行××行户
> 　贷:大额支付往来——人民银行××行户
> 借:大额支付往来——人民银行××行户
> 　贷:汇总平衡——人民银行××行户

2. 接收大额支付信息

(1)收报中心。收报中心接收国家处理中心发来的支付信息确认无误后,逐笔加编密押实时发送接收清算行。

(2)接收清算行。接收清算行接到支付信息后,传输给接收行或对本行业务处理。编制会计分录如下:

> 借:存放中央银行款项——备付金存款户
> 　贷:吸收存款等科目

三、小额批量支付系统认知

(一)小额批量支付系统的基本内容

小额批量支付系统,是中国现代化支付系统的重要组成部分,其在功能上作为大额批量支付系统的补充,支持 7×24 小时连续不间断运行。小额批量支付系统批量处理业务,支持多种支付工具的使用,满足了社会多样化的支付清算需求,为社会提供了低成本、大业务量和便利的支付清算服务。

小额批量支付系统业务主要处理跨行同城、异地纸质凭证截留的定期借记和定期贷记支付业务、中央银行会计和国库部门办理的借记支付业务以及金额在规定起点以下(2 万元)的小额贷记支付业务。

小额批量支付系统批量或实时发送支付指令,轧差净额清算资金,支持各种支付工具的应用。

(二)大额实时支付系统和小额批量支付系统的区别

大额实时支付系统和小额批量支付系统的区别如表 5-2 所示。

表 5-2　　　　　大额实时支付系统与小额批量支付系统的区别

不 同 点	大额实时支付系统	小额批量支付系统
业务种类	只限于贷记款项	借记贷记款项都适用
清算范围	与多个系统联网	不与多个系统联网
贷记业务额度	不设限额	2 万元以下
系统运行时间	每日定时开启	24 小时不间断运行
信息处理和清算方式	逐笔实时处理支付业务、实时清算资金	支付信息定时或实时转发,资金在日间规定时点轧差清算

(三)商业银行小额支付业务核算

1. 贷记业务汇出

贷记业务汇出时,编制会计分录如下:

> 借:吸收存款——付款人户
> 　贷:清算资金往来——小额支付系统往来

2. 借记业务汇出

借记业务汇出时,不做账务处理;待接到付款清算行反馈的付款确认回执,办理转账,编制会计分录如下:

> 借:清算资金往来——小额支付系统往来
> 　贷:吸收存款——收款人户

3. 贷记业务汇入

贷记业务汇入时,编制会计分录如下:

> 借：清算资金往来——小额支付系统往来
> 　　贷：吸收存款——收款人户

4. 借记业务汇入

借记业务汇入时，编制会计分录如下：

> 借：吸收存款——付款人户
> 　　贷：清算资金往来——小额支付系统往来

5. 人行资金清算后，已清算资金轧差记账。

如为应付差额，编制会计分录如下：

> 借：清算资金往来——小额支付系统往来
> 　　贷：存放中央银行款项

如为应收差额，则编制相反的会计分录。

5-4
小额批量
支付系统
业务核算

引例解析

　　答：中国现代化支付系统由大额实时支付系统、小额批量支付系统和全国支票影像交换系统三个系统组成，中国现代化支付系统的成功建成标志着以现代化支付系统为核心、商业银行行内系统为基础、同城票据交换系统和其他支付系统并存的支付清算体系已基本形成，中国金融服务水平已迈上了一个新台阶。中国现代化支付系统，作为我国重要的金融基础设施，既是中央银行履行支付清算职能的重要核心系统，也是连接社会经济活动的资金"大动脉"，在密切金融市场的有机联系、推动金融创新、提高人民生活质量和促进国民经济健康平稳发展等方面发挥着越来越重要的作用。

项目小结

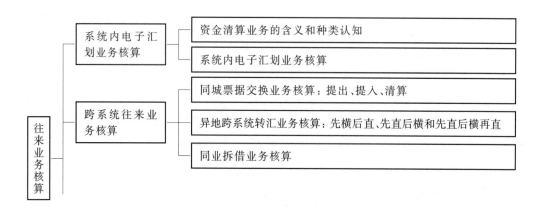

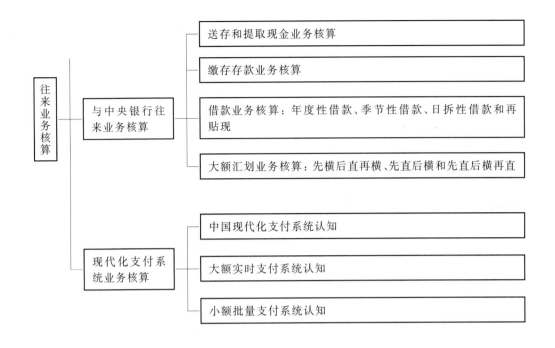

思 考 题

1. 银行往来业务可分为哪几种？
2. 资金清算与支付结算有何不同？
3. 各商业银行异地跨系统转汇有哪几种方式？
4. 什么是同城票据交换清算？
5. 什么是同业拆借？拆借资金的核算手续如何？
6. 商业银行与中央银行往来的业务内容有哪些？
7. 简述缴存财政性存款和一般性存款的范围？
8. 中国现代化支付系统由哪些部分组成？

练 习 题

一、单项选择题

1. 下列属于商业银行应缴存法定准备金的一般性存款的是（　　）。

A. 中央预算收入

B. 地方金库款

C. 财政预算外存款

D. 代理发行国债（抵减代理兑付国债款）款项

2. 各商业银行应自下而上编制一般性存款科目余额表，由法人统一汇总后于（　　）报送法定存款准备金账户开户的中国人民银行。

A. 在每日营业终了　　　　　　　　　　　　B. 在每旬营业终了

C. 在每月营业终了　　　　　　　　D. 在每季营业终了

3. 商业银行需要通过中国人民银行办理转汇的,该商业银行称为(　　)。

A. 发报行　　　　B. 收报行　　　　C. 汇出行　　　　D. 汇入行

4. 中央银行为解决商业银行因汇划款项和资金清算发生临时性资金短缺,而向商业银行发放的贷款,属于(　　)。

A. 年度性借款　　B. 季节性借款　　C. 日拆性借款　　D. 临时性借款

5. 再贴现的贴现期限指(　　)。

A. 从票据签发日起至申请再贴现日止

B. 从票据签发日起至汇票到期日止

C. 从再贴现之日起至贴现票据到期日止

D. 从再贴现之日起至结息日止

6. 商业银行归还到期再贷款本息时,支付利息使用(　　)科目核算。

A. "利息收入"　　　　　　　　　　B. "利息支出"

C. "金融企业往来收入"　　　　　　D. "金融企业往来支出"

7. 银行将已贴现的未到期的汇票向其他商业银行进行票据再转让的信用活动,是(　　)。

A. 再贴现　　　　B. 转贴现　　　　C. 贴现　　　　D. 再贷款

8. 转贴现银行在贴现票据到期时,作为票据持票人向(　　)收取票款。

A. 付款人　　　　　　　　　　　　B. 申请贴现商业银行

C. 承兑银行　　　　　　　　　　　D. 收款人

二、多项选择题

1. 商业银行各级机构在中央银行开立准备金存款账户可以满足通过中国人民银行办理(　　)业务的需要。

A. 存取现金　　　　　　　　　　　B. 办理各种存款业务

C. 资金清算　　　　　　　　　　　D. 考核法定存款准备金

E. 办理各种贷款业务

2. 商业银行需要通过中国人民银行转账存取款项的业务主要有(　　)。

A. 异地跨系统结算资金清算　　　　B. 同城票据交换差额清算

C. 商业银行系统内资金调拨　　　　D. 再贷款与再贴现

E. 缴存财政性款项

3. 按照有关规定,商业银行发生欠缴存款的处理方式为(　　)。

A. 对本次能实缴的金额和欠缴的金额要分开填制凭证

B. 对欠缴金额待商业银行调入资金时应一次全额收回

C. 对欠缴金额待商业银行调入资金时可分次收回

D. 对欠缴金额每日按规定比例扣收罚款

E. 实缴的金额和欠缴的金额可以合并填制凭证

4. 下面属于商业银行之间的往来业务有(　　)。

A. 同城票据交换及清算　　　　　　B. 异地跨系统汇划款项相互转汇

C. 同业拆借及转贴现　　　　　　　D. 缴存存款准备金

三、判断题

1. 商业银行对吸收的财政性存款和一般存款应按同一比例在规定时间内缴存人民银行。（　　）

2. 商业银行城市分支行向中国人民银行缴存存款的时间为每月调整一次,于月后 8 日内办理。（　　）

3. 商业银行对财政性存款应按本期余额与上期余额的实际增加或减少数进行调整。10 万元以下的不办理调整。（　　）

4. 初次缴存存款与调整缴存存款的会计分录方向相同。（　　）

5. 调增缴存存款时,若商业银行备付金存款账户余额不足,则该次调增数额即为欠缴存款。（　　）

6. 出现欠缴存款时,商业银行对本次能实缴的金额,应先缴一般存款,如有剩余再缴财政性存款。（　　）

7. 出现欠缴存款后,如商业银行备付金存款账户调入资金,中国人民银行可以分次扣收。（　　）

8. 欠缴存款的罚息是自欠缴日起至欠缴收回日止的实际天数,算头不算尾。（　　）

9. 对于欠缴存款的罚款,中国人民银行应作为营业外收入入账,商业银行作为营业外支出入账。（　　）

10. "向人民银行借款"属于资产类科目,由中国人民银行向商业银行办理再贷款业务时使用。（　　）

11. 商业银行向中国人民银行归还再贷款利息时,使用"利息支出"科目,中国人民银行使用"利息收入"科目。（　　）

12. 中国人民银行办理再贴现,应以再贴现票据的面额为准,扣除再贴现利息后,将其差额作为实付再贴现金额支付给申请再贴现的商业银行。（　　）

13. 再贴现票据到期,中国人民银行应直接向票据承兑人收取票款。（　　）

14. 商业银行跨系统异地结算的资金往来既可以通过中国人民银行转汇,也可以通过跨系统商业银行转汇,由商业银行进行选择,不受金额的限制。（　　）

15. 通过跨系统商业银行转汇,如汇出行所在地为单设机构地区,应采用"先横后直"的做法。（　　）

16. 凡票据交换过程中,提出提入的付款人在本行开户,收款人在他行开户的票据,均为本行的应收票据。（　　）

17. 票据交换后,如本行应付票据金额大于应收票据金额,则应按照差额填送存款凭证送交中国人民银行转账。（　　）

18. 办理同业拆借业务时,拆出行的会计分录为:（　　）

借:拆放同业　××行户

　贷:存放同业款项　××行户

19. 各商业银行相互拆借资金,应通过中国人民银行存款账户,不可以相互直接拆借资金。（　　）

项 目 实 训

实训一　系统内往来业务核算实训

一、实训目的

1. 掌握资金清算往来明细账的登记方法;
2. 掌握汇差资金余额的结计及核算方法。

二、实训资料

(1) 中国工商银行 A 支行收到全国联行往来贷方报单及所附信汇凭证,汇款金额为 12 000元,收款人为开户单位华生公司,经审核无误,办理转账。

(2) 中国工商银行某支行当日联行往账借方发生额 136 000 元,贷方发生额 76 900 元,联行来账借方发生额 29 460 元,贷方发生额 222 000 元。计算出联行汇差后,办理划款。

(3) 中国工商银行某支行营业终了计算出当日应收汇差资金 87 500 元,办理划款。

三、实训要求

1. 编制上述业务的会计分录;
2. 登记上述资金清算往来的明细账。

实训二　与中央银行往来业务核算实训

一、实训目的

1. 掌握存放中央银行款项明细账的登记方法;
2. 掌握拆借资金利息的结计及核算方法。

二、实训资料

(1) 中国农业银行上海市分行 6 月 6 日调整缴存存款时,通过计算,应调减财政性存款 58 000 元,调增一般性存款 218 000 元,轧差后应净调增缴存存款 160 000 元,但其在中国人民银行的存款只有 120 000 元,暂时欠缴 40 000 元。

(2) 6 月 10 日,中国农业银行上海分行将资金调入中国人民银行存款户,补交所欠缴存存款,同时按每日万分之六的比例支付罚款。

(3) 向当地中国人民银行借入 1 年期贷款 1 500 000 元,办理转账。

(4) 归还以前向中国人民银行所借临时借款本息,其中本金 2 000 000 元,利息 36 000 元。

(5) 提交中国人民银行再贴现凭证与票据,办理再贴现手续,再贴现票据面值 500 000 元,贴现天数 29 天,贴现率万分之四,办理转账。

(6) 上述再贴现票据到期收回,办理转账。

(7) 开户单位 A 公司要求汇款 80 000 元至在中国工商银行丹阳支行开户的收款人,中国农业银行上海分行拟通过中国农业银行丹阳支行转汇。中国工商银行丹阳支行在中国农业银行丹阳支行开有存款账户。

（8）开户单位 B 公司要求电汇 300 000 元至广东 H 工厂,该工厂在中国银行广东第一支行开有账户,中国农业银行上海分行拟通过同城交换,委托中国银行上海分行转汇。

（9）拆借资金到期,将拆入资金 1 000 000 元及利息 20 000 元一并签发中国人民银行转账支票,归还中国农业银行上海市分行。

（10）向同城中国建设银行拆借资金 500 000 元,以解决季节性资金需要,通过中国人民银行办理拆借。

三、实训要求

1. 编制上述业务的会计分录;
2. 登记上述存放中央银行款项的明细账。

5

项目六　外汇业务核算

【学习目标】

商业银行外汇业务核算是在传统业务基础上发展起来的，其在商业银行主要业务中所占比重越来越大。本项目的学习，要求学生能达到以下知识目标和能力目标。

知识目标	能力目标	学习重点和难点
(1) 了解外汇、汇率的概念；了解汇率的标价方法；了解外汇分账制的概念 (2) 掌握结汇、售汇、套汇的会计核算 (3) 熟悉结售汇平盘的核算 (4) 掌握外汇存款的会计核算 (5) 了解外汇贷款的分类 (6) 掌握外汇贷款的会计核算 (7) 了解国际贸易结算的概念与类型	(1) 能鉴别汇率的标价方法；能熟练运用"货币兑换"科目 (2) 能根据客户办理业务的需要选择适当的会计科目 (3) 能根据客户存款业务的需要选择会计科目，并清晰认识相应的业务流程 (4) 能对发生的国际结算业务归类并熟悉业务流程 (5) 能对发生的外汇业务进行归类 (6) 能根据不同业务类型选择适当的科目 (7) 能根据各类业务选择适当的会计科目	(1) "货币兑换"科目的运用 (2) 外汇贷款业务的核算 (3) 信用证结算业务的核算 (4) 出口托收业务的核算 (5) 外汇存款业务的核算 (6) 外汇汇率的标价方法

【典型工作任务】

序　号	工　作　任　务	具　体　内　容
1	货币兑换业务核算	外汇和汇率认知
		外汇兑换业务核算
2	外汇存款业务核算	单位外汇存款核算
		个人外汇存款核算
3	外汇贷款业务核算	外汇贷款的概念和种类认知
		外汇贷款核算
4	国际贸易结算业务核算	国际贸易结算业务的概念和类型认知
		国际贸易结算业务核算

任务一 货币兑换业务核算

两个月上升近千基点 人民币强势升值

张羽(化名)是一名在美留学生,2021 年 8 月首次换汇时了解到汇率波动,便一直对汇率走势格外关注。张羽在出国前并未关注过人民币汇率,临近出国将换汇一事提上日程后才开始进一步了解。"人民币近期又升值了,相较 8 月时汇率报价,近期换 1 万美元能省下近 1 000 元人民币。我是现在换汇还是再等等,还会继续降吗?"11 月 29 日,北京商报记者收到了读者张羽的提问信息。

11 月 29 日,央行授权中国外汇交易中心公布,当日银行间外汇市场人民币汇率中间价为 1 美元兑换人民币 6.387 2,前一个交易日中间价报 6.393 6,单日调升 64 个基点。按照 9 月 30 日人民币对美元汇率报价 6.485 4 计算,10、11 月间,人民币汇率整体上涨近 1 000 个基点。在岸、离岸人民币对美元汇率同样表现强劲。11 月 29 日,万得(Wind)数据显示,在岸人民币对美元开盘跳升逾 900 点,报 6.3,随后迅速回落;离岸人民币对美元短线走高,升破 6.39 关口。截至 11 月 29 日 16 时 30 分,在岸人民币对美元报 6.384 6,离岸人民币对美元报 6.385 3。

2021 年以来,人民币汇率有升有降,呈现双向波动,在 6 月一度升值至 6.357 2,随后围绕 6.45 上下波动。进入 2021 年四季度后,人民币汇率和美元指数同时走强,人民币汇率升值态势明显,11 月内最高升值至 6.380 3。

问题:你知道我国的巨额外汇是如何形成的吗?人民币为何要升值?为何要国际化?

【知识准备】

一、外汇和汇率认知

(一)外汇

外汇的概念可以从动态和静态两个角度来理解。

从动态的角度来讲,外汇是国际汇兑的简称,是指货币在各国间的流动以及把一个国家的货币兑换成另一个国家的货币,借以清偿国际间债权、债务关系的一种专门性的经营活动。

从静态的角度来讲,外汇又可分为狭义和广义两个方面。狭义的外汇是指以外币表示的、为各国普遍接受的、可用于国际间债权债务结算的各种支付手段;广义的外汇是指一国拥有的一切以外币表示的资产。

在我国,根据《中华人民共和国外汇管理条例》第三条规定,外汇是指下列以外币表示的可以用作国际清偿的支付手段和资产:❶ 外币现钞,包括纸币、铸币;❷ 外币支付凭证或者支付工具,包括票据、银行存款凭证、银行卡等;❸ 外币有价证券,包括债券、股票等;❹ 特别提款权;❺ 其他外汇资产。

（二）汇率

汇率又称汇价或外汇牌价,是两种货币的兑换比率,或者说是一国货币兑换成另一国货币的比率或比价。

常用的汇率标价方法有直接标价法和间接标价法。

1. 直接标价法

直接标价法是以一定单位的外国货币为标准来计算折合若干单位的本国货币,如我国使用"100 美元＝714.29 元人民币"(2023 年 12 月 1 日中间价)的汇率时,就是直接标价法。目前在国际经济交往中,大多数国家(或地区)采用的是这种方法,我国也采用这种标价方法(注:该标价方法为本教材所采用的货币标价方法)。

2. 间接标价法

间接标价法是以本国货币为标准,用一定单位的本国货币来计算折合若干单位的外国货币。世界上仅英国、美国等少数国家采用间接标价法。

（三）外汇买卖价格

外汇的买卖和兑换,必须按一定的牌价计算,汇率就是牌价的基础,但两者有一定的区别。我国人民币与外国货币的汇价,由国家外汇管理局制定,并在经营外汇业务的银行挂牌公布。现行各种外汇的牌价,按规定有下列四种:

(1) 现汇买入价。这是银行买入单位和个人的外汇票据、单证等的计算价格。

(2) 卖出价。这是银行卖出外汇时的计算价格。

(3) 现钞买入价。这是银行买入外币现钞的计算价格。

(4) 中间折算价。这是银行间买卖外汇的价格,也即买入和卖出的平均价。

（四）外汇业务核算的方法

我国金融企业外汇业务核算曾采用过外汇统账制与外汇分账制。根据我国现行外汇管理的相关规定和企业会计准则等相关规定,我国银行等金融机构外汇业务会计核算采用外汇分账制。

1. 外汇分账制的含义

外汇分账制又称原币记账法。外汇分账制下,一切凭证、账簿、报表,除以人民币为记账本位币外,对各种外汇资金,应按业务发生时的各种原币填制凭证、登记账簿、编制报表。年终决算时先分别编制原币决算报表,然后各币种再按决算牌价逐一折算成美元并合并成美元汇总表和人民币汇总表。

2. 外汇分账制的核算要求

在外汇分账制下,凡涉及两种货币时,应通过"货币兑换"科目分别在两套账务系统中进行登记;只涉及一种货币时,则直接记入该种货币账务系统,不需通过"货币兑换"科目进行转账核算。

二、外汇兑换业务核算

金融机构办理结、售汇业务需经国家外汇管理局及其分支局批准,并根据中国人民银行颁布的《结汇、售汇及付汇管理规定》以及《银行办理结售汇业务管理办法》等有关规定办理。

（一）结汇

结汇,是指金融机构为客户办理将可自由兑换货币兑换为人民币的行为。

6

6-1
外汇兑
换业务

　　按照中国人民银行和国家外汇管理局的有关规定,凡境内企事业单位、机关和社会团体以及外商投资企业的外汇收入,属于规定结汇范围的,以及有外汇收入自愿结汇的境内居民、来华外国人、港澳台胞,到金融机构售卖外汇或外币的,金融机构应办理买入外汇(币)、支付人民币手续。

　　1. 单位结汇

　　(1)对于属于国家规定应结汇的款项,金融机构收妥后应主动通知单位,根据结汇当日的牌价办理结汇,并进行账务处理。编制会计分录如下:

> 借:××科目
> 　　贷:货币兑换——结售汇(买入价,外币)
> 借:货币兑换——结售汇(买入价,人民币)
> 　　贷:××科目

　　"货币兑换"科目是资产负债共同类科目,在银行办理外汇业务中,既是连接外币和人民币账务系统的桥梁,又起着平衡外币和人民币账务系统的作用。当买入外币时,外币资金反映在该科目的贷方,相应的人民币金额反映在该科目的借方;卖出外汇时,外币资金反映在该科目的借方,相应的人民币金额反映在该科目的贷方。"货币兑换"科目应采用多栏式账簿,同时记录外币金额、汇率等。"货币兑换"科目按不同币种分别设立总账,年度终了,应按规定结转损益,并进行账务处理。

　　(2)属于自愿要求结汇的单位,应提交外币付款凭证,会计部门审查无误后,根据结汇当日的汇率办理结汇,进行账务处理。编制会计分录同上。

　　2. 个人结汇

　　(1)属于个人现钞结汇的,经办员清点客户交来的外币现钞无误、鉴别真伪确认可以兑入后,根据结汇当日的汇率或有关部门提供的汇率办理结汇,同时摘录客户的身份证件号码,进行账务处理。编制会计分录如下:

> 借:库存现金(外币)
> 　　贷:货币兑换——结售汇(现钞买入价,外币)
> 借:货币兑换——结售汇(现钞买入价,人民币)
> 　　贷:库存现金(人民币)

　　【做中学6-1】2023年8月5日,某客户持现钞2 000美元来某商业银行兑换人民币库存现金,当日美元钞买价为USD100=CNY718.22。编制会计分录如下:

> 借:库存现金　　　　　　　　　　　　　　　USD 2 000
> 　　贷:货币兑换——结售汇　　　　　　　　USD 2 000
> 借:货币兑换——结售汇　　　　　　　　　CNY 14 364.40
> 　　贷:库存现金　　　　　　　　　　　　CNY 14 364.40

（2）属于个人境外汇入款结汇的,经办员确认无误后办理转账。编制会计分录如下:

> 借:存放同业(外币)
> 　贷:应解汇款(外币)
> 借:应解汇款(外币)
> 　贷:货币兑换(现汇买入价,外币)
> 借:货币兑换(现汇买入价,人民币)
> 　贷:库存现金(或:吸收存款——活期储蓄存款,人民币)

(二) 售汇

售汇是指金融机构为客户办理将人民币兑换为可自由兑换货币的行为。

凡境内企事业单位、机关和社会团体及外商投资企业的经常项下及资本项下对外支付用汇,以及个人非贸易、非经常性用汇等,按外汇管理局有关规定到金融机构办理购汇的,金融机构应办理卖出外汇(币)、收入人民币手续。

1. 单位购汇

客户因对外贸易及非贸易的支付需要,到金融机构申请购汇时,应填制购汇申请书,并提供有效的商业单据或批件,或外汇管理局批准购汇的批件,交给售汇审批部门审核。如符合售汇规定,将审核签批的购汇申请书送交会计部门,会计部门据此进行售汇账务处理。编制会计分录如下:

> 借:××科目
> 　贷:货币兑换——结售汇(卖出价,人民币)
> 借:货币兑换——结售汇(卖出价,外币)
> 　贷:××科目

【做中学 6 - 2】2023 年 8 月 5 日,科达外贸进出口公司需电付境外一笔货款 800 000 美元。持有关有效凭证,到中国银行某分行申请用人民币办理兑换。经该行审查,符合外汇管理规定,同意售汇。当日美元卖出价为:USD100＝CNY718.22。编制会计分录如下:

> 借:吸收存款——活期存款(科达进出口公司)　　　　　　CNY 5 745 760
> 　贷:货币兑换——结售汇　　　　　　　　　　　　　　　CNY 5 745 760
> 借:货币兑换——结售汇　　　　　　　　　　　　　　　　USD 800 000
> 　贷:汇出汇款　　　　　　　　　　　　　　　　　　　　USD 800 000

2. 个人购汇

金融机构如办理境内居民个人因私购汇业务,需经国家外汇管理局批准,并连接到居民因私购汇管理信息系统方可办理。外国游客,港、澳、台同胞未用完的人民币,可持兑换水单,到原办理外币兑换业务的金融机构办理购买外汇手续。编制会计分录如下:

借：库存现金(人民币)
　　贷：货币兑换——结售汇(卖出价,人民币)
借：货币兑换——结售汇(卖出价,外币)
　　贷：库存现金(外币)

(三) 套汇

套汇,是以一种外币兑换成另一种外币的货币兑换行为。套汇包括两种情况:一是两种外币之间的套算,即一种外币兑换为另一种外币,必须通过人民币进行套汇,也就是先买入一种外币,按买入价折成人民币数额,再卖出另一种外币,把人民币数额按卖出价折算为另一种外币。二是同种货币之间的套算,包括钞兑汇或汇兑钞,因为同一外币体现在汇率上,现钞和现汇价值有所差异,所以也必须按套汇方法处理。

根据我国会计法规的相关规定,我国的记账本位币为人民币,同时在外汇分账制的核算前提下,实现套汇业务的核算,理论上讲就是将外汇结汇、售汇业务结合起来就可以实现。外汇套汇业务会计核算如下:

第一步:买进外币 A,编制会计分录如下:

借：××科目
　　贷：货币兑换——结售汇(买入价,外币 A)

第二步:通过人民币套算,编制会计分录如下:

借：货币兑换——结售汇(人民币)
　　贷：货币兑换——结售汇(人民币)

第三步:卖出外币 B,编制会计分录如下:

借：货币兑换——结售汇(卖出价,外币 B)
　　贷：××科目

引例解析

答:中国外汇储备主要由四部分组成:一是巨额贸易顺差;二是外国直接投资净流入的大幅增加;三是外国贷款的持续增多;四是对人民币升值预期导致的"热钱"流入。

人民币升值的原因有许多,主流观点有: ❶ 中国一直面临来自主要贸易伙伴尤其是美国和欧洲的压力。西方认为中国长期采取低价汇率导致贸易非公正性,中国及其贸易伙伴面临贸易战争的威胁,不利于经济增长。 ❷ 中国一直选择性地采取对策促使经济减速。中国人民银行希望通过人民币升值导致出口价格相对增高来减缓出口贸易的惊人增长,避免经济发展过热,同时抑制国内的通货膨胀。

人民币国际化可以逐步提升中国的国际地位,增强中国对世界经济的影响力,从而改变目前处于被支配的地位,减少国际货币体制对中国的不利影响。人民币国际化后,对外贸易和投资可以使用本国货币计价和结算,减少汇率风险,促进中国国际贸易和投资的发展,还可以促进中国边境贸易的发展。边境贸易和旅游等实体经济发生的人民币库存现金的跨境流动,在一定程度上缓解了双边交往中结算手段的不足,推动和扩大了双边经贸往来,加快了边境地区的经济发展。

📊【工作任务设计 6-1:套汇业务核算】

【任务描述】

6月4日,某外商投资企业拥有现汇活期存款 200 000 美元,要求兑换成港币现汇,以备支付贷款。银行按美元买入价买入美元,按港币卖出价卖出港币。假设,当天的外汇牌价为:美元汇买价 USD100＝CNY634.93,港币卖出价 HKD100＝CNY82.13。

【操作步骤】

第一步:买入美元。编制会计分录如下:

借:吸收存款——活期存款　　　　　　　　　　　USD 200 000
　　贷:货币兑换——结售汇　　　　　　　　　　　　USD 200 000

第二步:通过人民币套算。编制会计分录如下:

借:货币兑换——结售汇　　　　　　　　　　　　CNY 1 269 860
　　贷:货币兑换——结售汇　　　　　　　　　　　CNY 1 269 860

第三步:卖出港币。编制会计分录如下:

借:货币兑换——结售汇　　　　　　　　　　　　HKD 1 546 159
　　贷:吸收存款——活期存款　　　　　　　　　　HKD 1 546 159

想一想　"货币兑换"是什么性质的科目?还有什么科目和它性质一样?

任务二 外汇存款业务核算

我国外币存款突破万亿美元

近3年,外币存款呈逐级上升趋势,且累积速度不断加快。自2018年6月起,外币存款在7 000亿美元至8 000亿美元区间内,震荡盘踞长达26个月。2020年8月,外币存款余额突破8 000亿美元大关,达8 198.79亿美元。更为迅猛的拉升随之而来。2021年1月,外币存款首次突破9 000亿美元;4月,外币存款再度向上,站稳万亿美元。2021年4月金融统计数据报告显示,4月末,外币存款余额同比增长33.2%至10 045.20亿美元,创下历史新高。当月外币存款增加478亿美元,同比多增588亿美元。从结构看,2021年前4个月,境内存款由6 292.55亿美元增至6 561.01亿美元,上涨4.27%;境外存款从3 099.61亿美元增至3 484.19亿美元,上涨12.4%,增幅更为明显。

问题:如何看待外汇存款的增长?

【知识准备】

外汇存款,是指单位或个人将其外汇资金(国外汇入款项、外币及其他外币票据)存入金融机构,并随时或约期支取的一种业务。

外汇存款业务类别同人民币存款业务类似,不同之处是外汇存款业务涉及的货币是外汇。常见的外汇存款业务包括单位外汇存款业务和个人外汇储蓄存款业务。

一、单位外汇存款核算

(一)单位活期存款核算

1. 直接以国外汇入汇款或国内联行转汇款存入

直接以国外汇入汇款或国内联行转汇款存入时,应根据结算专用凭证办理存入核算,编制会计分录如下:

借:存放同业(或其他科目,外币)
    贷:应解汇款(外币)
借:应解汇款(外币)
    贷:吸收存款——活期存款(××户)(外币)

【做中学6-3】某进出口公司申请将国外汇入汇款8 000美元转入其活期外汇存款户,办理转账。编制会计分录如下:

借：存放同业（或其他科目）　　　　　　　　　　　　　USD 8 000
　　贷：应解汇款　　　　　　　　　　　　　　　　　　　USD 8 000
借：应解汇款　　　　　　　　　　　　　　　　　　　　USD 8 000
　　贷：吸收存款——活期存款（某进出口公司户）　　　　USD 8 000

2. 以外币现钞存入

以外币现钞存入现汇账户时，应以当日现钞价买入现钞和卖出价卖出现汇折算成外汇入账。编制会计分录如下：

借：库存现金（外币）
　　贷：货币兑换（现钞买入价，外币）
借：货币兑换（现钞买入价，人民币）
　　贷：货币兑换（卖出价，人民币）
借：货币兑换（卖出价，外币）
　　贷：吸收存款——活期存款（××户）（外币）

【做中学 6-4】7 月 13 日，某进出口公司存入其活期存款账户（港币）现钞 80 000 港元，假设当日钞买价 HKD100＝CNY81.42，汇卖价 HKD100＝CNY82.39。编制会计分录如下：

借：库存现金　　　　　　　　　　　　　　　　　　　　HKD 80 000
　　贷：货币兑换　　　　　　　　　　　　　　　　　　　HKD 80 000
借：货币兑换　　　　　　　　　　　　　　　　　　　　CNY 65 136
　　贷：货币兑换　　　　　　　　　　　　　　　　　　　CNY 65 136
借：货币兑换　　　　　　　　　　　　　　　　　　　　HKD 79 058.14
　　贷：吸收存款——活期存款（某进出口公司户）　　　　HKD 79 058.14

3. 从现汇户支取现钞

单位外汇存款最多只能支取 50 000 美元，50 000 美元以上现金支取必须经外汇管理局批准。从现汇户支取现钞时，应按套汇手续办理。编制会计分录如下：

借：吸收存款——活期存款（××户）（外币）
　　贷：货币兑换（现汇买入价，外币）
借：货币兑换（现汇买入价，人民币）
　　贷：货币兑换（卖出价，人民币）
借：货币兑换（卖出价，外币）
　　贷：库存现金（外币）

4. 计算利息

除国库款项和属于财政预算拨款性质的经费预算单位存款不计息外,其他性质的单位存款均计付利息。单位外汇活期存款的计息方法与人民币相同,按不同币种活期存款采用积数计息法计算利息。编制会计分录如下:

> 借:利息支出(外币)
>   贷:吸收存款——活期存款(××户)(外币)

(二) 单位定期存款核算

单位申请开立定期存款账户,按不同情况办理。凡是由该单位的活期外汇存款账户转存的,或是由汇入款或其他来源款项转存的,银行可按单位要求办理开户手续,开立定期存款账户;若单位直接存入款项,应按照有关规定申请办理开户手续,经银行审查同意后,开设账户。

有关存入款项和到期支取款项的会计分录,除科目使用"吸收存款——定期存款"外,其余与活期存款的有关分录相同。

二、个人外汇存款核算

个人外汇存款既可开立现钞户,又可开立现汇户。现汇户,是指国外汇入、携入、寄入的外汇,可支取现钞,也可汇往国外。现钞户,是指国外汇入、携入、寄入的外币现钞,汇给国外时,不通过外汇买卖折算成外汇,只需按中间价折算计收人民币手续费。

(一) 存入

外币现钞存入现钞户时,编制会计分录如下:

> 借:库存现金(外币)
>   贷:吸收存款——活期储蓄存款——现钞户(××个人)(外币)
>   或吸收存款——定期储蓄存款——现钞户(××个人)(外币)

境外账户行汇入汇款转存,携入外币票据转存或外币票据托收转存现汇户时,编制会计分录如下:

> 借:存放同业(或相关科目,外币)
>   贷:吸收存款——活期储蓄存款——现汇户(××个人)(外币)
>   或吸收存款——定期储蓄存款——现汇户(××个人)(外币)

(二) 支取

从个人外汇活期存款现钞户支取原币现钞,编制会计分录如下:

> 借:吸收存款——活期储蓄存款——现钞户(××个人)(外币)
>   贷:库存现金(外币)

6

个人外汇定期存款现钞户到期提取外币现钞,应同时计算应付利息,一并办理转账,编制会计分录如下:

> 借:吸收存款——定期储蓄存款——现钞户(××个人)(外币)
>   应付利息(外币)
>   贷:库存现金(外币)

个人外汇存款现汇户各种支取业务同单位外汇存款,不再重述。

(三) 计息

个人外汇活期存款的结息日为季末 20 日,全年按实际天数计算,以结息日挂牌的外汇活期利率计付利息。个人外汇定期存款采取到期还本付息的方法,按约定利率计付利息。

实际支付时,对于利息低于单位货币以下的金额按照外币找零业务处理。即外币储蓄存款支付利息时,对单位货币(日元为百元)以下金额,如遇辅币不足时可按当时外汇牌价(现钞或现汇买入价)折算成人民币给付。办理时编制会计分录如下:

> 借:库存现金(外币找零数)
>   贷:货币兑换(外币)
> 借:货币兑换(按钞买价或汇买价折成人民币)
>   贷:库存现金(人民币)

引例解析

答:当前外币存款增加,主要源于出口创汇力量的推升以及市场持汇意愿的提升。

一方面外币存款持续累积,出口创汇是直接原因。由于当前出口规模较大,而且外商直接投资(FDI)增长较快,从而导致涉外收款较多。在庞大的出口创汇力量推升下,外币存款余额实现了万亿美元关口的突破。

另一方面,外币存款的积累之路,映射出当下市场主体不断变化的持汇心态,当前市场结汇意愿减弱、持汇意愿正在提升。推升持汇意愿的主要因素包括:在 2020 年人民币汇率持续升值的情况下,诸多企业错失结汇窗口后选择观望;市场对于美元仍有升值预期;居民或企业留存外汇进行再投资的意愿增强等。市场主体持有外汇的意愿逐步加强,也反映了金融监管部门持续推进的"藏汇于民"向纵深发展。

应该注意的是,随着"藏汇于民"程度加深,市场主体积累的大量外币存款逐步释放,在跨境资金流动方面,还需进一步审慎监管。居民的海外投资风险控制能力相对较弱,居民外汇增多后,投资损失风险也会上升。同时,居民投资情绪波动较大,容易跟风形成"羊群效应",从而在外汇市场买卖外汇,影响人民币汇率稳定。如果这些外汇资产要转移至境外,会形成跨境资本流动,影响金融稳定。

📊 **【工作任务设计 6 - 2：外币活期储蓄存款业务核算】**

【任务描述】

客户小刘持存折及支取凭单,从其活期外汇存款账户中支取 4 000 港元,兑成人民币现金,假设当日港元汇买价 HKD 1＝CNY 0.959 6。假设小刘支取的 4 000 港元汇往国外,银行收取汇费 50 港元。

要求:编制相关会计分录。

【操作步骤】

第一步:编制支取外币活期储蓄存款的会计分录。

借:吸收存款——活期　　　　　　　　　　　　　　　　HKD 4 000
　　贷:货币兑换　　　　　　　　　　　　　　　　　　HKD 4 000

第二步:编制港币兑换成人民币的会计分录。

借:货币兑换　　　　　　　　　　　　　　　　　　　CNY 3 838.4
　　贷:库存现金　　　　　　　　　　　　　　　　　CNY 3 838.4

第三步:编制支付汇费的会计分录。

借:储蓄存款——现汇户(小刘)　　　　　　　　　　　HKD 50
　　贷:手续费及佣金收入——汇费　　　　　　　　　　HKD 50

想一想　个人从现汇户支取原币现钞,银行怎样处理?

6

任务三　　外汇贷款业务核算

引 例

留学巧省钱,申请贷外币

面对少则 50 万元,多则 100 万元的留学费用,许多留学生家庭都会头疼资金周转不灵这个问题。此时,大部分人会选择以银行贷款的方式解燃眉之急。那么,到底是选择人民币贷款还是外汇留学贷款呢?中国银行秦淮支行出国金融中心经理介绍说:"实际工作中,很多客户申请留学贷款时会选择人民币贷款,然而在现在这种人民币升值趋势明确的情况下,选外汇留学贷款更合适。中国银行除人民币贷款外,还提供美元、英镑、欧元、日元、港元等五个币种外汇留学贷款,借款人可以根据实际需求选择。"

外汇留学贷款的申请对象可以是借款人本人,也可以是法定被监护人,通常是用于缴纳就读境外大学本科、硕士、博士等学位所需学杂费和生活费的一种外汇贷款。贷款限额最高可达受教育人在读期间所需学杂费用和生活费用的80%。港元留学贷款采用以香港同业拆借利率(HIBOR)为定价基准加点形式定价,港元外其它币种留学贷款采用伦敦同业拆借利率(LIBOR)为定价基准加点形式定价。贷款的期限一般为一至六年,最长不得超过十年(含),具体期限根据借款人就读情况以及担保方式确定。可选择抵押、质押担保及第三方保证等多种担保方式。

问题:外汇留学贷款与人民币贷款相比有何优势?

【知识准备】

一、外汇贷款的概念与种类认知

外汇贷款,是银行以外币为计算单位向企业发放的贷款。外汇贷款有广义和狭义之分。狭义的外汇贷款,仅指我国银行运用从境内企业、个人吸收的外汇资金,贷放于境内企业的贷款;广义的外汇贷款,还包括国际融资转贷款,即包括我国从国外借入,通过国内外汇指定银行转贷于境内企业的贷款。

外汇贷款按有无担保可以分为信用贷款、抵押贷款、质押贷款。

信用贷款,是指以借款人的信誉(包含借款人的品德、财产状况、预期收益及以往偿债记录等因素)发放的贷款。

抵押贷款,是指按担保法律规定的抵押方式以借款人或第三人的财产作为抵押物发放的贷款。

质押贷款,是指按担保法律规定的质押方式以借款人或第三人的动产或权利作为质物发放的贷款。

二、外汇贷款核算

(一)外汇信用贷款核算

1. 发放

发放外汇信用贷款,应由借款人提出申请,经信贷等部门审查、批准后,与借款人签订借款合同。会计部门根据批准后的借款合同办理贷款发放手续,并按科目账号顺序妥善保管借据。编制会计分录如下:

借:贷款——短期(中长期)贷款(××户)(外币)
　　贷:吸收存款——活期存款(××户)(外币)

【做中学 6-5】中国银行某分理处向某进出口公司发放中长期信用贷款90 000美元,转入该公司的活期存款账户,编制会计分录如下:

借:贷款——中长期贷款(某进出口公司)　　　　　　　　USD 90 000

　　贷:吸收存款——活期存款(某进出口公司)　　　　　　USD 90 000

2. 收回

借款人到期归还贷款本息时,编制会计分录如下:

借:吸收存款——活期存款(××户)(外币)

　　贷:贷款——短期(中长期)贷款(××户)(外币)

　　　　利息收入(外币)

用人民币购汇还贷款时,编制会计分录如下:

借:吸收存款——活期存款(××户)(或其他有关科目,人民币)

　　贷:货币兑换——结售汇(人民币)

借:货币兑换——结售汇(外币)

　　贷:贷款——短期(中长期)贷款(××户)(外币)

　　　　利息收入(外币)

(二)抵押、质押外汇贷款核算

1. 发放

借款人申请抵押、质押贷款时,须提出申请,信贷等部门审查、批准后,与借款人签订借款合同和抵押合同或质押合同,抵押品进行保管登记,质押品送出纳部门入库保管。会计部门收到信贷部门送来的借据、合同等相关单据,经审核无误后进行账务处理,编制会计分录如下:

借:贷款——抵押(或质押)贷款(××户)(外币)

　　贷:吸收存款——活期存款(××户)(外币)

同时记载表外科目:

收入:抵押及质押有价物品

2. 收回

会计部门根据信贷部门提供的相关单据进行账务处理。借款人全额归还贷款本金时编制会计分录如下:

借:吸收存款——活期存款(××户)

　　贷:贷款——抵押(或质押)贷款(××户)(外币)

　　　　利息收入(外币)

6

同时记载表外科目:

付出:抵押及质押有价物品

外汇贷款发生展期、逾期、呆滞、呆账的账务处理以及利息的计算均与人民币贷款相同。

引例解析

答:首先,外汇留学贷款的利率比人民币贷款利率(通常是基准利率上浮20%以上)要低40%左右。第二,因为外汇留学贷款偿还的币种是外币,所以在人民币升值的趋势下,实际所付的人民币成本是逐渐减少的,非常划算。但要注意,外汇留学贷款由于偿还的是外币,受汇率波动影响,需要申请人密切关注汇率走势,在汇率低时提前储备,以达到节省人民币成本的目的。

【工作任务设计6-3:外汇信用贷款核算】

【任务描述】

当20××年4月25日,A企业向银行借出一笔金额为90 000美元、期限为半年的信用贷款。利率采用3个月浮动利率,利息转入贷款本金。借款日美元3个月浮动利率为6.15%,7月25日美元3个月浮动利率为6.43%。该企业贷款到期日从其美元存款账户偿还全部贷款本息。

要求:作出相应的账务处理。

【操作步骤】

第一步:作出4月25日贷款时的会计处理。编制会计分录如下:

借:贷款——短期贷款(A企业)(外币)	USD 90 000
贷:吸收存款——活期存款(A企业)(外币)	USD 90 000

第二步:作出7月25日确认利息收入的会计处理。编制会计分录如下:

借:贷款——短期贷款(A企业)(外币)	USD 1 383.75
贷:利息收入(外币)	USD 1 383.75

第三步:作出10月25日收回本金和利息时的会计处理。

收回本金时编制会计分录如下:

借:吸收存款——活期存款(A企业)(外币)	USD 91 383.75
贷:贷款——短期贷款(A企业)(外币)	USD 91 383.75

收回利息时编制会计分录如下:

借:吸收存款——活期存款(A企业)(外币)	USD 1 468.99
贷:利息收入(外币)	USD 1 468.99

想一想　你知道进出口押汇是什么业务吗?

任务四　国际贸易结算业务核算

引　例

中国进出口贸易量稳步增长,结构不断改善

据海关统计,2021 年前 8 个月,中国进出口总值 24.78 万亿元人民币,同比增长 23.7%,比 2019 年同期增长 22.8%。其中出口 13.56 万亿元,同比增长 23.2%,比 2019 年同期增长 23.8%;进口 11.22 万亿元,同比增长 24.4%,比 2019 年同期增长 21.8%;贸易顺差 2.34 万亿元,同比增长 17.8%。

在外部经济环境依然十分严峻的情况下,能够保持进出口贸易稳步增长,且结构不断优化,确实是非常不易和令人振奋的。进出口贸易的稳定,也为经济的企稳打下了良好的基础,为稳增长、稳就业创造了良好的条件。特别是贸易结构的不断优化,更为进出口贸易的可持续发展增添了信心,为外贸企业全面恢复开辟了新的通道。

问题:如何优化对外贸易结构?

【知识准备】

一、国际贸易结算业务的概念与类型认知

国际贸易结算业务,是指两个不同国家的当事人,不论是个人间的、单位间的、企业间的或政府间的,因商品买卖、服务供应、资金调拨、国际借贷而需要通过银行办理的两国间外汇收付业务。

国际贸易结算是国际贸易经常发生的除贷款以外的结算,它是建立在商品交易基础上的结算,是以票据为基础,单据为条件,银行为中枢,结算与融资相结合的非库存现金结算体系。

目前,常见的国际贸易结算方式有信用证结算业务、出口托收业务、进口代收业务、汇款结算业务。

二、国际贸易结算业务核算

(一) 信用证(L/C)结算业务核算

信用证结算方式,是指银行应进口方请求,向出口方开立信用证作为付款保证,进出口双方根据信用证规定的条款进行发货和结算,由开证行承担付款责任,议付行解付货款的一种结算方式。

1. 进口信用证

(1) 受理申请。进口单位向金融机构提交"进口开证申请书",申请开立信用证。金融

6

机构审核同意后,受理其开证申请。

(2) 扣收开证保证金。编制会计分录如下:

> 借:吸收存款——活期存款(外币或人民币)
> 　贷:存入保证金——开证保证金(或其他有关科目,外币或人民币)

同时记载表外科目:

收入:开出信用证

(3) 收取开证费用。编制会计分录如下:

> 借:吸收存款——活期存款(或其他有关科目,外币或人民币)
> 　贷:手续费及佣金收入——结算手续费(外币或人民币)

(4) 信用证付款。信用证付款可以分为以下四种情况:

第一种,用现汇保证金付款。编制会计分录如下:

> 借:存入保证金——开证保证金(外币)
> 　贷:存放同业——存放境外同业款项(外币)

同时记载表外科目:

付出:开出信用证

第二种,用人民币保证金购汇付款。编制会计分录如下:

> 借:存入保证金(人民币)
> 　贷:货币兑换——结售汇(卖出价,人民币)
> 借:货币兑换——结售汇(卖出价,外币)
> 　贷:存放同业——存放境外同业款项(或其他有关科目,外币)

同时记载表外科目:

付出:开出信用证

第三种,其他金融机构担保开证的,应收妥担保款项后付汇,会计分录同上。

第四种,拒付的处理。会计部门凭有关部门提供的有效拒付文件或单证,审核无误后进行账务处理。编制会计分录如下:

> 借:存入保证金——开证保证金(外币或人民币)
> 　贷:吸收存款——活期存款(外币或人民币)
> 借:吸收存款——活期存款(外币或人民币)
> 　贷:手续费及佣金收入——拒付手续费(外币或人民币)

同时记载表外科目：

付出：开出信用证

【做中学 6 - 6】2023 年 1 月 10 日,甲进出口公司申请开立信用证,金额 80 000 美元,并从其活期外汇存款账户支取 30 000 美元交保证金,办理转账。1 月 20 日,开证行收到议付行寄来信用证项下 80 000 美元汇票及单证,审查合格送交甲进出口公司确认后,本日办理汇款,从甲进出口公司活期外汇存款账户中支付。

第一步,开出信用证时会计处理。编制会计分录如下：

借：吸收存款——活期存款(甲进出口公司)　　　　　　　　USD 30 000
　　贷：存入保证金——开证保证金　　　　　　　　　　　　USD 30 000

同时记载表外科目：

收入：开出信用证

第二步,付款时会计处理。编制会计分录如下：

借：存入保证金——开证保证金　　　　　　　　　　　　　USD 30 000
　　贷：存放同业——存放境外同业款项　　　　　　　　　　USD 30 000
借：吸收存款——活期存款(甲进出口公司)　　　　　　　　USD 50 000
　　贷：存放同业——存放境外同业款项　　　　　　　　　　USD 50 000

同时记载表外科目：

付出：开出信用证

---

2. 出口信用证

(1)国外开来信用证。收到境外银行开来信用证,结算部门要及时通知受益人,同时制作表外科目传票送交会计部门,会计部门审核无误后记载表外科目：

收入：国外开来信用证凭信

(2)寄单索汇。信用证受益人在发货后,持有关单据到金融机构办理收款。金融机构审核单据后,编制"议付通知书",向国外银行寄送单据,并记载表外科目：

收入：应收外汇托收款项

(3)收汇。收汇业务分为以下两种情况。

❶ 收到境外行的付款,原币入账时,编制会计分录如下：

借：存放同业——存放境外同业款项(或其他有关科目,外币)
　　贷：吸收存款——活期存款(外币)
借：吸收存款——活期存款(外币或人民币)
　　贷：手续费及佣金收入——手续费(外币或人民币)

同时记载表外科目：

付出：国外开来信用证凭信

　　　应收外汇托收款项

❷ 收到境外行的付款,结汇入账时,编制会计分录如下：

> 借：存放同业——存放境外同业款项（或其他有关科目，外币）
> 　　贷：货币兑换——结售汇（买入价，外币）
> 借：货币兑换——结售汇（买入价，人民币）
> 　　贷：吸收存款——活期存款（或其他有关科目，人民币）
> 借：存放同业——存放境外同业款项（或其他有关科目，外币）
> 　　贷：手续费及佣金收入——手续费（外币）

同时记载表外科目：

付出：国外开来信用证凭信
　　　应收外汇托收款项

（二）出口托收业务核算

1. 跟单托收

跟单托收，是指收款人开立汇票并附有货运单据，凭跟单汇票委托银行向付款人收取货款的一种贸易结算方式。

（1）受理及发出托收。出口单位委托金融机构办理托收时，应填写出口托收申请，并将汇票单据一并交给金融机构。金融机构受理后，结算部门再审查申请书及有关单据，选择代理行，制作托收面函，计收费用，登记托收登记簿，复核无误后发出托收。同时，结算部门要将收费通知和表外科目收入传票及卡片账送交会计部门，会计部门审核无误后记载账务，编制会计分录如下：

> 借：吸收存款——活期存款（人民币）
> 　　贷：手续费及佣金收入——手续费（人民币）
> 　　　　其他应付款——邮电费（人民币）

同时记载表外科目：

收入：应收外汇托收款项（人民币）

（2）收妥入账。收到代理行划回的托收款项的凭证，会计人员确认款项收妥，抽取卡片账进行核对无误后，制作传票，记载账务。

❶ 原币入账编制会计分录如下：

> 借：存放同业——存放境外同业款项（或其他有关科目，外币）
> 　　贷：吸收存款——活期存款（或其他有关科目，外币）

同时记载表外科目：

付出：应收外汇托收款项

❷ 结汇入账编制会计分录如下：

> 借：存放同业——存放境外同业款项（或其他有关科目，外币）
> 　　贷：货币兑换——结售汇（外币）

> 借：货币兑换——结售汇(人民币)
> 　　贷：吸收存款——活期存款(或其他有关科目,人民币)

同时记载表外科目:

付出：应收外汇托收款项

2. 光票托收

光票托收,是指收款人委托金融机构对不附带任何单据的汇票、本票、支票代为收取款项的业务。具体核算参照跟单托收。

(三) 进口代收业务核算

进口代收,是指境外银行委托金融机构代收其托收款项的结算方式。进口代收分为跟单代收和光票代收。此处,以跟单代收为例,其核算内容如下所示。

1. 收单并发出通知

金融机构收到境外行寄来的代收单据,结算部门应填制进口代收通知单通知进口单位,同时填制表外科目收入传票送交会计部门。会计部门审核无误后记载表外科目:

收入：代收外汇托收款项

2. 对外付汇

进口单位同意付汇,要在金融机构进口代收通知单上注明"同意付款"字样,并加盖进口单位财务印鉴和法人名章或预留印鉴,同时要落实头寸后向金融机构交单;需购汇付汇的,应通知单位提前备足人民币购汇付汇。结算部门要将收费通知、付款电文及表外科目付出传票送交会计部门,会计部门审核无误后记载账务。

(1) 由现汇账户付汇的会计分录如下:

> 借：吸收存款——活期存款(或其他有关科目,外币)
> 　　贷：存放同业——存放境外同业款项(或其他有关科目,外币)
> 借：吸收存款——活期存款(或其他有关科目,外币或人民币)
> 　　贷：手续费及佣金收入——手续费(外币或人民币)
> 　　　　其他应付款——邮电费(外币或人民币)

同时记载表外科目:

付出：代收外汇托收款项

(2) 用人民币购汇付汇的会计分录如下:

> 借：吸收存款——活期存款(或其他有关科目,人民币)
> 　　贷：货币兑换——结售汇(卖出价,人民币)
> 借：货币兑换——结售汇(卖出价,外币)
> 　　贷：存放同业——存放境外同业款项(或其他有关科目,外币)

收取手续费、邮电费的会计分录如下:

> 借：吸收存款——活期存款(人民币)
> 　贷：手续费及佣金收入——手续费(人民币)
> 　　其他应付款——邮电费(人民币)

同时记载表外科目：

付出：代收外汇托收款项

3. 客户拒付

进口单位拒付时，应向代收社(行)提交拒付通知，说明拒付理由，代收社(行)应及时通知境外托收银行。同时结算部门应制作表外科目付出传票送交会计部门，会计部门审核无误后记载表外科目：

付出：代收外汇托收款项

(四) 汇款结算业务核算

汇款分为信汇、电汇和票汇三种方式。

信汇，是指汇款行以邮寄方式发出汇款指令并委托付款行解付一定金额给指定收款人的汇款。

电汇，是由汇款行以电讯方式发出汇款指令并委托付款行解付一定金额给指定收款人的汇款。

票汇，是指汇款行以出具汇票方式要求受票行解付票面金额给指定收款人的汇款。

以上三种方式由汇款人根据需要选用。

1. 汇出汇款

受理客户的汇出汇款业务后，应登记汇出汇款登记簿，向客户收取汇款手续费和进行相关账务处理，并经复核员复核凭证、账务，在汇出汇款申请书的传票联和申请书联上加盖复核员名章和转讫章后，将申请书联交经办员据以制作报文，或编制信汇委托书，或制作汇票。

(1) 以外币存款汇出时，编制会计分录如下：

> 借：吸收存款——活期存款(外币)
> 　贷：存放同业——存放境外同业款项(或其他有关科目，外币)
> 借：吸收存款——活期存款(人民币或外币)
> 　贷：手续费及佣金收入——结算手续费(人民币或外币)

(2) 先购汇再汇款时，编制会计分录如下：

> 借：吸收存款——活期存款(人民币)
> 　贷：货币兑换——结售汇(卖出价，人民币)
> 借：货币兑换——结售汇(卖出价，外币)
> 　贷：存放同业——存放境外同业款项(或其他有关科目，外币)
> 借：吸收存款——活期存款(人民币或外币)
> 　贷：手续费及佣金收入——结算手续费(人民币或外币)

(3) 以现钞或现钞账户汇款时，应进行现钞转汇账务处理，编制会计分录如下：

借：库存现金(或××存款——××现钞户,外币)
　　贷：货币兑换(现钞买入价,外币)
借：货币兑换(现钞买入价,人民币)
　　贷：货币兑换(卖出价,人民币)
借：货币兑换(卖出价,外币)
　　贷：存放同业——存放境外同业款项(或其他有关科目,外币)

(4)票汇汇出款项时,编制会计分录如下:

借：吸收存款——活期存款(外币)
　　贷：汇出汇款(外币)
借：吸收存款——活期存款(外币或人民币)
　　贷：手续费及佣金收入(外币或人民币)

(5)解付款项时,编制会计分录如下:

借：汇出汇款(外币)
　　贷：存放同业——存放境外同业款项(或其他有关科目,外币)

(6)汇出汇款的退汇处理。

属汇款人书面申请提出退汇,经查询汇入行尚未解付的,待款项退回后,用红字冲回该笔汇款,同时收取退汇手续费。编制会计分录如下:

借：吸收存款——活期存款(或其他有关科目,外币或人民币)
　　贷：手续费及佣金收入(外币或人民币)

【做中学 6-7】2023 年 8 月 10 日,中国银行某支行根据某合资企业的申请,从其美元存款户中电汇 800 000 港元到南洋商业银行香港分行交某外商。按规定收取 1‰的手续费。当日美元的汇买价为:USD100=CNY721.00,港元的汇买价为:HKD100=CNY92.24。8 月 15 日汇出行收到南洋商业银行香港分行解付讫通知书,销记汇出汇款科目账。

汇出汇款时编制会计分录如下:

借：吸收存款——活期存款	USD 102 346.74
贷：货币兑换——结售汇	USD 102 346.74
借：货币兑换——结售汇	CNY 737 920
贷：货币兑换——结售汇	CNY 737 920
借：货币兑换——结售汇	HKD 800 000
贷：汇出汇款	HKD 800 000

6

> 借：吸收存款——活期存款 USD 1 023.47
> 　　贷：手续费及佣金收入——结算手续费 USD 1 023.47
>
> 解付款项时,编制会计分录如下:
>
> 借：汇出汇款 HKD 800 000
> 　　贷：存放同业——存放境外同业款项 HKD 800 000

2. 汇入汇款

(1)信汇。汇入社(行)收到汇出行的信汇委托书后,经办员要核对有权签字人签字是否正确,大额汇款要有汇出行的加押证实,同时核对收款人名称及账号是否正确、大小写金额是否相符等内容无误后,制作传票,办理转账。编制会计分录如下:

> 借：存放同业——存放境外同业款项(或其他有关科目,外币)
> 　　贷：应解汇款(或其他有关科目,外币)
> 借：应解汇款(或其他有关科目,外币)(或其他有关科目,外币)
> 　　贷：吸收存款——活期存款(或其他有关科目,外币)

(2)电汇。收到汇出行的贷记通知,根据贷记通知核对收款人名称及账号无误后,制作传票进行账务记载。会计分录与信汇相同。

(3)票汇。收款人持本社(行)为付款社(行)的汇票来办理取款时,本机构经办员核对有关内容无误后,制作传票,办理转账。会计分录与信汇相同。

(4)退汇。属收款人提出拒收或本社(行)无法解付的汇款,按原汇入方式退回,已登记的账务用红字冲销。

如已划收客户账户,但客户要求退汇的,金融机构应按照客户的书面申请,办理退汇。已记账的用红字冲销,同时收取退汇手续费。编制会计分录如下:

> 借：吸收存款——活期存款(或其他有关科目,本币或外币)
> 　　贷：手续费及佣金收入(本币或外币)

引例解析

答:要继续稳定和拓展外需,加快转变外贸发展方式,推动外贸发展从规模扩张向质量效益提高转变、从成本优势向综合竞争优势转变。一方面,要培育出口竞争新优势。在保持现有出口竞争优势的同时加快培育以技术、品牌、质量、服务为核心竞争力的新优势。积极开拓新兴市场,推进出口市场多元化。另一方面,促进服务出口,扩大服务业对外开放,提高服务贸易在对外贸易中的比重。再者,优化进口结构,积极扩大先进技术、关键零部件、国内短缺资源和节能环保产品进口,适度扩大消费品进口,发挥进口对宏观经济平衡和结构调整的重要作用,优化贸易收支结构。

【工作任务设计 6-4：出口托收结算业务核算】

【任务描述】

9月3日，中国银行南京分行受远洋外贸公司委托，向香港华侨银行办理出口托收，金额 80 000 港元，手续费为托收金额的 1‰，收到贷方报单办理结汇，假设当日牌价汇买价为 HKD100＝CNY81.58。

要求：作出相应账务处理。

【操作步骤】

第一步：受理发出托收时会计处理。

编制会计分录如下：

借：吸收存款——活期存款（远洋外贸公司）　　　　　　CNY 652.64
　　贷：手续费及佣金收入——手续费　　　　　　　　　　CNY 652.64

同时记载表外科目：

收入：应收外汇托收款项　　CNY 65 264

第二步：收到贷方报单办理结汇。

编制会计分录如下：

借：存放同业　　　　　　　　　　　　　　　　　　　HKD 80 000
　　贷：货币兑换——结售汇　　　　　　　　　　　　　　HKD 80 000
借：货币兑换——结售汇　　　　　　　　　　　　　　　CNY 65 264
　　贷：吸收存款——活期存款（远洋外贸公司）　　　　　CNY 65 264

同时记载表外科目：

付出：应收外汇托收款项　　CNY 65 264

6

【工作任务设计 6-5：出口信用证业务核算】

【任务描述】

2022 年 10 月 9 日，中国银行某分行接到伦敦渣打银行开来即期信用证，金额 5 000 英镑，受益人为中国五矿进出口公司，来证规定单到开证行验证付款。该行审证后当天通知受益人。10 月 31 日，受益人中国五矿进出口公司备货出运后，送来全套出口单据及跟单汇票 5 000 英镑。该行审查合格，于 11 月 3 日寄单索汇。11 月 16 日，该行收到伦敦渣打银行的已贷记通知金额 5 000 英镑，并于当日上午对五矿进出口公司结汇入账。结汇日英镑汇买价为 GBP100＝CNY825.87。

【操作步骤】

第一步：2022 年 10 月 9 日,接到伦敦渣打银行开来即期信用证时,记表外科目:

收入:国外开来信用证凭信　GBP 5 000

第二步:11 月 3 日寄单索汇时,记表外科目:

收入:应收外汇托收款项　GBP 5 000

第三步:11 月 16 日结汇入账时,编制会计分录如下:

借:存放同业　　　　　　　　　　　　　　　　　GBP 5 000
　　贷:货币兑换——结售汇　　　　　　　　　　　　GBP 5 000
借:货币兑换——结售汇　　　　　　　　　　　　CNY 41 293.50
　　贷:吸收存款——活期存款(五矿进出口公司)　　CNY 41 293.50

同时记载表外科目:

付出:国外开来信用证凭信　GBP 5 000

付出:应收外汇托收款项　GBP 5 000

项 目 小 结

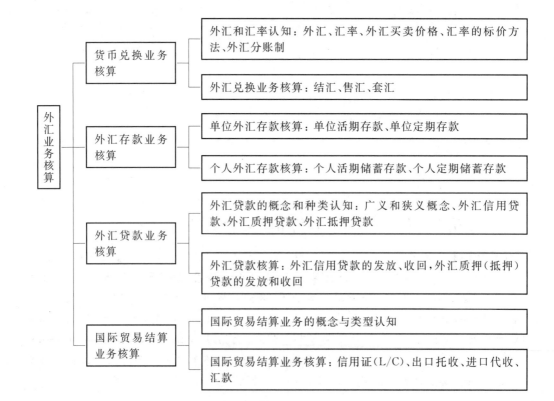

外汇业务核算
- 货币兑换业务核算
  - 外汇和汇率认知:外汇、汇率、外汇买卖价格、汇率的标价方法、外汇分账制
  - 外汇兑换业务核算:结汇、售汇、套汇
- 外汇存款业务核算
  - 单位外汇存款核算:单位活期存款、单位定期存款
  - 个人外汇存款核算:个人活期储蓄存款、个人定期储蓄存款
- 外汇贷款业务核算
  - 外汇贷款的概念和种类认知:广义和狭义概念、外汇信用贷款、外汇质押贷款、外汇抵押贷款
  - 外汇贷款核算:外汇信用贷款的发放、收回,外汇质押(抵押)贷款的发放和收回
- 国际贸易结算业务核算
  - 国际贸易结算业务的概念与类型认知
  - 国际贸易结算业务核算:信用证(L/C)、出口托收、进口代收、汇款

6

6-2
外汇业务
核算单元
测试卷

思 考 题

1. 什么是外汇、汇率？汇率的标价方法有哪些？
2. "货币兑换"科目在外汇业务核算中起到什么作用？
3. 常见的外汇贷款有哪些种类？分类的标准是什么？
4. 常见的国际贸易结算方式有哪些？

练 习 题

一、单项选择题

1. 货币兑换科目性质是（　　）。

A. 资产类   B. 负债类

C. 所有者权益类   D. 资产负债共同类

2. 买入外汇时，"货币兑换"科目应（　　）。

A. 借方记外币金额，贷方记人民币金额   B. 借方记外币金额，贷方记外币金额

C. 借方记人民币金额，贷方记外币金额   D. 借方记人民币金额，贷方记人民币金额

3. 汇兑业务中，收款人没有在汇入行开户，汇入行收到汇款时使用（　　）会计科目核算。

A. "吸收存款"   B. "其他应付款"

C. "现金"   D. "应解汇款"

二、判断题

1. "货币兑换"科目在外汇分账制的各种账务系统中起联系和平衡的特殊作用。

（　　）

2. 信用证结算方式是由进出口双方根据信用证规定的条款进行发货和结算，由开证行承担付款责任，议付行解付货款的一种结算方式。（　　）

3. 金融机构为客户将外币兑换为人民币的行为叫作兑换。（　　）

4. 国际贸易结算是以票据为基础，单据为条件，银行为中枢，结算与融资相结合的现金结算体系。（　　）

5. 进口代收分为直接标价法和美元标价法。（　　）

项 目 实 训

一、实训目的

1. 掌握外汇存款业务的核算。
2. 掌握外汇贷款业务的核算。
3. 掌握信用证业务的核算。

4. 熟悉"货币兑换"科目的运用。

二、实训资料

A公司为进出口公司,该公司在某银行办理业务如下:

(1)1月5日,持美元现钞1 000元存入银行美元活期存款户;同时委托银行托收的一笔5万美元的货款到账。

(2)2月6日,购买一笔价值3万美元的商品到货需付货款,办理售汇付款业务。

(3)3月8日,公司经理到欧洲出差考察项目,到银行将公司8 000美元现钞兑换成欧元现钞。

(4)3月20日,收到存息200.35元。

(5)6月20日,收到存息350.36元。

(6)8月5日,因购买商品需要30万美元,向银行提出贷款申请,获得无抵押贷款,资金到账。

(7)9月7日,向银行申请开立信用证5万美元。

(8)9月20日,收到存息360.31元。

(9)10月15日,办理跟票托收32万美元。

(10)12月20日,收到银行存息245.37元。

请运用所学相关知识指导该银行进行会计核算,并编制会计分录。

三、实训要求

1. 根据以上业务,编制会计分录;

2. 登记"货币兑换"明细账。

附:汇率参照表

货币名称	现汇买入价	现钞买入价	现汇卖出价	现钞卖出价	中国银行折算价	发布日期
美元	628.79	623.75	631.31	631.31	631.15	1-5
美元	629.88	624.83	632.41	632.41	631.08	2-6
美元	630.16	625.11	632.69	632.69	632.35	3-8
欧元	830.37	804.74	837.04	837.04	831.13	3-8
美元	636.03	630.93	638.57	638.57	634.21	8-5
美元	632.93	627.86	635.47	635.47	634.12	9-7
美元	625.57	620.55	628.07	628.07	631.12	10-15

项目七 代理业务核算

【学习目标】

代理业务是银行中间业务的重要组成部分,对银行、客户和社会经济都具有重要意义。本项目的学习,要求学生能达到以下知识目标和能力目标。

知 识 目 标	能 力 目 标	学习重点和难点
(1) 熟悉代理业务的种类及代理业务的特点 (2) 熟练掌握各类代理业务的核算	(1) 能区别各种代理业务 (2) 会进行各类代理业务的核算	(1) 代理业务的分类 (2) 代收代付业务、代理发行国债业务、代理基金托管业务、代理证券第三方存管业务、代理保管箱业务

【典型工作任务】

序号	工 作 任 务	具 体 内 容
1	代理业务认知	代理业务的概念
		代理业务的意义
		代理业务核算的原则
		代理业务核算的基本要求
2	常见代理业务核算	代收代付
		代理发行国债
		代理证券第三方存管
		代理基金托管
		代理保管箱

7

任务一 代理业务认知

引 例

光大银行的代收业务创新

一直以来,光大云缴费深耕个人、企业、政务三大缴费场景,坚持"一张蓝图绘到底"策略,加快向省、市、县三级纵深拓展。截至目前,电费代收服务覆盖全国,有线电视费代收服务地级市覆盖率为 92%，水费代收服务地级市覆盖率为 79%，燃气费代收服务地级市覆盖率为 69%，线上便民生活缴费已覆盖全国主要县域地区，切实解决了人民群众实际生活困难，有效助力乡村振兴。

同时，光大云缴费重点发力全国社保代收服务，持续拓展各类非税代收服务，推动各级各地政府机构"一网通办"加速实施。目前，中央财政非税代收服务已上线 37 家执收单位，地方财政非税代收服务覆盖 28 个省级地区，交通罚款代收覆盖 17 个省级地区，社保代收覆盖 26 个省级地区。同时，光大云缴费不断强化社保缴费高峰期服务保障，截至目前，云缴费之社保代收本年缴费笔数超 9 500 万，缴费金额超 390 亿元，重点为异地就业、外出务工人员解了燃眉之急。

问题：光大云缴费办理的代收业务属于银行的什么业务？它有什么特点？

【知识准备】

一、代理业务的概念

银行代理业务，是指商业银行接受政府、中国人民银行、其他银行、非银行金融机构及居民个人的委托，以代理人的身份为其办理指定的经济事务或提供金融服务的业务。代理业务的种类较多，包括代理中国人民银行业务、代理证券业务、代理保险业务、代理基金业务、代理信托业务，以及代理收款和代理付款业务等。代理业务是典型的中间业务，在办理代理业务的过程中，客户的财产所有权不变，银行只是充分运用自身的信誉、信息等资源优势，代替客户行使监督管理权，并提供各项金融服务；银行不动用自己的资产，也不为客户垫款，更不参与收益的分配，只是收取代理手续费，因而属于风险度较低的中间业务。目前，商业银行代理业务的服务范围十分广泛，并随着经济和金融业的发展，不断地推出创新品种，以个人金融服务为核心的个人理财业务正逐步成为我国银行代理业务发展的方向。

二、代理业务的意义

代理业务，是银行中间业务的重要组成部分，对银行、客户和社会都具有重要意义。从银行的角度，开展代理业务有利于提高银行的盈利能力，分散经营风险。代理业务可以给银行带来可观的手续费收入，是增加银行效益的一项主要业务。同时，代理业务加强了银行与客户之间的联系，便于资产、负债业务的开展。另外，代理业务是以中介的方式开展的，其风险主要由委托人承担，具有一定的安全性，有益于银行的稳健经营。从客户的角度，他们仅需支付一定的手续费，即可获得商业银行提供的专业化金融服务，或者利用银行网点的便利性来弥补自身代理机构的不足，减少了委托人的高额投入。从整个社会的角度，代理业务可以实现社会资源的充分利用和优化配置，推动社会经济的高效运作和快速发展。

三、代理业务核算的原则

（一）安全性

过去商业银行在进行代理业务时，往往遵循支付结算中"银行不垫款"的原则。但是，随着金融创新力度的不断加大，商业银行代理业务在不运用或少运用自有资金方面也发生了很大的变化。目前,越来越多的代理业务要求代理银行以某种形式垫付一部分资金,从而形成了商业银行的或有资产、或有负债,进一步加剧了商业银行代理业务风险的不确定性。因此,商业银行在开展代理业务时,除了要尽量减少垫付资金的使用外,还应对客户申请业务所提供的单证进行详细的审核,经确认无误后再办理,避免因欺诈行为给银行带来损失。

(二)独立性

根据委托人的不同,代理业务可以分为许多种类,商业银行应针对委托种类的不同设置不同的科目进行单独核算,在委托种类相同时,设置不同的明细科目加以区分,以保证资金划拨的准确性。例如,商业银行在开展代理证券业务时,分别设置了"代理承销证券款""代理买卖证券款""代理兑付证券款"等科目,对不同用途的资金加以区分。

(三)营利性

效益是银行开展经营活动的主要目的,因此,银行在开展代理业务时,同样不能忽视营利性的需要。在开展某项代理业务之前,应对其成本和收益进行认真的测算,对于收益大于成本的代理业务,应加大其宣传力度,促进其发展,而对于收益小于成本的代理业务,则应予以取消。

四、代理业务核算的基本要求

(一)认真执行法律法规,维护当事者的合法权益

代理业务范围广,所涉及的当事者较为复杂,有政府、中国人民银行、其他银行、非银行金融机构及个人。银行办理代理业务时,必须按照金融法律、法规的要求,维护各当事者的合法权益。作为当事者的代理银行是服务机构,要按照规定的费率收取手续费及佣金,而社会各单位、政府及个人是代理业务的受益者,也应按要求缴纳费用。各当事者都必须重合同、守信用,认真执行法律、法规,以维护当事者的正当权益。

(二)防范代理风险,完善内控机制

商业银行在办理代理业务过程中,尽管不运用或不直接运用自有资金,不会形成或不能直接形成自身的资产负债,因此,一般不会直接承担风险损失,但也会承担一些间接性风险,如代理国库、代理发行库、代理金银等业务时,其手续不严、保管不善等都会给银行带来风险损失。因此,银行应加强对代理业务的规范化管理,凡是以代理形式开办的业务必须坚持合同的书面化,一方面与被代理方签订代理合同,明确被代理方、银行在代理活动中的权利与义务;另一方面还要根据被代理方的授权与客户订立服务合同。同时,还要按照规定加强对手续费的管理,代理业务的手续费收入必须纳入银行经营收入,反映其经营成果,不得搞账外账、小金库。此外,为了加强对手续费的管理,银行办理的所有代理业务,都要有专人负责,除设置表外科目核算外,还应按内控的要求设置相应的登记簿,并且定期或不定期地进行专门核对,以降低代理业务的风险损失。

7

引例解析

答:光大云缴费办理的代收业务属于银行的代理业务。银行代理业务一般具有如下特点:

(1)在代理业务中,委托人和银行一般必须用契约方式规定双方的权利、义务,包括代理的范围、内容、期限以及纠纷的处理等,并由此形成一定的法律关系。

(2)在代理业务过程中,客户的财产所有权不变。

（3）在代理业务中，银行一般不动用自己的资产，不为客户垫款，不参与收益分配，只收取手续费，因而风险较低。

想一想 银行的代理业务和中间业务有何不同？

任务二 常见代理业务核算

引 例

包商银行债券代理业务被叫停

央行昨日发布公告称，取消包商银行债券结算资格，为时两年。央行在公告中还要求包商银行不得发生新的债券结算代理业务，存量业务也要逐笔自然退出。央行在公告中要求，包商银行要加强对相关业务人员及负责人的培训教育，健全内部控制与风险防范，保证证券交易结算等各项业务的规范开展。

包商银行因何被罚？央行仅以"包商银行需要改善风控"一笔带过。而至记者截稿，包商银行也未对此发布任何回应。不过，有媒体称，包商银行此次资格被叫停可能与此前财政部张锐案有关。据媒体报道，财政部国库司国库支付中心副主任张锐因经济问题被处理，爆出国债招投标在市场化运作中的黑幕，包商银行被指牵涉其中。此外，也有业内人士认为，包商银行此次被罚再次体现了监管当局从严治理债市的态度，也是银行间债市监管风暴的延续之一。自今年4月份以来，监管层对债券市场中的丙类账户、债券代持等进行了整顿，央行金融市场司已全面梳理银行间债市的十几个环节，从丙类户资格、发行、异常交易监测、信息披露、网上交易、DVP（券款兑付）结算制度，到从业人员资格等，几乎等于全面再造债市交易规则。

问题：银行承办债券代理业务应具备怎样的条件？

【知识准备】

代理业务包括代理证券业务、代理保险业务、代理商业银行业务、代理中央银行业务、代理政策性银行业务和其他代理业务等。银行代理业务种类繁多，本项目主要介绍常见的代收代付业务、代理发行国债业务、代理证券第三方存管业务、代理基金托管业务和代理保管箱业务。

一、代收代付

（一）代收代付业务认知

银行代收业务，是银行利用自身网点、人员、汇兑网络等优势，接受行政管理部门、社会团体、企事业单位和个人的委托，代为办理指定范围收款的服务性中间业务。目前我国商业银行开办的代收款业务主要有代收通信类(电话费、传真费、电子银行服务费等)、物业管理类(水费、电费、燃气费、有线电视费、物业管理费等)、税费类(税收、水利管理费、环保排污费等)、交通类(交通管理费、过桥费等)、社会保障类(医疗保险、失业保险、工伤保险、养老保险、生育保险等)、其他类(代收学费、货款等)。

银行代付业务,是银行利用自身网点、人员、汇兑网络等优势,接受行政管理部门、社会团体、企事业单位和个人的委托,代为办理指定范围的付款的服务性中间业务。最常见的代付业务是代发款。代发款业务,是指银行接受委托单位的委托,将委托单位向单位职工发放的工资、奖金等,通过转账方式划入指定职工在本行开立的活期储蓄账户。常见的代发款包括代发工资、养老金、失业保险金、住房公积金、助学贷款、学生生活费等。

银行代收代付业务能为客户提供省时、方便、快捷的服务,使得资金结算更加及时,方便收付款单位统管资金。对于商业银行来说,虽然代收代付业务金额偏小,但其普及面广、资金成本低,是商业银行扩大市场、提高社会信用度的重要工具。

(二)代理收款

商业银行代理收款包括两层代理关系:一是代理缴款人(即委托人的客户)付款;二是代理委托人收款,其核算包括代理收款、转划代收款等环节。

代收业务的受理与代收流程如图7-1、图7-2所示。

图7-1　代收业务受理流程

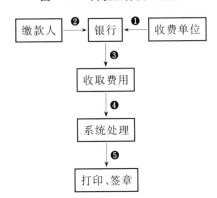

图7-2　代收业务代收流程

注:❶收费单位将代收费数据通过磁盘或网络通信线路传送至代理银行;❷缴款人将活期存折、储蓄卡或现金等交给银行;❸银行按照收费单位提供的数据收取费用;❹进行系统操作,将该月代理收费款项划入收费单位账户;❺打印缴费凭证、签章。

1. 缴款人经办行代收费用,划付收费单位开户行

收到代理业务归集的款项时,根据缴款单位或个人填制的缴款单,编制会计分录如下:

借:吸收存款——活期存款(缴款人户)
　贷:其他应付款——待划转代收××费
借:其他应付款——待划转代收××费
　贷:清算资金往来——辖内往来

2. 收费单位开户行向委托人划款并扣收手续费

收费单位开户行收到缴款人经办行的收款通知,按照规定向委托人划款,同时按代理合同约定扣收手续费,编制会计分录如下:

> 借:清算资金往来——辖内往来
> 　　贷:吸收存款——活期存款(收费单位户)
> 　　　　手续费及佣金收入

(三) 代理付款

商业银行为委托单位代理付款时,根据代理协议,要求委托人在约定付款日前将委托代付款项存入本行指定账户,然后按照商定的结算方式办理付款手续。

代付业务的受理与代付流程如图7-3、图7-4所示。

图7-3　代付业务受理流程

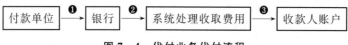

图7-4　代付业务代付流程

注:❶ 付款单位按时将代付款数据传送至银行;❷ 银行审核后,进入系统操作;❸ 款项划入相应的收款人账户。

1. 代付银行从委托单位扣款并计收手续费

代付银行从委托单位扣款时,编制会计分录如下:

> 借:吸收存款——活期存款(委托单位户)
> 　　贷:其他应付款——待划转代付××费
> 　　　　手续费及佣金收入

2. 代付银行代理付款

代付银行根据协议约定,办理支付时,编制会计分录如下:

> 借:其他应付款——待划转代付××费
> 　　贷:吸收存款——活期存款(收款人户)

7

【做中学7-1】2023年12月30日,民生银行南京支行与某化工厂签订代发2024年度工资协议书,并办理了相关手续。2024年1月4日,该化工厂将本月代发工资37 000元存入该行,1月7日该行办理了划转手续。

民生银行从企业账户扣款时,编制会计分录如下:

借:吸收存款——活期存款(某化工厂)　　　　　　　　　　37 000
　　贷:其他应付款——待划转代付工资　　　　　　　　　　37 000

民生银行将款项发放至职工个人账户时,编制会计分录如下:

借:其他应付款——待划转代付工资　　　　　　　　　　　　37 000
　　贷:吸收存款——活期储蓄存款(张卫)　　　　　　　　6 500
　　　　　　　　　——活期储蓄存款(李新)　　　　　　　7 800
　　　　　　　　　——活期储蓄存款(王华)　　　　　　　8 100
　　　　　　　　　——活期储蓄存款(孙明)　　　　　　　7 700
　　　　　　　　　——活期储蓄存款(周兵)　　　　　　　6 900

二、代理发行国债

(一)代理发行国债业务认知

国债是由国家发行的债券,是中央政府为筹集财政资金而发行的一种政府债券,是中央政府向投资者出具的、承诺在一定时期支付利息和到期偿还本金的债权债务凭证。由于国债的发行主体是国家,所以它具有最高的信用度,被公认为是最安全的投资工具。国债包括凭证式国债、无记名(实物)国债、记账式国债。

凭证式国债是一种国家储蓄债券,可记名、挂失,以“凭证式国债收款凭证”记录债权,不能上市流通,从购买之日起计息。在持有期内,持券人如遇特殊情况需要提取现金,可以到购买网点提前兑取。提前兑取时,除偿还本金外,利息按实际持有天数及相应的利率档次计算,经办机构按兑付本金的1‰收取手续费。

无记名(实物)国债是一种实物债券,面值不等,不记名,不挂失,可上市流通。发行期内,投资者可直接在销售国债机构的柜台购买。在证券交易所设立账户的投资者,可委托证券公司通过交易系统申购。发行期结束后,实物券持有者可在柜台卖出,也可将实物券交证券交易所托管,再通过交易系统卖出。

记账式国债以记账形式记录债权,通过证券交易所的交易系统发行和交易,可以记名、挂失。投资者进行记账式证券买卖,必须在证券交易所设立账户。由于记账式国债的发行和交易均无纸化,所以效率高,成本低,交易安全。

商业银行代理发行国债业务是指商业银行通过营业网点代理发债人(指国家)发行债券的行为。发行、兑付国债要遵循以下规定:

(1)国债以100元为起点,按100元的整数倍发售、兑付和办理各项业务,每个账户购买本期国债最高限额为100万元;

(2)国债实行实名制,不可以流通转让,但可以按照相关规定提前兑换、质押贷款和非交易过户;

(3)持有国债不满半年提前兑取时不计利息;超过半年后提前兑取按照票面利率计付利息并扣除部分利息;

(4)付息日(到期日)前15个法定工作日起停止办理提前兑取业务,付息日(不含)后恢

7

复办理。

(二)领入国债

经办行按照空白重要凭证领用手续,通过要素管理系统向上级行领入凭证式国债收款凭证,会计部门据此填制表外科目收入凭证,登记表外科目:

收入:有价单证——开出凭证式国债

(三)出售国债

1. 出售国债

客户申请国债认购时,将现金、身份证及填好的现金存款凭条交柜员。柜员审核资料,点收现金,进入系统操作,打印国债凭证及收款凭证,签章后将相关凭证、身份证交给客户。其流程如图 7-5 所示。

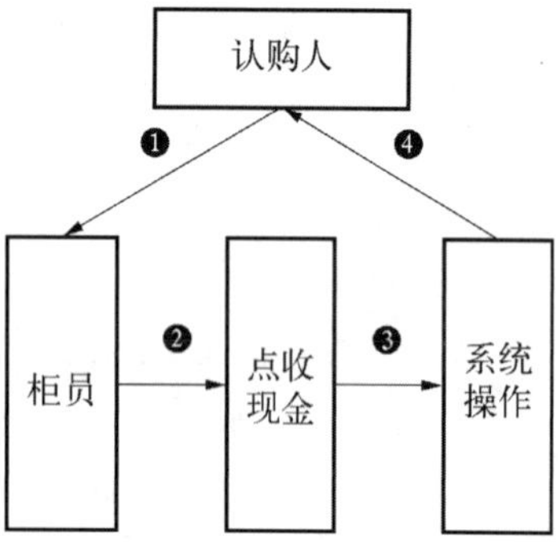

图 7-5 凭证式国债出售流程

编制会计分录如下:

借:库存现金(或吸收存款——认购人户)
　　贷:代理承销证券款——国债

同时,冲销表外科目:

付出:有价单证——开出凭证式国债

"代理承销证券款"科目属于负债类科目,用于核算商业银行接受委托,采用承购包销方式或代销方式承销证券所形成的、应付证券发行人的承销资金。商业银行根据不同的代理方式,进行相应的会计处理。该科目贷方余额反映商业银行承销证券应付未付给委托单位的款项。

【做中学 7-2】张三是中国建设银行新街口支行储户,用活期储蓄存款 90 000 元购买国债。编制会计分录如下:

借:吸收存款——活期储蓄存款(张三)　　　　　　　　90 000
　　贷:代理承销证券款——国债　　　　　　　　　　　　　90 000

2. 上划国债出售款

国债发行期结束后,各网点分期次,按发行额将发行款项上划至管辖行。编制会计分录如下:

借:代理承销证券款——国债
　　贷:清算资金往来

管辖行收到经办网点上划的发行国债本金,待发行期结束后将发行国债本金划至中国人民银行,编制会计分录如下:

借：清算资金往来

　　贷：存放中央银行款项

（四）兑付国债

客户提交国债凭证、有效身份证件申请兑付时，柜员应认真审核无误后，为其办理兑付，同时打印国债凭证支取款项记录、利息清单交客户。兑付流程如图7-6所示。

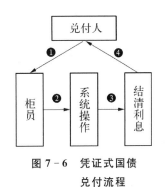

图7-6　凭证式国债
兑付流程

1. 提前兑付

国债提前兑付期限在半年内不计息，持有期限在半年及以下的按本金收取1‰的手续费。持有期限在半年以上两年以下的，支取金额的0.05‰作为手续费。持有期限在2年以上的不收手续费。期限超过半年的，应按客户持有的国债时间和相应利率档次计付利息。同时按系统提示打印国债凭证支取款项记录、收费凭证和利息清单。提前兑付在半年以内的，编制会计分录如下：

借：代理兑付证券——国债本金

　　贷：库存现金（或活期储蓄存款）

　　　　手续费及佣金收入

提前兑付超过半年的，编制会计分录如下：

借：代理兑付证券——国债本金

　　　　　　　　　　——国债利息

　　贷：库存现金（或活期储蓄存款）

　　　　手续费及佣金收入

"代理兑付证券"科目属于资产类科目，用于核算商业银行接受委托代理兑付到期的证券。该科目应按委托单位和债券种类设置明细账，期末借方余额反映商业银行接受委托代理兑付到期的证券实际已兑付的金额。

【做中学7-3】 在发行期后10天，客户王某持本行发行的国债10 000元要求提前兑付。若当日活期存款利息率为年利率0.72%，编制会计分录如下：

借：代理兑付证券款——国债本金　　　　　　　　　　10 000

　　贷：手续费及佣金收入　　　　　　　　　　　　　　　　20

　　　　库存现金　　　　　　　　　　　　　　　　　　 9 980

2. 到期兑付

国债到期,财政部及时将国债的本息划转到各代理行总行的账户上,总行应及时通过电子汇划或中国人民银行支付系统将本金与利息分别下划分行、各网点进行清算。

(1)总行下划兑付款时,编制会计分录如下:

> 借:存放中央银行款项
> 　贷:清算资金往来

(2)各网点收到划来的兑付款,编制会计分录如下:

> 借:清算资金往来
> 　贷:代理兑付证券款——国债本金
> 　　　　　　　　　　——国债利息

"代理兑付证券款"科目属于负债类科目,用于核算商业银行接受委托,采用承购包销方式或代销方式承销证券所形成的、应付证券发行人的承销资金。商业银行根据不同的代理方式,进行相应的会计处理。该科目贷方余额反映商业银行承销证券应付未付给委托单位的款项。

(3)各网点到期兑付时,填制"兑付清单",在债券正面加盖"已兑付"戳记,然后按兑付清单交付现金或办理转账。编制会计分录如下:

> 借:代理兑付证券
> 　贷:库存现金
> 　　(或吸收存款——收款人户)

同时,填制表外科目收入传票,记录:

收入:已兑付债券——国债

3. 上缴已兑付国债

各兑付行将已兑付的国债按规定上缴上级行,填制"已兑付债券上缴清单",同时,填制表外科目付出传票,记录:

付出:已兑付债券——国债

4. 结转"代理兑付证券款"和"代理兑付证券"

兑付期结束时,商业银行应将"代理兑付证券款"和"代理兑付证券"科目按规定进行对转。编制会计分录如下:

> 借:代理兑付证券款——国债本金
> 　　　　　　　　　　——国债利息
> 　贷:代理兑付证券

（五）收取代理国债手续费

银行总行收到财政部拨付的国债手续费时，按规定比例，向分行下划，编制会计分录如下：

> 借：存放中央银行款项
> 　　贷：清算资金往来

7—1
代理国债
业务核算

各分行收到总行下划的国债手续费，办理转账，编制会计分录如下：

> 借：清算资金往来
> 　　贷：手续费及佣金收入

三、代理证券第三方存管

（一）证券第三方存管业务认知

证券公司客户交易结算资金第三方存管业务，是指银行为满足证券投资者和证券公司对于客户交易结算资金存管服务的需求而开办的一种银证中间业务。证券公司是指与银行合作本业务的证券公司；客户是指与一家证券公司签订证券委托代理协议，且在证券公司开立证券资金台账的投资者，包括个人投资者和机构投资者。客户交易结算资金第三方存管业务遵循"券商管证券，银行管资金"的原则。

银证转账业务的服务对象仅限于与银行签订协议的证券公司和个人投资者。证券公司必须在银行开立保证金账户并存有足够的清算资金，个人投资者必须在银行开立本外币活期储蓄存款账户。

（二）开立银证资金账户

个人客户在银行营业网点办理指定存管银行手续，需要凭借本人有效身份证件（原件）、证券资金台账卡（如证券公司未提供证券资金台账卡，可只提供证券资金账号）或证券股东账户卡（基金账户卡）以及银行借记卡，并填写"证券交易资金第三方存管申请书"（一式三联）和"第三方存管客户协议"（一式三份），提交身份证复印件等资料。经办柜员在审核上述资料无误后，与客户签约交易，加盖业务专用章将客户留存联退客户作为回单。

机构客户持营业执照副本及复印件、法人机构代码证复印件，银行结算账户、证券资金台账卡（如证券公司未提供证券资金台账卡，可只提供证券资金账号）或证券股东账户卡（基金账户卡），法人授权委托书、法定代表人身份证复印件，授权人有效身份证件，加盖证券公司营业部业务章的"证券交易资金第三方存管申请书"（一式三联）"第三方存管客户协议"，到银行营业网点办理存管银行确认手续。机构客户应在"证券交易资金第三方存管申请书"（一式三联）和"第三方存管客户协议"上加盖公章和银行预留印鉴。机构客户在银行营业网点办理指定存管银行签约，经办柜员在审核上述资料无误后，与客户签约交易，加盖业务专用章，将客户留存联退客户作为回单。

（三）办理证券账户资金存取

客户存取证券交易结算资金，一律通过银行或证券公司提供的多种银证转账渠道完成，

7

客户既可以通过银行端发起银证转账交易,也可以通过证券端发起银证转账交易。银行通过电话银行、网上银行及柜台交易为客户提供银证转账业务。

银证转账按资金流向分为从银行转入证券公司或从证券公司转入银行。

从银行转入证券公司,编制会计分录如下:

> 借:吸收存款——活期储蓄存款(××个人投资者户)
> 　　贷:存入保证金——××证券保证金户

从证券公司转入银行,编制会计分录如下:

> 借:存入保证金——××证券保证金户
> 　　贷:吸收存款——活期储蓄存款(××个人投资者户)

> **【做中学7-4】** 2023年4月10日,张蓝分别与中国建设银行新街口支行和中信证券股份有限公司新街口营业部签订了银证转账协议,并按规定开立活期存款账户,存入现金80 000元。当日即将80 000元转入证券公司保证金账户。编制会计分录如下:
>
> 借:吸收存款——活期储蓄存款(张蓝)　　　　　　　　　　　　80 000
> 　　贷:存入保证金——中信证券股份有限公司新街口营业部保证金户
> 　　　　　　　　　　　　　　　　　　　　　　　　　　　　　　80 000
>
> 6月18日,张蓝将24 000元现金从证券公司保证金账户转入银行。编制会计分录如下:
>
> 借:存入保证金——中信证券股份有限公司新街口营业部保证金户　24 000
> 　　贷:吸收存款——活期储蓄存款(张蓝)　　　　　　　　　　　24 000

四、代理基金托管

(一) 基金托管业务认知

基金托管业务,是指有托管资格的商业银行接受基金管理公司的委托,安全保管所托管的基金的全部资产,为所托管的基金办理基金资金清算款项划拨、会计核算、基金估值,并监督基金管理人的投资运作。基金托管业务包括封闭式证券投资基金托管业务、开放式证券投资基金托管业务和其他基金托管业务。

基金托管业务应遵循以下规定:

(1) 基金托管人必须经中国证监会和中国人民银行审查批准。基金托管人、基金管理人应当在行政上、财务上相互独立,其高级管理人员不得在对方兼任任何职务。

(2) 商业银行应设立独立的基金托管部和托管分部负责基金托管业务。

(3) 基金托管业务的核算属于代理核算,它独立于商业银行的自营性业务,商业银行对其托管的基金应与自有的资产严格分开,实行分账核算,单独报告,相关业务不纳入商业银行资产负债表。

（4）基金托管部以每一基金为会计核算主体,单独建账、独立核算,保证不同基金之间在名册登记、账户设置、资金划拨、账簿记录等方面相互独立。定期对基金管理人计算的基金资产净值及基金价格进行复核、审查,出具基金业绩报告,提供基金托管情况,并向中国证监会和中国人民银行报告。具体由基金托管部根据财政部制定的《证券投资基金会计核算办法》组织会计核算。

（二）发行基金

托管银行应将收到的投资人的申购款及时划入基金管理公司账户,并通知基金管理公司(基金托管部)。编制会计分录如下:

> 借:吸收存款——单位或个人活期存款(××投资人户)
>   贷:同业存放——××基金管理公司户

【做中学 7-5】 客户张某持信用卡到银行购买 5 000 元基金,银行编制会计分录如下:

> 借:吸收存款——活期储蓄存款(张某信用卡户)   5 000
>   贷:同业存放——××基金管理公司户   5 000

（三）买卖证券

基金管理公司通过银行间市场等买卖证券的,需要与托管商业银行办理资金交割清算。

1. 买入证券

托管商业银行根据基金管理公司(基金托管部)的支付指令,办理资金清算。编制会计分录如下:

> 借:同业存放——××基金管理公司户
>   贷:清算资金往来

2. 卖出证券

托管商业银行根据相关划款凭证为基金管理公司(基金托管部)办理入账。编制会计分录如下:

> 借:清算资金往来
>   贷:同业存放——××基金管理公司户

（四）计收基金托管费

基金管理公司应按基金契约和招募说明书中载明的相关事项,逐日计提基金托管费,定期支付给托管商业银行。届时,托管银行编制会计分录如下:

借:同业存放——××基金管理公司户
　　贷:手续费及佣金收入

【做中学 7 - 6】某托管银行确认托管基金费 50 000 元(全部基金),编制会计分录如下:

借:同业存放——××基金管理公司户　　　　　　　　　　　　50 000
　　贷:手续费及佣金收入　　　　　　　　　　　　　　　　　　　　50 000

五、代理保管箱

(一)保管箱业务认知

保管箱业务是商业银行接受客户申请,按照业务章程和协议条款,以出租保管箱形式代客户保管各类贵重物品、重要文件、有价单证等财物,并向客户收取手续费、保管费或租金的服务型项目。

保管箱业务应遵循以下规定:

(1)商业银行各分支机构开办保管箱业务必须经总行批准,并报当地中国人民银行备案。

(2)开办保管箱业务必须有符合库房建设、设施及安全标准并配备恒温恒湿设备的保管箱业务库,且根据工作时间和工作量配备足够的专门从事该项业务的工作人员,并实行双人管库制度。库房钥匙和密码必须分别设专人掌管。

(3)租用保管箱的客户可以是个人、单位或社会团体。银行应向租用人提交事先密封好的保管箱钥匙两把,由租用人当面拆封、核对、收执。租用人或其被授权人每次开箱前需填写"保管箱开箱书",同时出具本人身份证件。

(4)出租保管箱应收取租金及保证金,并分别开具收据。保管箱租金按年计算,实行预交。

(5)租用人退保管箱需填写"保管箱退租书",应在退还钥匙、结清费用后办理退租。租用人在租期内要求换租箱位,必须同时办理退租手续和租箱手续。

(6)租用人或其被授权人办理挂失手续时应填写"保管箱印鉴、钥匙挂失申请书",并出示本人身份证件。租用人因钥匙丢失申请凿箱的,由经办行统一安排,凿箱时租用人必须到场。因租用人逾期而凿箱的,经办行应与公证机关(县级以上)联系,办理公证凿箱手续,箱内所有财物按租箱规则有关条款处理。

(7)租用人不得在保管箱内存放易燃、易爆、易腐蚀和易挥发等危险品及液体,不得存放枪支、弹药和毒品等违禁物品,不得利用保管箱进行窝藏赃物等非法活动。如违反本规定,银行有权终止开箱并提请公安、司法部门处理。如因租用人违反本规定造成银行及他人财产损失的,由其承担全部责任。

(二)租用保管箱

经办人收到申请人提交的申请书、交款凭证及有关证件审核无误后,按规定预留租用人印鉴(密码),填制"业务收费凭证"和"保管箱押金收据",向租用人收取押金和租金。编制会计分录如下:

借：库存现金（或吸收存款）
　　贷：手续费及佣金收入
　　　　其他应付款——保管箱押金

（三）续租和退租

1. 续租

商业银行收到租用人提交的申请书及有关证件等审核无误后，取出原申请书留存联，加盖"续租"戳记，登记"保管箱租箱、退箱登记簿"，同时，填制"业务收费凭证"，向租用人收取租金。其余手续按租用保管箱时的处理程序办理。

2. 退租

商业银行收到租用人提交的申请书、押金收据及有关证件等审核无误，与原申请书留存联核对一致后，登记"保管箱租箱、退箱登记簿"。实际退还押金金额按原押金余额扣除逾期租金计算；提前退租的，租金不予退还。待租用人将保管箱物品全部取出并交还两把保管箱钥匙后，将押金退租用人，填制业务收费凭证等相关记账凭证，编制会计分录如下：

借：其他应付款——保管箱押金
　　贷：手续费及佣金收入
　　　　库存现金（或吸收存款）

（四）更换印鉴和挂失

保管箱租用人因印鉴更换、钥匙丢失申请挂失的，应填写"保管箱印鉴、钥匙挂失申请书"（以"挂失申请书"代），并出具有关证明及有效身份证件。商业银行根据留存资料进行审查，同意受理后即在规定的时间内冻结开箱，并按规定收取挂失手续费，填制"业务收费凭证"，编制会计分录如下：

借：库存现金（或吸收存款）
　　贷：手续费及佣金收入

（五）凿箱和换锁

1. 正常凿箱或换锁处理

挂失期满，需要办理凿箱或换锁的租用人，凭挂失申请书办理凿箱或换锁手续，并交纳专用锁成本和换锁费用。银行应填制"业务收费凭证"等相关记账凭证办理转账。编制会计分录如下：

借：库存现金（或吸收存款）
　　贷：手续费及佣金收入
　　　　库存物资——保管箱专用锁

7

2. 非正常凿箱

非正常凿箱,是指租用人因故逾期而发生的凿箱、司法执行凿箱及公证凿箱等。发生非正常凿箱时,商业银行凭非正常凿箱证明,填制"业务收费凭证"等相关记账凭证,若支用保管箱押金还应另编相关凭证,编制会计分录如下:

> 借:其他应付款——保管箱押金(或现金、单位活期存款等)
> 　　贷:手续费及佣金收入
> 　　　　库存物资——保管箱专用锁

3. 收取赔偿金

保管箱租用人因损坏箱体、丢失钥匙应交纳赔偿金时,银行应填制"业务收费凭证",若支用保管箱押金还应另编相关凭证,编制会计分录如下:

> 借:其他应付款——保管箱押金(或库存现金、吸收存款等)
> 　　贷:营业外收入

(六) 收取滞纳金

当超过保管期限而未办理退租或续租手续时,租用人应交纳滞纳金。银行收取滞纳金时,应填制"业务收费凭证",编制会计分录如下:

> 借:库存现金(或吸收存款)
> 　　贷:营业外收入

引例解析

答:不是所有的金融机构都可以成为债券结算代理人,作为债券结算代理人至少需要满足以下几个条件:

1. 申请前两年在全国银行间债券市场的债券交易量和承销量均居前列;
2. 内控机制健全,并具有合格的从事结算代理业务的专职人员;
3. 具备良好的债券结算和资金清算能力;
4. 申请前两年在银行间债券市场无违规、违约行为;
5. 中国人民银行要求的其他条件。

7-2
银行代理
保管箱业
务的操作
程序及要求

7

📊 **【工作任务设计 7-1:代发工资业务核算】**

【任务描述】

代发工资业务是指银行代替企事业单位等机构的财务人事部门为其员工发放工

资或费用的服务项目。代发工资业务可以实现双赢,改变了企业以现金发放工资的传统模式,减轻了企业财务人员的负担,银行通过用卡发放工资,可以带来存款量,增加有效发卡量,增加年费和手续费收入,增加代理业务收入。

请模拟银行柜员帮企业办理代发工资业务,说明操作流程。

【操作步骤】

第一步:受理代发工资业务。

❶ 委托单位与银行签订工资转存协议,内容包括双方的职责、操作程序、代理费用等;

❷ 委托单位提供所有参加代发工资的员工的有效身份证件复印件;

❸ 委托单位在银行开立基本存款账户,银行为委托单位员工开立账户。

受理代发工资业务流程如图 7-7 所示。

图 7-7　受理代发工资业务流程

第二步:代发工资。

❶ 委托单位填写转账支票和进账单,送交当月工资清单、代发工资数据软盘;

❷ 储蓄网点对代发工资数据软盘进行校验,送交代发工资数据软盘和支票;

❸ 支行代发工资管理人员解答储蓄网点柜员反映的问题,送交代发工资数据软盘;

❹ 分行批量入账(主机自动入账)。

代发工资业务流程如图 7-8 所示。

图 7-8　代发工资业务流程

(1)银行从委托单位账户扣款时,编制会计分录如下:

> 借:吸收存款——活期存款(委托单位)
> 　贷:其他应付款——待划转代付工资

(2)将款项发放到员工个人账户时,编制会计分录如下:

> 借:其他应付款——待划转代付工资
> 　贷:吸收存款——活期储蓄存款(员工甲)
> 　　　　　　——活期储蓄存款(员工乙)
> 　　　　　　——活期储蓄存款(员工丙)

第三步:办理取款。

客户凭工资储蓄存折前来取款,应先补登存折,然后按照活期储蓄取款手续办理。

7

想一想　你还知道哪些代理业务?

项 目 小 结

7-3
代理业务
核算单元
测试卷

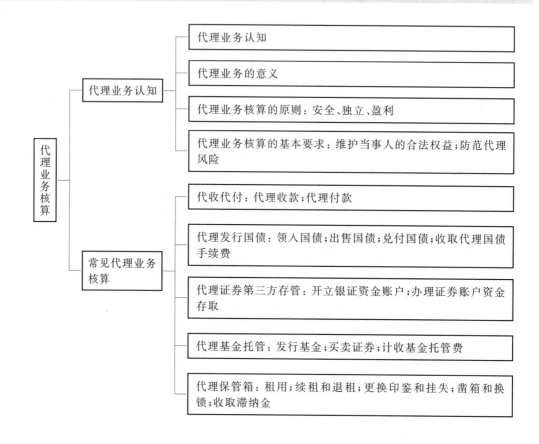

代理业务核算
- 代理业务认知
  - 代理业务认知
  - 代理业务的意义
  - 代理业务核算的原则:安全、独立、盈利
  - 代理业务核算的基本要求:维护当事人的合法权益;防范代理风险
- 常见代理业务核算
  - 代收代付:代理收款;代理付款
  - 代理发行国债:领入国债;出售国债;兑付国债;收取代理国债手续费
  - 代理证券第三方存管:开立银证资金账户;办理证券账户资金存取
  - 代理基金托管:发行基金;买卖证券;计收基金托管费
  - 代理保管箱:租用;续租和退租;更换印鉴和挂失;凿箱和换锁;收取滞纳金

思 考 题

1. 银行为什么要办理代理业务?
2. 银行目前有哪些代理业务?
3. 银行代理兑付国债业务的要求是什么?
4. 什么是基金托管业务?如何核算?

练 习 题

一、单项选择题

1.(　　)是指商业银行接受客户的委托,代为办理客户指定的经济事务、提供金融服务并收取一定费用的业务。

  A. 担保类中间业务   B. 代理业务

  C. 承诺类业务   D. 衍生类业务

  2. ( )科目用于核算银行办理各类中间业务取得的手续费收入。

  A. "主营业务收入"   B. "其他业务收入"

  C. "手续费及佣金收入"   D. "营业外收入"

二、多项选择题

  1. 下列属于代理类业务的有(   )。

  A. 发行国债   B. 保管箱   C. 托管基金   D. 代收代付

  2. 代理业务的特点包括(   )。

  A. 以接受委托的方式开展业务   B. 服务与资金分离

  C. 风险高   D. 风险低

三、判断题

  1. 基金托管包括封闭式基金托管业务和开放式基金托管业务。   ( )

  2. 代理类中间业务指商业银行接受客户委托,代为办理客户指定的经济事务、提供金融服务并收取一定费用的业务。   ( )

项 目 实 训

代付业务核算实训

一、实训目的

  掌握代发工资业务的核算。

二、实训资料

  2022 年 11 月 30 日,中国建设银行甲支行与某公司签订代发 2023 年度工资协议书,并办理了相关手续。2023 年 1 月 31 日,该公司将本月代发工资明细表,连同签发的转账支票送交甲支行。代发工资共计 39 400 元,具体明细为:职工 a 8 000 元,职工 b 12 000 元,职工 c 7 600 元,职工 d 5 800 元,职工 e 6 000 元。甲支行于 2 月 5 日将上述工资发放到职工账户。

三、实训要求

  1. 按规定与该公司签订"代发工资协议书";

  2. 审核企业送来的代发数据和清单;

  3. 编制会计分录,并选择合适的传票记账。

7

项目八 年度决算与财务报告编制

【学习目标】

银行的年度决算是银行年度经营活动和成果的综合反映。准确、及时地做好年度决算工作,可以综合反映银行全年业务和财务活动情况,系统地提供国民经济宏观决策的信息数据,同时也可以全面总结和检查银行会计核算工作情况。本项目的学习,要求达到以下知识目标和能力目标。

知 识 目 标	能 力 目 标	学习重点和难点
(1) 了解银行年度决算的准备工作内容 (2) 了解银行年度决算报表的种类 (3) 掌握年度决算日主要的工作内容 (4) 掌握年度决算报表的编制方法 (5) 理解银行财务会计报告的组成 (6) 掌握银行主要财务会计报告的编制方法 (7) 掌握财务会计报告分析的主要方法及其运用	(1) 能够鉴别不同的银行会计要素 (2) 能够区分银行年度决算不同的报表 (3) 能根据情况安排决算日主要工作内容 (4) 能熟练编制年度决算报表 (5) 能区分银行财务会计报告的不同 (6) 能熟练编制银行的主要财务会计报告 (7) 能熟练运用各类财务会计报告分析方法	(1) 银行财务报告的编制 (2) 运用财务分析方法分析银行的盈利能力、偿债能力、营运能力等

【典型工作任务】

序 号	工 作 任 务	具 体 内 容
1	年度决算	认知年度决算
		年度决算前准备工作
		年度决算日工作
2	财务报表编制	资产负债表
		利润表
		现金流量表
		所有者权益变动表
		财务报表附注
3	财务报告分析	财务会计报告分析的作用及目的
		财务会计报告分析的方法认知
		分析财务会计报告

任务一　年度决算

引例

金融科技显威力,江苏银行年终决算15分钟一气呵成!

12月31日是银行一年一度的年终决算日,这一天全行员工整理一年的数据,只为在新年伊始更好地为客户办理业务。以往年终决算常常要通宵达旦,但今年,江苏银行只用15分钟就完成了。作为一家资产超过2万亿元的上市银行,江苏银行日均流水超亿笔,手机银行用户超千万,如此大的数据量,为何年终决算能在短短15分钟内完成? 这一切都得益于运用人工智能、大数据、区块链等技术保障系统安全稳定运行,从系统和流程层面对年终决算过程不断优化,实现了效率的提升和客户体验的优化。金融科技的强大支撑使江苏银行年终决算15分钟一气呵成!

问题:什么是年终决算? 年终决算需要做哪些工作?

【知识准备】

一、年度决算认知

银行年度决算是银行在会计年度终了,根据全年会计核算资料,将整个年度的业务活动和经营成果进行整理汇总和数据总结,通过会计报表等形式对整个会计年度进行数字总结和文字说明的一项综合性工作。这项工作涉及面广、工作量大、质量要求高。年度决算需要会计部门与其他各职能部门在行长领导下,密切配合、协调一致地去做,是对外公布财务会计信息的一项重要工作。

通过年度决算,能够全面核对银行账务,在年终前及时调整,清理资金、盘点财产以保证各方面一致,及时查明溢缺原因并作出相应处理。年度决算对于正确反映银行的经营成果,向各类利益相关者提供真实、准确、清晰、完整的会计信息,加强宏观金融的控制和调节,充分发挥银行的职能作用,提高银行经营管理水平,都具有重要意义。

银行大量的决算工作是在年度决算日12月31日前后进行的。银行决算工作一般分为四个步骤进行:❶ 决算前的准备工作;❷ 决算的主要工作;❸ 报表的编制与分析;❹ 决算后的工作。

二、年度决算前准备工作

(一) 清理资金

1. 清理存款资金

对于各类存款的划分、利息计算应认真核对是否正确。对于由于各种原因长期未发生收付活动的睡眠账户,应查明原因,与有关部门联系,逐户进行清理,并主动与存款人联系,及时办理并户或销户手续。如确实无法联系的,列出清册,可按有关规定经审核批准转作其他应付款或收益处理。

2. 清理贷款资金

对于各类贷款账户,应与信贷部门密切配合核对、审查。对各种到期未还贷款或已经展期仍未归还的贷款,应加紧催收,对查无着落或确实无法收回的逾期贷款,则应按照规定核销。

3. 清理结算资金

对于各类结算资金,应根据使用票据和结算方式的不同,进行全面清理,该划出的款项及时划出,应收回的款项积极催收,应解付的汇款设法解付。对于未解付的应解汇款以及汇出的汇票久未兑付的,年末前应认真查询、清理并及时作出相应处理。

4. 清理内部资金

内部资金主要是指其他应收、应付款和待处理财产损溢等银行内部暂时过渡性资金。对这些资金应逐项认真清理,发现问题后应及时按制度规定处理。经过清理后,暂时无法解决的,要注明原因,以便日后查考和处理。

(二) 核对账务

银行内部账务应做到账账核对相符、账款核对相符、账据核对相符、账实核对相符、账表核对相符。银行与对外单位的往来账在决算前应全面核对,做到内外账相符,对于问题应及时查明、更正、调整。

此外,银行还应认真检查联行、同业账务存在的问题,及时处理。全面检查会计科目的使用情况,使用不当的及时调整。

(三) 清点财产物资

对于现金、金银、外币、有价单证和重要凭证,清点后如发现短缺溢余,应查明原因,并按有关规定及时处理。

对于各种抵押品、质押品,应将实物与相关的账簿核对,不符处应查明原因,予以处理。

对于房屋、设备等固定资产及低值易耗品,应根据相关的账簿记录进行全面盘点,核对相符。

(四) 核实损益

对于各项财务收入、支出,包括各项利息收支、金融企业往来收支、手续费及佣金收支、信用卡业务收支、营业外收支、各项资产减值准备金、固定资产修理费后续支出等应进行全面核查,检查列账的正确性,调整各损益类账户,及时处理发现的问题,保证准确性。

(五) 试算平衡

为确保报表编制的准确性,在编制正式决算报表之前,应根据当年总账编制1—11月份的试算平衡表,进行试算平衡,以检查和验算各科目的借贷方发生额合计数与试算表各科目累计发生额是否相符;上年年末余额加减本年借贷方发生额,是否与11月末余额相符;各科目上、下年度是否衔接,年初数加减本年借、贷方发生额是否与11月末余额相符;年初数、发生额与11月末余额各栏的借贷方合计数是否各自平衡。对于发现的问题,应及时处理纠正差错。

三、年度决算日工作

每年 12 月 31 日为我国银行的年度决算日,这天不论是否为假日均不得变更。年度会计决算工作量大,应分步进行,需要调整好各项账务、结转好全年损益等。年度决算日的工作主要包括以下几方面。

(一) 全面核对账务

年度决算日当天正常营业终了,应将当日发生的内外业务全部入账;办妥提出提入的票据款项;当日清算完毕与中央银行、同业银行及系统内各行、处的各种往来划款,不得跨年,以确保当年业务活动的正确性。

年度决算日账务处理终了后,应全面核对各总分类账户与其所属的明细分类账户及相关的登记簿,保证账账相符。

(二) 检查各项库存

决算日营业终了,应对库存现金、金银、外币、有价证券、空白单证和抵押品、质押品等的实存数,进行全面核查,确保账实、账款相符。

(三) 调整金银和外汇买卖记账价格

决算日终了,应将金银和各种外币买卖账户余额,根据决算日牌价折合成人民币,与原币种账户的人民币余额比较,差额列入其他业务收支和汇兑损益处理。

(四) 结转损益

决算日营业终了,应将各损益科目的账户余额,分别结转到“本年利润”科目。结账后损益类各账户无余额。“本年利润”科目贷方余额表示全年实现净利润额,反之表示全年亏损总额。最后将“本年利润”科目余额转入“利润分配——未分配利润”科目,结平“本年利润”科目。

(五) 办理新旧账簿结转

银行在决算日结转全年损益后,应及时办理新旧账簿的结转。结束旧账,建立新账,为新年度核算做好准备。各类账簿结转方法如下。

1. 结转总账

银行在年终结转登记新账时,应在旧账簿内各账户年末余额的下一行“摘要”栏注明“结转下年”字样,将年末余额过入对应新账簿中相应账户“余额”栏内,在该行“摘要”栏注明“上年结转”字样。

2. 结转明细账

银行的明细账在年终结转时,除了套写的卡片账等不办理结转和储蓄明细账因数量多、工作量大,可按规定继续使用外,其余的均应办理结转手续,更新账页。结转后,各明细账余额合计应当与对应总账科目余额相等。

(1) 销账式明细账的结转。对于销账式明细账,应当在旧账簿内尚未销账的各行“销账日期”栏内注明“结转下年”字样,并将其金额逐笔过入新账簿第 1 页“余额”栏中,并在“摘要”栏注明“上年结转”的字样。

(2) 一般明细账的结转。对于一般明细账,应当在旧账簿年末余额下一行“摘要”栏中注明“结转下年”字样,将年末余额过入新账簿第一行“余额”栏中,并在该行“摘要”栏中注明“上年结转”字样。

引例解析

答：银行年度决算是在年度终了时根据日常的会计核算资料对会计年度内银行业务活动和财务收支状况所进行的全面系统的数字总结。通过决算报表和有关文字说明，可以全面反映银行在整个会计年度内的业务状况和经营成果。我国银行以每年1月1日至12月31日为一个会计年度，并规定每一会计年度办理一次决算，每年12月31日为银行的年度决算日。

凡独立核算的会计单位，如总行、分行、支行和城市办事处等，都必须按规定办理年度决算；非独立核算的附属会计单位，如分理处和营业所，也应通过并账或并表方式，由管辖支行合并办理年度决算；各独立会计单位的决算报表填制完毕之后，逐级汇总报上级行，办理全行的汇总决算；中国人民银行总行汇总各专业银行决算报表，编成全国统一的决算报表。

任务二　财务报表编制

引例

互联网金融下商业银行收入结构的变化

随着互联网因素在金融领域的渗透，以余额宝、阿里小贷为代表的互联网金融业务成了一股新兴的势力，不断挑战着我国传统商业银行的地位。主要表现为银行活期存款、定期存款、小额贷款快速流失；商业银行中间业务空间收窄；商业银行客户资源快速流失。据前瞻产业研究院发布的《中国城市商业银行市场前瞻与发展战略规划分析报告》分析，截至2016年第三季度末，商业银行当年累计实现净利润1.32万亿，同比增长2.82%。利润增速相比去年同期略有上升，但相比2012—2014年同期下降了十余个百分点。

在互联网金融与现今"强监管"趋势下，经过近几年的转型，部分商业银行非利息收入占比已达三成以上，而传统的贷款利息收入占比持续下降。纵观上市银行2016年年报和2017年一季报，通过"轻资产""轻负债""轻收入结构""轻运营结构"，建立起资本消耗少和风险可控的轻型化发展模式成了商业银行发展的共识。

问题：什么是银行的非利息收入？包括哪些内容？

【知识准备】

银行应根据行业特点编制适合银行使用的会计报表。年度财务报表是综合反映银行全年财务状况、经营成果和现金流量的书面文件，是银行经营活动的定期总结。商业银行编制的年度会计报表主要包括四张报表和一个附注，即资产负债表、利润表、现金流量表、所有者权益（或股东权益）变动表和附注。

一、资产负债表

（一）资产负债表的内容和结构

资产负债表，是反映商业银行在某一特定时日财务状况的报表。它是反映在某一特定日期商业银行全部资产、负债和所有者权益及其构成情况的会计报表。在我国，商业银行采用账户式左右对称结构的资产负债表，即报表的基本结构分为左右两方，左方为资产，右方为负债和所有者权益的内容及构成情况。资产负债表左右双方平衡，即资产总计等于负债及所有者权益总计，体现了"资产＝负债＋所有者权益"这一基本公式。商业银行资产负债表的格式如表 8 - 1 所示。

表 8 - 1

资 产 负 债 表

编制单位：　　　　　　　　　年　月　日　　　　　　　　单位：元

资　　产	期末余额	年初余额	负债和所有者权益	期末余额	年初余额
资产			**负债**		
现金及存放中央银行款项			短期借款		
货币资金			向中央银行借款		
结算备用金			同业及其他金融机构存放款项		
存放同业款项			拆入资金		
贵金属			交易性金融负债		
拆出资金			衍生金融负债		
衍生金融资产			卖出回购金融资产款		
应收款项			吸收存款		
合同资产			应付职工薪酬		
买入返售金融资产			应交税费		
持有待售金融资产			应付款项		
发放贷款和垫款			合同负债		
金融资产投资：			持有待售负债		
交易性金融资产			预计负债		
债权投资			长期借款		
其他债权融资			应付债券		
其他权益工具投资			其中：优先股		
长期股权投资			永续债		
投资性房地产			递延所得税负债		
固定资产			其他负债		
在建工程			负债合计		
无形资产			**所有者权益**		

续　表

资　产	期末余额	年初余额	负债和所有者权益	期末余额	年初余额
递延所得税资产			实收资本（或股本）		
其他资产			其他权益工具		
			资本公积		
			减：库存股		
			其他综合收益		
			盈余公积		
			一般风险准备		
			未分配利润		
			所有者权益（或股东权益）合计		
资产总计			负债和所有者权益（或股东权益）合计		

（二）编制资产负债表

资产负债表各项目都列有"期末余额"和"年初余额"两个栏目，是一种比较资产负债表。资产负债表"年初余额"栏内各个项目的金额是根据上年年末资产负债表"期末余额"栏内所列的数据填列。

资产项目按变现或耗用时间长短排列，负债项目按偿还时间长短排列。

资产负债表各项目的内容和填列方法如下：

1. "现金及存放中央银行款项"项目

本项目根据"库存现金"和"银行存款"，"存放中央银行款项"科目三个总账科目的期末余额合计数填列。

2. "存放同业款项"项目

本项目反映商业银行与同业进行资金往来而发生的存放于同业的款项。本项目应根据"存放同业款项"科目的期末余额填列。

3. "衍生金融资产"项目

本项目根据"衍生工具"的科目期末借方余额、"套期工具"期末借方余额、"被套期项目"期末借方余额的合计数填列。

4. "应收款项"项目

本项目反映资产负债表日企业因销售商品和提供服务等经营活动形成的收取款项的合同权利以及收到的商业汇票（包括银行承兑汇票和商业承兑汇票）的期末账面价值。

5. "发放贷款和垫款"项目

本项目反映商业银行按规定发放的各种客户贷款，包括质押贷款、抵押贷款、保证贷款、信用贷款等。还包括按规定发放的银团贷款、贸易、融资、协议透支、信用卡透支、转贷款以及垫款等。该项目根据"贴现资产""短期贷款""中长期贷款""抵押贷款""逾期贷款""进出口押汇"等科目的期末余额的合计数，减去"贷款损失准备"科目的期末余额后的差额填列。

6."合同资产"和"合同负债"项目

企业应按照《企业会计准则第14号——收入》的相关规定根据企业履行履约义务与客户付款之间的关系,在资产负债表中列示合同资产或合同负债。同一合同下的合同资产和合同负债应当以净额列示,其中净额为借方余额的,应当扣除损失准备后在"合同资产"项目中填列;净额为贷方余额的,应当在"合同负债"项目中填列。

7."持有待售资产"项目

本项目反映资产负债表日企业分类为持有待售类别的非流动资产及类为持有待售类别的处置组中的流动资产和非流动资产的期末账面价值(扣除减值准备)。

8."交易性金融资产"项目

本项目反映企业持有的指定为以公允价值计量且其变动计入当期损益的金融资产,以及因不符合分类为摊余成本计量的金融资产或以公允价值计量且其变动计入其他综合收益的金融资产的条件而分类为以公允价值计量且其变动计入当期损益的金融资产的期末账面价值。

9."债权投资"项目

本项目反映资产负债表日企业列示在"金融投资"项下的以摊余成本计量的金融资产的期末账面价值(扣除损失准备)。该项目金额应与其他以摊余成本计量的金融资产(例如"发放贷款和垫款"项目中的以摊余成本计量的金融资产)金额的合计数填列。

10."其他债权投资"项目

本项目反映资产负债表日企业列示在"金融投资"项下的分类为以公允价值计量且其变动计入其他综合收益的金融资产的期末账面价值。该项目金额与其他分类为以公允价值计量且其变动计入其他综合收益的金融资产(例如"发放贷款和垫款"项目中的分类为以公允价值计量且其变动计入其他综合收的金融资产)金额的合计数填列。

11."其他权益工具投资"项目

本项目反映资产负债表日企业指定为以公允价值计量且其变动计入其他综合收益的非交易性权益工具投资的期末账面价值。

特别提醒:企业应当按照《企业会计准则第22号——金融工具确认和计量》的相关规定确认利息收入和利息费用。基于实际利率法计提的金融工具的利息应包含在相应金融工具的账面余额中,并反映在相关"拆出资金""金融投资:债权投资""金融投资:其他债权投资""发放贷款和垫款""应付债券""长期借款"等项目中,而不应单独列示"应收利息"项目或"应付利息"项目。"应收利息"科目和"应付利息"科目应仅反映相关金融工具已到期可收取或应支付但于资产负债表日尚未收到或尚未支付的利息,通常由于金额相对较小,应在"其他资产"或"其他负债"项目中列示。

12."长期股权投资"项目

本项目反映商业银行持有的采用成本法和权益法核算的长期股权投资,本项目应根据"长期股权投资"科目的期末余额抵减"长期股权投资减值准备"科目余额后的差额填列。

13."投资性房地产"项目

本项目反映商业银行投资性房地产的价值,包括采用成本模式计量的投资性房地产和采用公允价值模式计量的投资性房地产。本项目应根据"投资性房地产"科目的期末余额抵减"投资性房地产累计折旧"和"投资性房地产减值准备"科目余额后的净值填列。

14."固定资产"项目

本项目应根据"固定资产"科目的期末余额减去"累计折旧","固定资产减值准备"备抵

8

科目余额,加上"在建工程"和"固定资产清理"科目的期末余额后净值填列。

15."无形资产"项目

本项目反映商业银行持有的无形资产,包括专利权、非专利技术、商标权、著作权、土地使用权等。本项目应根据"无形资产"科目的期末余额减去"累计摊销""无形资产减值准备"科目期末余额后的净值填列。

8-1
商业银行
资产负债
表修订原
因与内容

16."其他资产"项目

本项目反映商业银行除上述以外的各项资产,如:长期待摊费用、存出保证金、应收股利、抵债资产等。本项目根据"存出保证金""其他应收款""代理业务资产""抵债资产"等科目的期末余额合计数,减去"坏账准备——其他应收款"明细科目的期末余额后的差额填列。

17."同业及其他金融机构存放款项"项目

本项目反映商业银行与同业进行资金往来而发生的同业存放于本银行的款项以及吸收的境内、境外金融机构的存款。期末本项目应根据"同业存放"科目所属明细科目的期末余额填列。

18."交易性金融负债"项目

本项目反映资产负债表日企业承担的分类为以公允价值计量且其变动计入当期损益的金融负债(含企业指定为以公允价值计量且其变动计入当期损益的金融负债)的期末账面价值。

19."衍生金融负债"项目

本项目根据"衍生工具""套期工具""被套期项目"科目期末贷方余额合计数填列。

20."吸收存款"项目

本项目反映商业银行吸收的除同业存放款项以外的其他各种存款包括单位存款、个人存款、信用卡存款、特种存款、转贷款资金和财政性存款等。本项目应根据"吸收活期存款""吸收定期存款""吸收活期储蓄存款""吸收定期储蓄存款""吸收信用卡存款"和"吸收财政性存款"科目余额的合计数填列。

21."应付款项"项目

本项目反映资产负债表日以摊余成本计量的、企业因购买商品和接受服务等经营活动形成的支付款项的合同义务以及开出、承兑的商业汇票(包括银行承兑汇票和商业承兑汇票)的账面价值(即摊余成本)。

22."持有待售负债"项目

本项目反映资产负债表日处置组中与划分为持有待售类别的资产直接相关的负债的期末账面价值。

23."应付债券"项目

本项目包括"优先股"和"永续债"两个项目,分别反映资产负债表日企业发行在外的分类为金融负债的优先股和永续工具的期末账面价值。

24."其他负债"项目

本项目反映商业银行除上述以外的各项负债。本项目应根据所发生的其他负债科目期末余额合计数分析填列。根据"存入保证金""应解汇款""汇出汇款""开出本票""贴现负债""其他应付款""代理承销证券款""代理兑付证券款"和"代理业务负债"科目的期末余额合计数填列。

25."其他权益工具"项目

本项目反映资产负债表日企业发行在外的除普通股以外分类为权益工具的金融工具的账

面价值。企业应根据实际情况在"其他权益工具"项目下设"其中：优先股"和"永续债"两个项目,分别反映资产负债表日企业发行在外的分类为权益工具的优先股和永续工具的账面价值。

26."其他综合收益"项目

本项目反映企业根据企业会计准则规定应在其他综合收益中确认的各项税后净利得和净损失的累计余额等。

27."资本公积"项目

本项目反映商业银行收到投资者出资超出其在注册资本或股本中所占的份额以及直接计入所有者权益的利得和损失等。本项目根据"资本公积"科目期末余额减去"库存股"期末借方余额后的净值填列。

28."未分配利润"项目

本项目反映商业银行盈利中尚未分配的部分。本项目根据"本年利润"和"利润分配"科目的余额计算填列。未弥补的亏损应在本项目内用"－"号表示。

二、利润表

(一)利润表的内容与结构

利润表,是反映商业银行在一定的会计期间经营成果的会计报表。通过编制利润表可以如实地反映商业银行实现的收入、发生的费用,以及应当计入当期利润的利得和损失的金额及其构成等情况,有助于使用者判断净利润的质量和风险,有助于使用者预测净利润的持续性,从而作出正确的决策。

利润表的结构分为单步式和多步式两种。商业银行利润表采用多步式结构,构成利润的主要内容分为营业收入、营业支出、营业利润、利润总额、净利润、每股收益六个方面,各项目之间通过分步式的加减关系,最后计算出净利润。商业银行利润表如表 8－2 所示。

表 8－2

利 润 表

编制单位　　　　　　　　　　　　年　月　　　　　　　　　　　　单位:元

项　　目	本 期 金 额	上 期 金 额
一、营业总收入		
利息收入		
手续费及佣金收入		
投资收益(损失以"－"号填列)		
其中:对联营企业和合营企业的投资收益		
以摊余成本计量的金融资产终止确认产生的收益(损失以"－"号填列)		
其他收益		
公允价值变动收益(损失以"－"号填列)		
汇兑收益(损失以"－"号填列)		

续 表

项 目	本 期 金 额	上 期 金 额
其他业务收入		
资产处置收益(损失以"－"号填列)		
二、营业总支出		
利息支出		
手续费及佣金支出		
营业税金及附加		
业务及管理费		
信用减值损失		
其他资产减值损失		
其他业务成本		
三、营业利润(损失以"－"号填列)		
加：营业外收入		
减：营业外支出		
四、利润总额(损失以"－"号填列)		
减：所得税费用		
五、净利润(损失以"－"号填列)		
(一)持续经营净利润(净亏损以"－"号填列)		
(二)终止经营净利润(净亏损以"－"号填列)		
六、其他综合收益的税后净额		
七、综合收益总额		
八、每股收益		
(一)基本每股收益		
(二)稀释每股收益		

(二)编制利润表

利润表各项目的"本期金额"主要根据损益类科目期末结转"本年利润"科目的数额填列；利润表各项目的"上期金额"应根据上年该期利润表该项目"本期金额"的数字填列。如果上期利润表的项目名称和内容与本期利润表不一致，应对上期利润表项目的名称和内容按本期规定进行调整。

表内各项目的内容和填列方法如下：

1. "营业收入"项目

本项目反映商业银行经营业务取得的各种收入的总额。本项目根据"利息收入""手续费及佣金收入""投资收益""公允价值变动收益""汇兑收益""其他业务收入"等科目合计数填列。

2."利息收入"项目

本项目反映企业按照《企业会计准则第 22 号——金融工具确认和计量》相关规定,对分类为以摊余成本计量的金融资产和分类为以公允价值计量且其变动计入其他综合收益的金融资产,按照实际利率法计算的利息收入。其他项目的利息收入不得计入本项目;应计入本项目的利息收入金额也不得计入"投资收益"等其他项目。

3."利息支出"项目

本项目反映商业银行发生的利息支出。本项目根据"利息支出"和"金融企业往来支出"科目期末结转"本年利润"科目的合计数填列。

4."手续费及佣金收入"项目

本项目反映商业银行确认的手续费及佣金收入,根据"手续费及佣金收入"期末金额填列。

5."手续费及佣金支出"项目

本项目反映商业银行发生的与其经营活动相关的各项手续费、佣金等支出,根据"手续费及佣金支出"科目期末结转"本年利润"科目的数额填列。

6."投资收益"项目

本项目反映商业银行确认的投资收益和投资损失。本项目应根据"投资收益"科目的发生额分析填列。

7."投资收益"项目中"以摊余成本计量的金融资产终止确认产生的收益"项目

本项目反映企业因转让等情形导致终止确认以摊余成本计量的金融资产而产生的损益。如为损失,以"－"号填列。本项目在"投资收益"项目中单独列示。

8."公允价值变动收益"项目

本项目反映商业银行进行交易性金融资产、交易性金融负债,以及采用公允价值模式计量的投资性房地产、衍生工具、套期保值业务中公允价值变动形成的应计入当期损益的利得或损失。本项目应根据"公允价值变动收益"所属明细科目期末发生额合计数分析填列。

9."其他收益"项目

本项目反映企业计入其他收益的政府补助等。

10."汇兑损益"项目

本项目反映商业银行发生外币交易因汇率变动而产生的汇兑收益。本项目应根据"汇兑损益"科目期末发生额填列,如为净损失,以"－"号填列。

11."资产处置收益"项目

本项目反映企业出售分类为持有待售的非流动资产或处置资产组时确认的处置利得或损失,以及处置未划分为持有待售的固定资产、在建工程、生产性生物资产及无形资产而产生的处置利得或损失。债务重组中因处置非流动资产产生的利得或损失和非货币性资产交换中换出非流动资产产生的利得或损失在本项目中反映。商业银行、证券公司等金融企业处置抵押、质押资产的利得或损失,依据被处置资产的类别在本项目或"投资收益"等相关项目中反映。如为处置损失以"－"号填列。

8-2
商业银行
利润表修
订内容

12."信用减值损失"项目

本项目反映企业按照《企业会计准则第 22 号——金融工具确认和计量》相关规定计提金融工具信用损失准备所确认的信用损失。

13."其他资产减值损失"项目

本项目反映除"信用减值损失"外,企业按照相关企业会计准则的规定计提其他资产的

8

减值准备所确认的减值损失。

14．"其他业务收入"项目

本项目反映商业银行确认的除主营业务以外的其他经营活动实现的收入,包括开办如咨询服务等业务收取的其他业务收入等。本项目根据"其他业务收入"所属明细科目期末发生额合计数填列。

15．"营业支出"项目

本项目反映商业银行各项营业支出的总额。本项目根据"营业税金及附加""业务及管理费用""资产减值损失""其他业务成本"等项目汇总计算填列。

16．"营业利润"项目

本项目反映商业银行当期的经营利润,发生的经营亏损也在本项目反映,发生的亏损用"－"号填列。本项目根据本表"营业收入"项目的金额减去"营业支出"项目的金额后的数额填列。

17．"利润总额"项目

本项目反映商业银行当期实现的全部利润(或亏损)总额,如为亏损,则以"－"号填列。本项目根据本表"营业利润"项目的金额加上"营业外收入"项目的金额,减去"营业外支出"项目的金额后的数额填列。

18．"净利润"项目

本项目反映商业银行的利润总额减去所得税费用后的余额。本项目根据"利润总额"项目的金额减去"所得税费用"项目的金额后的差额填列。

19．"基本每股收益"项目

本项目根据本表"净利润"项目的金额除以该公司普通股股票的股数的商填列。

20．"稀释每股收益"项目

本项目根据本表"净利润"项目的金额除以该公司普通股与潜在普通股之和而取得的商填列。潜在普通股主要包括可转换公司债券、认购权证等。

三、现金流量表

(一)现金流量表的内容和结构

现金流量表,是反映商业银行在一定会计期间的现金和现金等价物流入、流出情况的报表。

该表是半年度的财务报表。现金有狭义和广义之分。狭义的现金通常是指库存现金。广义的现金是指银行的库存现金以及可以随时用于支付的存款。现金等价物,是指银行持有的期限短、流动性强、易于转换为已知金额的现金、价值变动风险很小的投资。现金等价物通常为银行持有的、原定期限等于或短于3个月的债券投资。现金流量,是指银行一定期间的现金及现金等价物流入量和流出量。

商业银行的现金流量主要由经营活动产生的现金流量、投资活动产生的现金流量以及筹资活动产生的现金流量组成。

1．经营活动产生的现金流量

经营活动,是指银行投资活动和筹资活动以外的所有交易和事项。银行随着经营活动的开展将会产生经营活动的现金流入量和流出量。包括对外发放的贷款和收回的贷款、吸收的存款和支付的存款本金、同业存款及存放同业款项、向其他金融企业拆借的资金、利息收入和利息支出、收回的已于前期核销的贷款等。

　　经营活动产生的现金流量是金融企业通过运用所拥有的资产自身创造的现金流量,主要是与企业净利润有关的现金流量。通过现金流量表中反映的经营活动产生的现金流入和流出,说明企业经营活动对现金流入和流出净额的影响程度。

　　2. 投资活动产生的现金流量

　　投资活动,是指银行长期资产的购建和不包括在现金等价物范围内的投资及其处置活动。长期资产是指固定资产、无形资产、在建工程、其他资产等持有期限在 1 年或 1 个营业周期以上的资产。这里所讲的投资活动既包括实物资产投资,也包括金融资产投资。

　　投资活动产生的现金流量中不包括作为现金等价物的投资,作为现金等价物的投资属于现金自身的增减变化,如购买还有一个月到期的债券等,都属于现金内部各项目转换,不会影响现金流量净额的变动。通过现金流量表中反映的投资活动产生的现金流量,可以分析企业通过投资获取现金流量对企业现金流量净额的影响程度。

　　3. 筹资活动产生的现金流量

　　筹资活动,是指导致金融企业资本及债务规模和构成发生变化的活动,包括吸收权益性资本、发行债券、借入资金、支付股利、偿还债务等。这里所说的资本,既包括实收资本(股本),也包括资本溢价(股本溢价);这里所说的债务,指对外举债,包括向中央银行借入款项、同业拆入款项、发行债券以及偿还债务。

　　通过现金流量表中筹资活动产生的现金流量,可以分析金融企业筹资的能力,以及筹资产生的现金流量对企业现金流量净额的影响程度。

　　现金流量表的结构分为表头、正表和补充资料三个部分。现金流量表的正表部分由经营活动产生的现金流量、投资活动产生的现金流量、筹资活动产生的现金流量、汇率变动对现金及现金等价物的影响、现金及现金等价物净增加额、期末现金及现金等价物余额几部分组成。补充资料是指未能列入现金流量表正表而需要予以披露的内容。补充资料由将净利润调节为经营活动的现金流量、不涉及现金收支的投资和筹资活动和现金及现金等价物净增加额三个部分组成。

　　我国企业现金流量表采用报告式结构,分类反映经营活动产生的现金流量、投资活动产生的现金流量和筹资活动产生的现金流量,最后汇总反映企业某一期间现金及现金等价物的净增加额。商业银行现金流量表的格式如表 8-3 所示。

表 8-3

现 金 流 量 表

编报单位　　　　　　　　　　年　月　　　　　　　　　　单位:元

项　　　目	本期金额	上期金额
一、经营活动产生的现金流量		
销售商品、提供劳务收到的现金		
客户存款和同业存放款项净增加额		
向中央银行借款净增加额		
向其他金融机构拆入资金净增加额		
收取利息、手续费及佣金的现金		
拆入资金净增加额		

续　表

项　　目	本 期 金 额	上 期 金 额
回购业务资金净增加额		
收到其他与经营活动有关的现金		
经营活动现金流入小计		
客户贷款及垫款净增加额		
存放中央银行和同业款项净增加额		
为交易目的而持有的金融资产净增加额		
拆出资金净增加额		
返售业务资金净增加额		
支付手续费及佣金的现金		
支付给职工以及为职工支付的现金		
支付的各项税费		
支付其他与经营活动有关的现金		
经营活动现金流出小计		
经营活动产生的现金流量净额		
二、投资活动产生的现金流量		
收回投资收到的现金		
取得投资收益收到的现金		
处置固定资产、无形资产和其他长期资产收回的现金净额		
收到其他与投资活动有关的现金		
投资活动现金流入小计		
投资支付的现金		
购建固定资产、无形资产和其他长期资产支付的现金		
支付其他与投资活动有关的现金		
投资活动现金流出小计		
投资活动产生的现金流量净额		
三、筹资活动产生的现金流量		
吸收投资收到的现金		
取得借款收到的现金		
发行债券收到的现金		
收到其他与筹资活动有关的现金		
筹资活动现金流入小计		
偿还债务支付的现金		
分配股利、利润或偿付利息支付的现金		
支付其他与筹资活动有关的现金		

续　表

项　目	本　期　金　额	上　期　金　额
筹资活动现金流出小计		
筹资活动产生的现金流量净额		
四、汇率变动对现金及现金等价物的影响		
五、现金及现金等价物净增加额		
加：期初现金及现金等价物余额		
六、期末现金及现金等价物余额		

注：本表未列示补充资料部分。

（二）编制现金流量表

现金流量表的编制方法有直接法与间接法两种。

直接法是通过现金收入和现金支出的主要类别直接反映银行经营活动中的现金流量。一般是以利润表中的营业收入为起算点，调整与经营活动有关项目的增减变动，然后计算出经营活动产生的现金流量。

间接法是以本期净利润为起算点，调整不涉及现金的收入、费用、营业外收支等有关项目的增减变动，计算出经营活动产生的现金流量。

一般采用直接法编报现金流量表的主表，便于分析银行经营活动现金流量的来源和用途，预测银行现金流量的未来前景；采用间接法编报现金流量表的附表，便于对净利润与经营活动现金净流量进行比较，了解净利润与经营活动现金流量差异的原因，从现金流量的角度分析净利润的质量。银行应当同时采用直接法和间接法两种方法编制现金流量表。

表内各项目的内容和填列方法如下：

1. 经营活动产生的现金流量各项目

（1）"客户存款和同业存放款项净增加额"项目。本项目根据资产负债表中"吸收存款"和"同业及其他金融机构存放款项"两个项目的期末余额之和，减去这两个项目的年初余额后的差额填列。

（2）"联行存放款项净增加额"项目。本项目根据资产负债表中"联行存放款项"项目的期末额，减去该项目的年初余额，加上"存放联行款项"项目和年初余额，再减去该项目的期末余额后的数额填列。

（3）"向中央银行借款净增加额"项目。本项目根据资产负债表中"向中央银行借款"项目的期末余额，减去该项目的年初余额后的差额填列。

（4）"向其他金融机构拆入资金净增加额"项目。本项目根据资产负债表中"拆入资金"项目的期末余额，减去该项目的年初余额，加上"拆出资金"项目的年初余额，再减去该项目的期末余额后的数额填列。

（5）"收取利息、手续费及佣金的现金"项目。本项目根据利润表中"利息收入"和"手续费及佣金收入"项目的金额，加上资产负债表"应收利息"项目的年初余额，减去该项目的期末余额，再减去"坏账准备——应收利息"科目的贷方发生额后的数额填列。

（6）"收到其他与经营活动有关的现金"项目。本项目根据资产负债表中"其他负债"项

8

目的期末余额,减去该项目的期初余额,加上"汇兑损益——货币兑换收益"明细科目的净发生额,再加上"其他业务收入""营业外收入"等有关科目发生额中收到现金的数额填列。

(7)"客户贷款及垫款净增加额"项目。本项目根据资产负债表中"发放贷款和垫款"项目的期末余额,减去该项目期初余额,加上各贷款账户结转"抵债资产""营业外支出"等科目未收到现金而减少的金额,再加上"贷款损失准备"科目的贷方发生额后的数额填列。

(8)"存放中央银行和同业款项净增加额"项目。本项目根据"存放中央银行款项"科目的期末余额,减去该科目的期初余额,加上资产负债表"存放同业款项"项目的期末余额,减去该项目的期初余额后的差额填列。

(9)"支付利息、手续费及佣金的现金"项目。本项目根据利润表中"利息支出"和"手续费及佣金支出"项目的合计数,加上资产负债表中"应付利息"项目的年初余额,减去该项目的期末余额后的数额填列。

(10)"为交易目的而持有的金融资产净增加额"项目。本项目反映企业因买卖为交易目的而持有的金融资产所支付与收到的经营活动净现金流量,根据"交易性金融资产"借方余额填列。

(11)"支付给职工以及为职工支付的现金"项目。本项目根据"应付职工薪酬"科目借方净发生额,扣除列入"在建工程"科目中的职工薪酬数额后的差额填列。

(12)"支付的各项税费"项目。本项目根据利润表"营业税金及附加"和"所得税费用"项目的金额之和,加上列入"业务及管理费"账户内的税金,再加上资产负债表中"应交税费"和"递延所得税负债"项目的年初余额减去这两个项目的期末余额,加上"递延所得税资产"项目的期末余额,减去该项目的年初余额后的差额填列。

(13)"支付其他与经营活动有关的现金"项目。本项目根据资产负债表中"其他资产"项目的期末余额,减去该项目的年初余额,再减去各贷款账户结转"抵债资产"科目的金额,加上利润表中的"业务及管理费""其他业务成本""营业外支出"项目的金额之和,再减去这三个项目中不需要现金支付的数额,再减去这三个项目中已经包含的、并已列入在本表的"支付给职工以及为职工支付的现金"项目中的职工薪酬、"支付的各项税费"项目中的税费,还要加上列入"长期待摊费用"科目的借方发生额后的数额填列。

2. 投资活动产生的现金流量各项目

(1)"收回投资收到的现金"项目。本项目根据"交易性金融资产"科目贷方发生额,减去该科目所属"现金等价物"明细科目的贷方发生额,加上"其他债权投资""其他权益工具投资""债权投资"和"长期股权投资"科目的贷方发生额,减去"债权投资——应计利息"明细科目的贷方发生额,再减去这些科目中收回的非现金数额后的金额填列。

(2)"取得投资收益收到的现金"项目。本项目根据利润表"公允价值变动收益"和"投资收益"项目的金额之和,加上"应收股利""应收利息——应收债券利息"和"债权投资——应计利息"三个科目的年初余额,减去这三个科目的期末余额填列。

(3)"收到其他与投资活动有关的现金"项目。本项目根据"固定资产清理"科目的借、贷方发生额、"无形资产"和"投资性房地产"账户等有关科目的贷方发生额,并结合"银行存款"科目的发生额分析填列。

(4)"投资支付的现金"项目。本项目根据"交易性金融资产""可供出售金融资产""持有至到期投资"和"长期股权投资"科目的借方发生额合计数,减去这四个科目中未支付现金而增加的投资的金额,再减去"交易性金融资产——现金等价物"和"债权投资——应计利息"科目的借方发生额后的数额填列。

（5）"购建固定资产、无形资产和其他长期资产支付的现金"项目。本项目根据"固定资产""在建工程""工程物资""无形资产""研发支出——开发支出"科目的借方发生额，加上"固定资产减值准备""无形资产减值准备"科目的贷方发生额，减去本期在建工程动用工程物资的金额，再减去因赊购、接受投资、接受捐赠或收回投资等各种原因未支付现金而取得的固定资产、在建工程、工程物资和无形资产金额后的数额填列。

3. 筹资活动产生的现金流量各项目

（1）"吸收投资收到的现金"项目。本项目根据"实收资本"或"股本"科目贷方发生额中收到的现金的数额，加上"资本公积"科目贷方发生额中收到的现金数额后的金额填列。

（2）"发行债券收到的现金"项目。本项目根据"应付债券——本金"科目的贷方发生额填列。

（3）"偿还债务支付的现金"项目。本项目根据"发行债券——本金"科目的借方发生额填列。

（4）"分配股利、利润或偿付利息支付的现金"项目。本项目根据"应付股利"科目借方发生额，加上"应付债券——应计利息"科目的借方发生额后的数额填列。

（5）"支付其他与筹资活动有关的现金"项目。本项目根据"实收资本"或"股本""资本公积""盈余公积"等科目借方发生额中以现金支付的数额填列。

4. 汇率变动对现金的影响项目

"汇率变动对现金的影响"项目。本项目根据"汇兑损益——汇率变动收益"科目的净发生额填列。发生汇兑损失用"－"号填列。

5. 现金及现金等价物净增加额项目

（1）"现金及现金等价物净增加额"项目。本项目根据现金流量表中"经营活动产生的现金流量净额""投资活动产生的现金流量净额""筹资活动产生的现金流量净额"和"汇率变动对现金及现金等价物的影响"四个项目的合计数填列。

（2）"期初现金及现金等价物金额"项目。本项目根据"库存现金""银行存款"科目和"交易性金融资产——现金等价物"明细科目的年初余额合计数填列。

6. 期末现金及现金等价物余额项目

本项目根据现金流量表中"现金及现金等价物净增加额"和"期初现金及现金等价物余额"两个项目之和填列。其计算的结果应与"库存现金""银行存款"科目和"交易性金融资产——现金等价物"明细科目的年末余额合计数相等。

7. 补充资料

（1）"净利润"项目。本项目根据利润表"净利润"项目的数额填列。

（2）"资产减值准备"项目。本项目根据利润表中"信用减值损失"和"其他资产减值损失"项目的金额填列。

（3）"固定资产折旧"项目。本项目根据"累计折旧"科目贷方发生额中提取固定资产折旧的数额填列。

（4）"无形资产摊销"项目。本项目根据"累计摊销"科目贷方发生额分析填列。

（5）"长期待摊费用摊销"项目。本项目根据"长期待摊费用"科目贷方发生额分析填列。

（6）"处置固定资产、无形资产和其他长期资产的损失（减收益）"项目。本项目根据"资产处置收益"科目借方发生额减贷方发生额，再减去"其他业务收入"科目出租无形资产的收

8

入数额,加上"其他业务成本"科目中出租无形资产的支出后的数额填列。

(7)"固定资产报废损失"项目。本项目根据"营业外支出"科目所属的"盘亏损失——固定资产盘亏"明细科目的净发生额,减去"营业外收入"科目所属的"盘盈利得——固定资产盘盈"明细科目的净发生额后的差额填列。

(8)"公允价值变动损失(减:收益)"项目。本项目根据利润表中"公允价值变动收益"项目的金额填列,收益用负数反映。

(9)"投资损失(减:收益)"项目。本项目根据利润表中"投资收益"项目的金额填列,收益用负数反映。

(10)"递延所得税资产减少"项目。本项目根据资产负债表中"递延所得税资产"项目的年初余额减去期末余额后的差额填列。

(11)"递延所得税负债增加"项目。本项目根据资产负债表中"递延所得税负债"项目的期末余额减去年初余额后的差额填列。

(12)"贷款的减少(减:增加)"项目。本项目根据资产负债表中"发放贷款和垫款"项目的年初余额,减去该项目的期末余额,再减去列入本表的"资产减值准备"项目中计提的贷款损失准备的数额后的金额填列。

(13)"存款的增加(减:减少)"项目。本项目根据资产负债表中"吸收存款"项目的期末余额,减去该项目的年初余额后的差额填列。

(14)"经营性应付项目的减少(减:增加)"项目。本项目根据资产负债表中"存放同业款项""存放联行款项""拆出资金""应收利息""其他资产"项目的年初余额和"存放中央银行款项"科目的年初余额之和,减去这些项目和科目的期末余额,再减去列入本表的"资产减值损失"项目中计提的坏账准备的数额后的金额填列。

(15)"经营性应付项目的增加(减:减少)"项目。本项目根据资产负债表中"向中央银行借款""同业及其他金融机构存放款项""联行存放款项""拆入资金""应付利息""应付职工薪酬""应交税费""预计负债"和"其他负债"项目的期末余额之和,减去这些项目的年初余额后的金额填列。

(16)"其他"项目。本项目反映不能列入上列项目而需要调整的金额,如列入"汇率变动对现金的影响"项目的金额、本期以现金支付的长期待摊费用和计提的固定资产减值准备等。

(17)"债权转为资本"项目。本项目根据"逾期贷款""债权投资"等负债类科目的借方发生额中转为资本的数额填列。

(18)"一年内到期的可转换公司债券"项目。本项目根据"应付债券"科目余额分析填列。

(19)"现金的期末余额""现金的期初余额"项目。这两个项目分别根据"库存现金"和"银行存款"科目的期末余额的合计数和年初余额的合计数填列。

(20)"现金等价物的期末余额""现金等价物的期初余额"项目。这两个项目分别根据"交易性金融资产——现金等价物"科目的期末余额和年初余额填列。

四、所有者权益变动表

(一)所有者权益变动表的内容及结构

所有者权益变动表,是指反映构成所有者权益各组成部分当期增减变动情况的报表,当期损益、直接计入所有者权益的利得和损失，以及与所有者的资本交易导致的所有者权益的变动，应当分别列示。它反映了企业所有者权益的结构及其增减变动情况。

所有者权益变动表的结构由表头和正表两个部分组成。所有者权益变动表的正表分为四个部分：第一部分是上年年末余额。第二部分是本年年初余额，它是上年年末余额加上会计政策变更和前期差错更正后的数额。第三部分是本年增减变动金额，它由净利润、直接计入所有者权益的利得和损失、所有者投入和减少资本、利润分配和所有者权益内部结转五小部分组成。第四部分是本年年末余额，它是本年年初余额，加上或减去本年变动金额后的数额。

所有者权益变动表的格式及其具体内容如表8-4所示。

(二) 编制所有者权益变动表

"上年金额"栏各个项目的数额可以根据该表上一年度的"本年金额"栏各个项目的数额填列。"本年金额"栏的填列方法如下：

1. "上年年末余额"项目

本项目分别根据"实收资本""资本公积""库存股""盈余公积""一般风险准备""利润分配——未分配利润"科目上年的年末余额填列。

2. "会计政策变更""前期差错更正"项目

这两个项目分别根据"盈余公积""一般风险准备""利润分配——未分配利润"科目分析填列。

3. "本年年初余额"项目

本项目根据本表"上年年末余额"项目的金额，加上"会计政策变更""前期差错更正"两个项目金额后的数额填列。

4. "净利润"项目

本项目根据"本年利润"科目的净发生额填列，其应与利润分配表中的"净利润"项目的数额相符。

5. "所有者投入和减少资本"中的三个明细项目

这三个明细项目分别为"所有者投入资本""股份支付计入所有者权益的金额""其他权益工具持有者投入资本"和"其他"，分别根据"实收资本"(股本)和"资本公积"科目的发生额分析填列。

6. "其他权益工具"项目

本项目反映企业发行的除普通股以外分类为权益工具的金融工具。企业应根据实际情况在该项目下设"优先股""永续债"和"其他"三个项目，分别反映企业发行的分类为权益工具的优先股和永续工具等项目。

7. "其他综合收益结转留存收益"项目

本项目主要反映：❶ 企业指定为以公允价值计量且其变动计入其他综合收益的非交易性权益工具投资终止确认时，之前计入其他综合收益的累计利得或损失从其他综合收益中转入留存收益的金额；❷ 企业指定为以公允价值计量且其变动计入当期损益的金融负债终止确认时，之前由企业自身信用风险变动引起而计入其他综合收益的累计利得或损失从其他综合收益中转入留存收益的金额等。

8. "利润分配"中的四个明细项目

这四个明细项目分别为"提取盈余公积""提取一般风险准备""对所有者(或股东)的分

表8-4

所有者权益变动表

编制单位：　　　　　　　　　年度　　　　　　　　　　　　单位：元

项　目	本年金额										上年金额									
	实收资本（或股本）	其他权益工具			资本公积	减：库存股	其他综合收益	盈余公积	一般风险准备	未分配利润	所有者权益合计	实收资本	其他权益工具			资本公积	减：库存股	其他综合收益	盈余公积	一般风险准备	未分配利润	所有者权益合计
		优先股	永续债	其他									优先股	永续债	其他							
一、上年末余额																						
加：会计政策变更																						
前期差错更正																						
其他																						
二、本年初余额																						
三、本年增减变动金额（减少以"-"号填列）																						
（一）综合收益总额																						
（二）所有者投入和减少资本																						

续 表

项目	本年金额											上年金额										
	实收资本（或股本）	其他权益工具			资本公积	减：库存股	其他综合收益	盈余公积	一般风险准备	未分配利润	所有者权益合计	实收资本（或股本）	其他权益工具			资本公积	减：库存股	其他综合收益	盈余公积	一般风险准备	未分配利润	所有者权益合计
		优先股	永续债	其他									优先股	永续债	其他							
1. 所有者投入的普通股																						
2. 其他权益工具持有者投入资本																						
3. 股份支付计入所有者权益的金额																						
4. 其他																						
（三）利润分配																						
1. 提取盈余公积																						
2. 提取一般风险准备																						
3. 对所有者（或股东）的分配																						
4. 其他																						

续表

项目	本年金额										上年金额									
	实收资本（或股本）	其他权益工具			资本公积	减：库存股	其他综合收益	盈余公积	一般风险准备	未分配利润	所有者权益合计	实收资本	其他权益工具			资本公积	减：库存股	其他综合收益	盈余公积	一般风险准备	未分配利润	所有者权益合计
		优先股	永续债	其他									优先股	永续债	其他							
（四）所有者权益内部结转																						
1. 资本公积转增资本（或股本）																						
2. 盈余公积转增资本（或股本）																						
3. 盈余公积补亏损																						
4. 设定受益计划变动额结转留存收益																						
5. 其他综合收益结转留存收益																						
6. 其他																						
四、本年年末余额																						

8

配"和"其他",分别根据"利润分配"相关明细科目的净发生额填列。

9."所有者权益内部结转"中的五个明细项目

这五个明细项目分别为"资本公积转增资本(或股本)""盈余公积转增资本(或股本)""盈余公积弥补亏损""一般风险准备弥补亏损"和"其他",分别根据"实收资本""资本公积""盈余公积""一般风险准备"和"利润分配——盈余公积补亏"科目的净发生额分析填列。

10."本年年末余额"项目

本项目根据本表的"本年年初余额"项目的金额,加上"净利润"项目的金额,加上或减去"直接计入所有者权益的利得和损失"中各明细项目的金额,再加上或减去"利润分配"中各明细项目和"所有者权益内部结转"中各明细项目的金额后的数额填列。

五、报表附注

会计报表附注是财务报表不可或缺的组成部分,是对在资产负债表、利润表、现金流量表和所有者权益变动表等报表中列示项目的文字描述或明细资料,以及对未能在这些报表中列示项目的说明等。商业银行应当按照规定披露附注信息,主要包括下列内容:❶ 商业银行的基本情况;❷ 财务报表的编制基础;❸ 遵循企业会计准则的声明;❹ 重要的会计政策和会计估计;❺ 会计政策和会计估计变更以及差错更正的说明;❻ 报表重要项目说明;❼ 或有事项的披露;❽ 资产负债表日后事项比照一般企业进行披露;❾ 关联方关系及其交易比照一般企业进行披露;❿ 风险管理。

> **引例解析**
>
> 答:非利息收入业务是指商业银行除利差收入之外的营业收入。非利息收入业务一般主要由三部分构成:
>
> 一是中间业务,是客户从事各种交易后,银行助其完成资金收付以及银行代替客户从事某些交易的业务;
>
> 二是交易业务,是银行从事金融市场各种交易的业务;
>
> 三是咨询业务,是指银行对客户的各种金融交易活动提供指导的业务。

> **想一想**　银行的财务报表和企业的财务报表有何区别?

任务三　财务报告分析

> **引　例**
>
> ### 互联网金融对银行负债业务的影响
>
> 互联网金融业务的开展主要是通过计算机进行,操作流程比较标准,客户完全不用排队等候,客户从申请到发放贷款,只需要几秒钟时间。例如,阿里小贷运用电商积累的数据库每天可完成将近 1 万笔业务。互联网金融与银行传统的金融服务

偏向"二八定律"里的 20% 的客户不同,它争取更多的是 80% 的小微企业。以第三方支付平台、P2P 网络借贷平台、众筹为代表的互联网金融模式,以它独有的诚挚性、便利性和变革性对商业银行负债业务及其结构产生了严重的冲击。

截至 2016 年 10 月末,全国银行业金融机构境内总资产为 220 万亿元,境内总负债为 203 万亿元;各项贷款和存款的余额分别是 109 万亿元和近 140 万亿元,贷款余额占总资产的比重为 49.5%,存款余额占总负债的比重为 68.9%。

近些年来互联网金融冲击着银行负债固有的存款来源,银行的负债结构已经出现明显变化,上市银行计息负债余额增速低位运行,存款增速持续下滑,限制着商业银行的发展。

问题:互联网金融模式对传统的银行负债业务产生哪些影响?

【知识准备】

一、财务会计报告分析的作用和目的

财务会计报告分析,是指以账簿记录、财务报表和其他相关资料为依据和起点,采用专门方法编制而成,为系统地分析和评价单位过去和现在的经营成果、财务状况及其变动情况,帮助相关部门进行决策。

报表只能概括地反映银行在过去的一个会计时日的财务状况、一个时期经营成果和现金流量。对于报表所列示的各项资产、负债、所有者权益、收入、费用、利润和现金流量的金额,如果只作一般的、孤立的观察,很难得出正确的结论。因此,必须采用科学的方法,将财务报表上相关的财务指标有机地联系起来,通过计算、比较和综合分析,据以全面、正确地评价银行财务状况的优劣、偿债能力的强弱、盈利能力的高低,以及银行发展前景的好坏,以便于作出正确的预测和决策。

二、财务会计报告分析方法认知

(一)采用比率分析法

比率分析法,是以指标间存在的关联关系为基础,通过计算比率,来考察、计量和评价商业银行财务状况、经营成果和现金流量的分析方法,是最常用的一种分析方法。采用比率分析法时,要把分析对比的数值通过计算变成相对数,计算出各种比率指标后再进行比较分析。由于采用相对数作为比较基础,剔除了绝对数的影响,比率分析法适用于比较不同规模的商业银行的财务状况和经营业绩,因此在财务分析中得到了广泛运用。

采用比率分析法应注意保证对比指标的相关性。对比指标相关才能评价有关的经营、财务活动是否合理。计算不相关的指标没有意义。同时,和比较分析法一样,计算比率的对比指标在计算时间、计算标准上应当口径一致。

用比率分析法分析的指标可分为财务状况指标、经营成果指标和现金流量指标三类。

(二)采用比较分析法

比较分析法,是通过计算同一经济指标的数量差异来分析其变动程度。常用的有实际

与计划、本期实际与上期实际、本期实际与同期国内外先进水平相比较。

应用比较法时,比较的指标在内容、时间、计算方法和计价标准上应当口径一致,必要时应将有关指标按照同一口径折算后再进行比较。

(三) 采用趋势分析法

趋势分析法,是将两期或者连续数期财务报告中的相同指标或者比率进行对比,以确定其增减差异和变动趋势的分析方法。采用这种方法可以揭示金融企业财务状况和经营业绩的动态变动趋势,有助于查找引起变动的原因、变动的性质和预测商业银行未来的经营、财务状况。

同其他分析方法一样,使用趋势分析法时,各个时期指标的计算口径应当一致。同时,要注意剔除偶然性因素对经营和财务活动产生的特殊影响,必要时应当对价格变动因素加以调整。银行在比较财务报表时,可以采用绝对数进行比较,也可以采用相对数进行比较。

1. 采用绝对数比较财务报表

银行采用绝对数比较财务报表时,可并列连续几年的资产负债表、利润表、现金流量表等报表的数据,后面再设置"增减金额"栏,计算增减金额,并据以进行分析。

2. 采用百分比比较财务报表

银行采用百分比比较财务报表时,可以在绝对数比较财务报表分析后,在其计算的"增减金额"栏后再增设"增减百分比"一栏,采用百分比比较法进一步分析。

(四) 采用因素分析法

因素分析法,是通过分析影响财务指标的各项因素,并计算各项因素对指标影响的程度,用以说明本期实际与计划或基期相比,财务指标发生变动或差异的主要原因的一种分析方法。进行因素分析法最常用的有连环替代法和差额计算法两种方法。连环替代法,是通过顺次逐个地替代影响因素,计算各因素变动对指标变动影响程度的一种因素分析方法;差额分析法,是连环替代法在实际应用中的一种简化方法,其特点是先计算每个因素的差额,然后按照连环替代的顺序,依次计算各因素的影响数额。

三、分析财务报告

(一) 分析盈利能力

盈利能力分析主要是分析金融企业的各项投入与产出的比率关系,是企业财务分析的重点。企业盈利能力的强弱直接影响到企业的偿债能力、资本结构和企业现金流量,主要财务指标有资产收益率、权益收益率、盈利性资产比率等。

1. 资产收益率

其计算公式为:

$$资产收益率 = 净利润/总资产$$

资产收益率反映资产的回报能力,是衡量银行盈利状况的最重要指标。该比率越高,说明金融企业在增收节支方面做得越好。

2. 权益收益率

其计算公式为:

$$权益收益率 = 净利润/所有者权益$$

权益收益率表示所有者权益所能取得的净利润,不但可反映企业从盈利中增加资本的潜力以及资本运用效率的大小,而且决定了股东收益的多少,股东中主要是普通股东的投资回报率的高低。

3. 盈利性资产比率

其计算公式为:

$$盈利性资产比率＝盈利性资产／总资产$$

盈利性资产比率反映盈利性资产在总资产中的比重。盈利性资产占总资产的比重越高,说明该银行越有发展潜力。

4. 成本率

其计算公式为:

$$成本率＝（总成本／营业收入）×100\%$$

成本率反映商业银行取得营业收入与耗费成本之间的关系。总成本在利润表上反映为营业支出和其他类型的支出。成本率上升说明商业银行每单位营业收入中耗费的成本上升,盈利减少;反之,成本率下降表明商业银行每单位营业收入中耗费的成本下降,盈利增加。因此,成本率反映了商业银行控制成本和增加盈利水平的能力。

5. 利差率

其计算公式为:

$$利差率＝（净利息收入／盈利资产）×100\%$$
$$＝［（利息收入－利息支出）／盈利资产］×100\%$$

利差率,是商业银行净利息收入和盈利资产相比所得到的比率。商业银行的盈利资产是指能够获得外部利息收入的资产。商业银行的收入主要来源于盈利资产。现金、固定资产、递延资产项目一般不带来外部利息收入,因此不属于盈利资产。用净利息收入和盈利资产进行对比,可以分析商业银行盈利资产的获利能力。

6. 每股收益

其计算公式为:

$$每股收益＝净利润／报告期末普通股份总数$$

每股收益,是衡量上市商业银行盈利能力的最重要的财务指标,它反映了普通股的获利水平。但是,在分析每股收益时,应注意以下几点:一是每股收益不能反映股票含有的风险。每股收益水平相同的股票,其含有的风险往往是不一样的。二是股票是一个"份额"概念,不同于商业银行股票的市价和净资产,因此不能简单比较每股收益来评价不同商业银行的盈利水平。三是每股收益多,并不意味着分红多。是否分红除了受盈利水平影响外,还取决于商业银行的现金流量状况和商业银行的股利政策。

(二) 分析偿债能力

偿债能力分析主要是分析银行在债务到期时可用现金还本付息的能力。偿债能力分析又分为短期偿债能力分析和长期偿债能力分析。短期偿债能力分析又叫流动性分析。通过对银行偿债能力的分析,银行的管理者可以科学地制订投融资策略,而银行的债权人也可以正确地制订贷款决策。偿债能力分析的主要财务指标有流动比率、资产负债率、资产周转比率等。

1. 流动比率

其计算公式为：

$$流动比率＝流动资产/流动负债$$

流动比率反映银行的资金流动速度，是衡量金融企业流动资产抵偿流动负债能力的通用比率，该比率越高，抵债能力越强。但流动比率过大，则表明银行未能使流动资产得到充分利用。

2. 资产周转比率

其计算公式为：

$$资产周转比率＝总收入/总资产$$

资产周转比率反映银行资产的生产能力，比率越高表明生产能力越强，偿付债务的能力一般也就越强。

（三）分析资产风险水平

资产风险水平分析主要分析银行在经营过程中面临的市场风险、违约风险和操作风险等诸多风险。衡量银行风险水平的主要指标有：资本风险比率（常用的有资本与资产比率、资本与贷款比率、资本与存款比率）、利率风险比率、贷款风险比率（常用的有不良贷款比率）。

1. 资本与资产比率

其计算公式为：

$$资本与资产比率＝资本总额/资产总额×100\%$$

资本与资产比率反映银行自有资本占总资产的比重和银行承担风险的能力。一般而言，该比率越高，其抵御风险的能力越强，存款人的利益更有保障。但是比率过高也不足取。国际上普遍认为理想的比率应当在5%～8%或9%之间。

2. 资本与贷款比率

其计算公式为：

$$资本与贷款比率＝资本总额/贷款总额×100\%$$

资本与贷款比率说明银行资本在某种程度上可以用于保护银行免受贷款风险的威胁。国际上一般认为该比率在15%左右为宜。

3. 资本与存款比率

其计算公式为：

$$资本与存款比率＝资本总额/存款总额×100\%$$

资本与存款比率反映银行对存款的支付能力，有助于防止因存款的过度增长导致银行负债过重，有助于鼓励银行保持充足的资本和较高的支付能力，加强风险防范。该比率一般以10%为宜，低于10%表明银行资本不足或存款过多，往往被认为银行信用过度膨胀，容易产生经营风险。

4. 利率风险比率

其计算公式为：

$$利率风险比率＝利率敏感性资产/利率敏感性负债$$

利率风险比率计算公式中,利率敏感性资产指市场利率变化时利息收入也相应变化的资产,如可变利率贷款;利率敏感性负债指市场利率变化时利息支出也相应变化的负债。利率风险是市场利率变动对商业银行的资产收益和负债成本带来的不利影响。

5.不良贷款比率

其计算公式为:

$$不良贷款比率＝不良贷款总额/贷款总额×100\%$$

不良贷款比率是衡量贷款风险的综合指标。贷款的质量对银行风险水平有很大的影响,不良贷款比重越高,说明银行面临的风险越大。

(四)分析发展能力

发展能力分析主要是分析金融企业未来的增长能力。这是企业的所有者和债权人最关注的问题。其衡量指标主要有资本增长率、资产增长率、营业利润增长率以及员工素质提升情况等。

1.资本增长率

其计算公式为:

$$资本增长率＝本年资本增长额/上年资本总额$$

资本增长率表示本年资本比上年资本的增长幅度,反映了银行的资本增长速度。资本增长速度直接决定了银行市场占有份额及抗风险能力的强弱。

2.营业利润增长率

其计算公式为:

$$营业利润增长率＝本年营业利润增长额/上年营业利润总额$$

营业利润增长率表示本年营业利润比上年的增长幅度。该比率越高,说明银行经营效果越好。

引例解析

　　答:互联网金融主要从交易性存款与投资性存款两方面对银行负债业务产生影响,分别表现为三种形式。

　　(1)第三方支付平台的冲击。一方面,这导致商业银行无法准确地监测到客户的资金流动信息,不利于银行与客户之间建立良好的关系,也不利于银行对客户负债业务的深度挖掘;另一方面,伴随着客户资金通过第三方支付平台进行交易,在第三方支付平台沉淀了大量的资金。与此同时,客户用于支付清算和结算额的活期存款资金相应减少。

　　(2)P2P网络平台的冲击。P2P借贷即"人人贷",是一种个人对个人的信贷模式,P2P网络平台上项目投资的预期收益率较高,极大地吸引了高风险高收益的投资者,这在一定程度上导致商业银行的活期存款和定期存款向P2P网络投资转移,降低了银行存款的吸引力。

　　(3)众筹的冲击。现代众筹是在互联网金融平台发布筹款项目,众筹平台提升了全民参与感,发掘出了投资者感兴趣的产品,增加了投资品种,改变了投资者的资金配置结构,从而导致投资者的资产配置从存款、股票向包括众筹融资在内的多元化投资转变。

8-3
财务报表
编制及财
务相关能
力分析

想一想　我国大部分商业银行的资产负债率为什么高达 90% 以上？

项 目 小 结

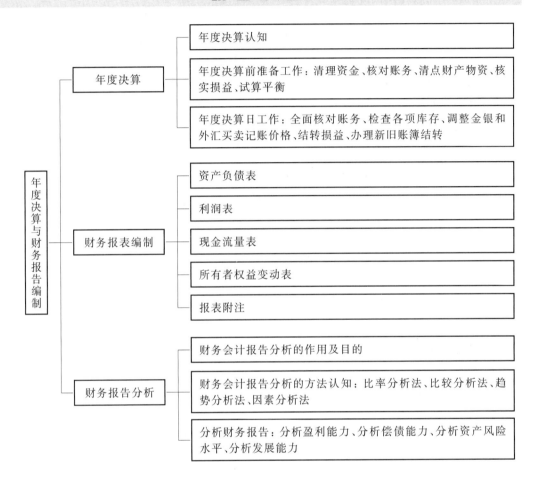

思 考 题

1. 商业银行年度决算的准备工作主要包括哪些？
2. 商业银行年度决算日的主要工作包括哪些？
3. 商业银行的年度财务报表由哪些部分组成？
4. 资产负债表与利润表的编制方法有什么主要的区别？
5. 编制现金流量表的方法是什么？商业银行现金流量表的特点是什么？
6. 金融企业对财务会计报告进行分析时，可采用的分析方法主要有哪些？

练 习 题

一、单项选择题

1. 我国银行的年度决算日为（　　　）。

A. 12 月 30 日　　　　　B. 12 月 31 日　　　　　C. 1 月 1 日

2. 商业银行会计期末全部资产、负债和所有者权益情况的报表是（　　　）。

A. 资产负债表　　　　　　　　　　　B. 利润表

C. 财务状况变动表　　　　　　　　　D. 利润分配表

3. 银行年度决算报表应当于年度终了后（　　　）个月内对外提供。

A. 4　　　　　　　B. 2　　　　　　　C. 3　　　　　　　D. 1

4. 我国银行的资产负债表，采用（　　　）的格式。

A. 报告式　　　　B. 账户式　　　　C. 垂直式　　　　D. 上下式

二、多项选择题

1. 年度决算的准备工作包括（　　　）。

A. 清理资金　　　　　　　　　　　　B. 清理账务

C. 清理财务物资　　　　　　　　　　D. 核实损益

E. 试算平衡

2. 银行进行年度决算前的清理资金主要包括（　　　）。

A. 核对实收资本　　　　　　　　　　B. 清理贷款资金

C. 清算结算资金　　　　　　　　　　D. 清理存款资金

E. 清理内部资金

3. 决算日工作内容包括（　　　）。

A. 处理当日账务　　　　　　　　　　B. 调整金银和外汇买卖记账价格

C. 结转损益　　　　　　　　　　　　D. 分配本年利润

4. 按照银行财务报表反映的资金运动形态分类，可分为（　　　）。

A. 静态报表　　　　　　　　　　　　B. 动态报表

C. 中期报表　　　　　　　　　　　　D. 年度报表

三、判断题

1. 银行的非独立核算单位可以单独办理年度决算。　　　　　　　　　　（　　）

2. 年度决算日，银行专门办理年度决算，不对外营业。　　　　　　　　（　　）

3. 12 月 31 日如为法定休假日，则年度决算可以顺延。　　　　　　　　（　　）

4. 我国会计准则规定应采用多步式编制利润表。　　　　　　　　　　　（　　）

5. 资产负债表中，"年初余额"栏内各项数字，应根据上年资产负债表中"期末余额"栏内所列数字填列。　　　　　　　　　　　　　　　　　　　　　　　　　　　（　　）

项目实训

财务会计报表实训

一、实训目的

掌握资产负债表和利润表的编制。

二、实训资料

某商业银行 2023 年年末核算财务损益之前的科目余额情况见下表。

某商业银行 2023 年年末核算财务损益之前的科目余额情况

单位：百万元

科目名称	借方	贷方	科目名称	借方	贷方
库存现金	500		利息收入		800
存放中央银行款项	200		利息支出	150	
应收利息	150		手续费及佣金收入		50
贷款及垫款	300		手续费及佣金支出	15	
固定资产	1 000		公允价值变动收益		70
向中央银行借款		110	汇兑收益		10
吸收存款		600	投资收益		45
同业及其他金融机构存放款项		100	其他业务收入		10
应解汇款及临时存款		80	税金及附加	20	
应付利息		130	业务及管理费	40	
实收资本		150	信用减值损失	15	
资本公积		30	资产减值损失	30	
盈余公积		10	其他业务成本	5	
利润分配——未分配利润		80	营业外收入		20
			营业外支出	10	
			所得税费用		
合　计	2 150	1 290		285	1 005

三、实训要求

1. 根据资料计算该银行利润总额，计算应缴纳所得税（25%），并结转出本年的净利润。分别编制相应的会计分录。

2. 按以下程序进行利润分配：

（1）该银行按 2023 年净利润的 10％提取盈余公积，按 5％计提任意盈余公积；

（2）该银行以现金向股东分配红利 1 200 万元；

（3）剩余部分进行利润分配，计算未分配利润。

3．编制利润表和资产负债表。

主要参考文献

［1］ 张慧珏,莫桂青.银行会计[M].上海:上海财经大学出版社,2023.

［2］ 韩俊梅,岳龙.商业银行会计学[M].北京:经济科学出版社,2023.

［3］ 丁元霖.银行会计[M].5版.上海:立信会计出版社,2019.

［4］ 程婵娟.银行会计学[M].5版.北京:科学出版社,2021.

［5］ 代桂霞,等.银行会计学[M].吉林:东北财经大学出版社,2019.

［6］ 王保平,等.商业银行会计实务[M].北京:中国财政经济出版社,2020.

［7］ 贾芳琳,等.商业银行会计[M].北京:中国财政经济出版社,2021.

［8］《金融企业会计核算实务全书》编委会.金融企业会计核算实务全书[M].北京:地震出版社,2016.

［9］ 楼雪婕.银行会计[M].3版.北京:化学工业出版社,2016.

［10］ 刘学华.金融企业会计[M].上海:立信会计出版社,2020.

［11］ 吴胜.商业银行会计[M].3版.北京:高等教育出版社,2019.

［12］ 张凤卫.金融企业会计[M].4版.北京:清华大学出版社,2022.

［13］ 致同会计师事务所.新金融工具准则解析及实务应用示例[M].北京:经济科学出版社,2020.

［14］ 财政部会计司编写组.《企业会计准则第22号——金融工具确认和计量》应用指南[M].北京:中国财政经济出版社,2018.

高等教育出版社 **教学资源服务指南**

感谢您使用本书。为方便教学，我社为教师提供资源下载、样书申请等服务，如贵校已选用本书，您只要关注微信公众号"高职财经教学研究"，或加入下列教师交流QQ群即可免费获得相关服务。

"高职财经教学研究"公众号

资源下载： 点击"**教学服务**"—"**资源下载**"，或直接在浏览器中输入网址（http://101.35.126.6/），注册登录后可搜索相应的资源并下载。（建议用电脑浏览器操作）

样书申请： 点击"**教学服务**"—"**样书申请**"，填写相关信息即可申请样书。

试卷下载： 点击"**教学服务**"—"**试卷下载**"，填写相关信息即可下载试卷。

样章下载： 点击"**教材样章**"，即可下载在供教材的前言、目录和样章。

师资培训： 点击"**师资培训**"，获取最新会议信息、直播回放和往期师资培训视频。

联系方式

会计QQ3群：473802328　　　会计QQ2群：370279388　　　会计QQ1群：554729666

（以上3个会计QQ群，加入任何一个即可获取教学服务，请勿重复加入）

联系电话：（021）56961310　　电子邮箱：3076198581@qq.com

在线试题库及组卷系统

我们研发有10余门课程试题库："基础会计""财务会计""成本计算与管理""财务管理""管理会计""税务会计""税法""审计基础与实务"等，平均每个题库近3000题，知识点全覆盖，题型丰富，可自动组卷与批改。如贵校选用了高教社沪版相关课程教材，我们可免费提供给教师每个题库生成的各6套试卷及答案（Word格式难中易三档，索取方式见上述"试卷下载"），教师也可与我们联系咨询更多试题库详情。